大学経営論

大学が倒産する時代の経営と会計

守屋俊晴

東洋出版

大学経営論

大学が倒産する時代の経営と会計

は　じ　め　に

(1) 学生適齢人口の継続的減少傾向（少子化）時代の到来と学校経営について

　少子化時代の到来と言われて相当な時間が経過しているが、一向に改善される傾向（見通し）がみられない。小・中・高の学校はもとよりのこと、大学経営において少子化現象は、学生適齢人口の継続的減少を意味しており、定員（収入）の確保を始めとして、大学経営に大きな影響を及ぼしている。
　平成19年10月1日現在、34歳人口は201万2,000人であったのに対して、26歳人口は150万人を切って149万6,000人に減少している。そして、平成21年4月の大学入学適齢年齢（18歳）人口は121万2,000人に減少している。その結果、大学への入学人口割合（専門学校を含む）を約50％として、おおまかな計算で60万人に大幅に減少していることになる。その結果、上記の34歳人口の場合と比較して、40万人が減少していることになり、その割合は40％もの大きな低下を意味している。
　もうひとつ、大きな環境変化が起きている。それは都市への人口集中化現象である。北海道では札幌へ、東北地方では仙台へ、中部・東海地区では名古屋へ、また、近畿圏内では大阪・神戸・京都を中心とした都市部へ、中国・四国地方では広島へ、そして九州地方では福岡へ人口と経済が集中している傾向にある。その中心となる街もしくは当該街区の周辺に立地している大学は相対的に有利に学生を募集することができるが、そうではない大学は、相当程度特色のある学部もしくは教育内容をもたない限り、学生の獲得に苦戦している。ここに大学間競争が激しくなっていく要素が生まれている。
　さらに重大なことは、東京もしくは東京圏（神奈川、千葉、埼玉の東

京寄りの地区を含む一大都市圏）への人口集中化現象が起きていることである。東京の人口が増加しているほか、横浜市と川崎市の人口が他の都市に比較して増加（率が高い）している。平成20年になると、神奈川県の人口が大阪府の人口を超えたように、東京圏に人口が集中していく現象が起きている。そして、このような大学を取り巻く環境の影響を受けて北海道大学や東北大学あるいは関西地区の国公立大学並びに私立大学が、東京の中心地区で大学院を含む教育施設を設置している。現実的な対応として、東京地区で学生を募集していかないとやっていかれないようなことになっているのである。しかし、こうした対応ができる大学とできない大学がある。ここに「大学間競争」つまり、「大学間格差」が生まれている。というよりもむしろ、大学間格差が拡大していく傾向にある。しかも、大規模大学が、毎年、応募者数を増加させている一方で、小規模大学が定員割れを起こしている。

　平成19年度決算において四年制大学の３分の１に相当する194校が赤字（収入－支出）となっている。これは、前年度より15校増えている。また、一部の私立大学の財務体質は明らかに悪化している。

　日本私立学校振興・共済事業団の調査結果によれば、平成17年４月現在、定員割れした四年制大学（私立大学）が全体の29.5％で、とくに「地域間格差」が大きいと指摘している。それが顕著に表れているのは中国地区で、34ある私立大学のうち61.8％が定員割れを起こしている。主要な地区別の定員充足率（四年制大学）は、以下に示した（表－1）のようになっている。

（表－1）主要地区別定員充足率一覧表

地区別名	大学数	定員充足率
北　海　道	23	101.80%
東　　　北	29	110.16%
北　関　東	22	101.26%
南　関　東	69	114.01%
東　　　京	105	114.26%

東　　海	63	107.23%
京都大阪	66	113.01%
近　　畿	39	105.70%
中　　国	34	94.73%
九　　州	54	103.76%
そ の 他	38	—%
合　　計	542	109.90%

　同事業団は、この調査で、とくに「私立大学の学校間格差」が拡大していると指摘している。また、同事業団は、平成19年12月21日に「経営困難状態」（イエローゾーン）の大学（短期大学を含む）が98校あると発表している。ただし、これらの大学のすべてがすぐに破綻に向かうものではないと「但し書き」を附している。いずれにしても、大学法人の32.4％（167法人）が赤字経営に陥っているとし、しかも30％の大台を突破していることに危機感を表している。その上で「経営悪化の最大原因は18歳人口の急減」にあると指摘している。（参考・日本経済新聞　平成19年12月21日　夕刊）

　しかし、少子化現象は大分前から言われてきたことであるし、各年度の新生児の人口を統計的に見れば分かっていたはずである。それにもかかわらず、大学を新設しもしくは学部・学科を増設してきたことに歯止めをかけてこなかったことに大きな原因があるものと考える。

(2)　大学の新設と学部などの新増設について

　このような状況のなか、現在も新しい大学が生まれている。平成20年10月現在における平成21年度の新設大学設置予定校が、次ページの（表－2）に示したように届け出を行っている。幾つかの大学が、短期大学からの昇格（変更）であるが、これらの大学のうち一部の大学が短期大学部（併設）として、定員を減員して存続させている。

(表-2) 平成21年度開設予定大学一覧表（大学設置）

（平成20年10月現在　単位：人）

	名称	所在地	定員	適用
1	千葉県立保健医療大学	千葉県千葉市	180	千葉県立衛生短期大学（廃止） 健康科学部
2	新潟県立大学	新潟県新潟市	240	県立新潟女子短期大学（廃止） 国際地域学部・人間生活学部
3	愛知県立大学	愛知県愛知郡長久手町	530	愛知県立大学（廃止） 外国語学部・日本文化学部・教育福祉学部
		愛知県名古屋市	180	愛知県立看護大学（廃止） 看護学部
4	弘前医療福祉大学	青森県弘前市	120	弘前福祉短期大学→弘前医療福祉大学短期大学部へ名称変更予定（存続） 保健学部
5	日本赤十字秋田看護大学	秋田県秋田市	100	日本赤十字秋田短期大学 看護学科（廃止） 看護学部
6	東都医療大学	埼玉県深谷市	100	ヒューマンケア学部
7	こども教育宝仙大学	東京都中野区	100	宝仙学園短期大学（廃止） こども教育学部
8	東京有明医療大学	東京都江東区	170	保健医療学部・看護学部
9	びわこ学院大学	滋賀県東近江市	80	滋賀文化短期大学 生活文化学科、人間福祉学科（廃止） びわこ学院大学短期大学部へ名称変更予定（存続） 教育福祉学部
10	大阪保健医療大学	大阪府大阪市	100	保健医療学部
11	広島都市学園大学	広島県広島市	100	健康科学部
	合計		2,000	

（注）出典：文部科学省のホームページに掲載されている「平成21年度開設予定大学等一覧」から、必要な事項を抜粋して作成している。

また、学部の新設は、以下の（表－3）のようになっている。

(表－3) 平成21年度開設予定大学一覧表（学部設置）

(平成20年10月現在　単位：人)

	名　称	所在地	定員	適　用
1	國學院大學	神奈川県横浜市	200	人間開発学部
2	駒沢女子大学	東京都稲城市	80	駒沢女子短期大学・食物栄養学科（廃止） 人間健康学部
3	東京成徳大学	東京都北区	100	東京成徳短期大学・ビジネス心理学科（廃止） 経営学部
4	武蔵工業大学	東京都世田谷区	250	都市生活学部・人間科学部
5	浜松大学	静岡県浜松市	80	保健医療学部
6	富山国際大学	富山県富山市	80	子ども育成学部
7	仁愛大学	福島県越前市	120	仁愛女子短期大学・生活科学学科、調理科学専攻（廃止） 人間生活学部
8	大阪電気通信大学	大阪府寝屋川市	80	金融経済学部
9	山陽学園大学	岡山県岡山市	80	コミュニケーション学部（廃止） 看護学部
10	四国大学	徳島県徳島市	80	生活科学部・養護保健学科（廃止） 看護学部
11	活水女子大学	長崎県長崎市 長崎県大村市	70	看護学部
12	別府大学	大分県別府市	160	文学部・国文学科、英文学科、史学科、芸術文化学科、文化財学科（廃止） 国際経営学部
13	西九州大学	佐賀県佐賀市 佐賀県神崎市	80	子ども学部
	合　計		1,460	

(注) 出典：文部科学省のホームページに掲載されている「平成21年度開設予定大学等一覧」から、必要な事項を抜粋して作成している。

定員割れを起こしている大学並びに赤字経営の大学があるにもかかわらず、このように大学を新設し、もしくは学部を増設していること考えると、大学間競争は、ますます激しい状況になっていくことは確かなことである。したがって、大学間格差も、一層、拡大していくことになる。

(3)　大学院の新増設などについて

　大学院においても、同様なことがいえる。たとえば、法科大学院である。平成17年の春は、開設2年目であるが、私立の法科大学院は1年目に比較して、応募者数が3万1,000人から2万3,000人へと減少している。そして、定員割れを起こしていたものが12校から36校に増えている。文部科学省が、当初の想定より多くの大学などが法科大学院を設置したことによって、大学院間競争が激化してしまった。他方、院生の員数も当初の想定より応募者数が膨れていた。

　このような関係から需要と供給の関係が崩れてしまった。そのために、法科大学院を修了しても試験に受からない修了生が多く出てしまった。また、司法試験に合格できる学力能力に達していないために、受験（受験は3回まで）を先延ばししていることから、1人も受験者がいない法科大学院並びに1人も合格者を出していない法科大学院がある。そのようなことから、法科大学院の統合が問題として浮かび上がってきた。しかし、地理的に近接地にある法科大学院は統合が可能であっても、遠隔地にある場合は困難である。また、試験合格者が就職できない状況が生まれている。そのために「ノキ弁」（軒下弁護士）や「タク弁」（自宅登録弁護士）と呼ばれる就業形態で活動せざるをえない弁護士が増えるなどの社会的問題も発生している。

　日本経済新聞の社説「再編避けられぬ法科大学院」（平成20年10月5日朝刊）では、以下のように記述（主要点の要約）している。

　① 　法曹を大幅に増やすための養成機関であるのに、その役割が果せ

なくなっているのではないか。
② 平成20年の新司法試験は全国74の法科大学院すべての修了者が受験し、昨年より200人ほど多い2,065人が合格した。しかし、合格率は32.9％と約7％下がり、合格者ゼロが国立大学を含め3校あった。
③ もくろみが大きく外れた要因は、法科大学院の乱立と過大な入学定員にある。74校も認可した文部科学省の制度設計ミスが責められるべきだが、しっかりした指導体制を整えないまま開設に走った大学も多い。
④ いまのままでは法科大学院を目指す意味が薄れ、魅力が大きく減じてしまう。とりわけ一部の小規模な法科大学院や地方の法科大学院が危機的な状況にある。
⑤ 国公立大学、私立大学を問わず教育内容を充実させるために大胆な再編の道を探り、それができないなら撤退も考える時期である。

このように、大学ばかりでなく、大学院の場合においても、いろいろな問題が発生している。いずれにしても、法科大学院は開設以来まだ日が浅いにもかかわらず、統合もしくは撤退が問題視されているほどに大きな問題となっている。他方において、国立大学が法人化（平成16年4月）してまだ4年しか経過していないのに、18の大学が「改善が必要」との指摘を受けている。文部科学省の国立大学法人評価委員会が平成20年10月9日にまとめた『2007年度の業務実績評価』によると「大学院の定員割れ」などを理由に「取り組みがやや遅れている」という指摘を18の大学が受けている。

このような厳しい状況にあって、岡山、島根、香川の3大学が、平成20年12月18日、法科大学院を共同運営する方向で検討に入ったと報じられている。合格者が少なく、募集にも影響が出てくることと優秀な教員の確保にも問題が出てきているという。そして、早ければ、平成22年4月に共同法科大学院を設立するということである。この3大学院の新司法試験合格者数（平成20年）は合計で18人、広島大学の19人（28

位）に次いで29位に相当する。（参考・日本経済新聞　平成20年12月19日　朝刊）

(4)　大学院設置「不可」の措置について

　これからの問題の発生には、申請から認可までの規制が緩和されたことによって、大学や大学院などの新設が容易になったことによる大学の増加現象が起きていることに、原因の一端がある。しかし、無秩序に認められるわけではない。大学の新設が「不可」とされたところがある。
　文部科学省の「文化政策・まちづくり大学院を『不可』とする理由」として、以下のような事例がある。

　　研究科及び専攻名称として「文化政策・まちづくり学」を冠し、「分散し崩壊した多用な文化資源を有効に結合して事業化を構想し、事業において文化的価値を提案しながら」、産・学・公共の連携によって、文化事業を基軸とした「文化による『まちづくり』を実行する人材」を育成するため、通信教育による学部を置かない大学院大学を設置する計画であるが、以下に示すとおり、設置の目的を実現するための教育課程、教員組織、施設、設備などについて、多くの点で曖昧さを残し、総じて準備不足であるため、継続的・安定的に大学院教育を提供できるものとは認められない。
　　研究科・専攻名にも付されている「文化政策・まちづくり学」について、申請者は、「まちづくりのための文化政策、あるいは文化振興政策の学術的研究を行う学問領域」と説明しているが、まちづくりや都市再生が、文化政策と同じ水準で語られておらず、とくに「まちづくり学」の考え方、内容が客観的に不明確であった。また、各科目が、特定の教員の研究実績に対応したものとなっており、カリキュラムが体系的に編成されているとは認められなかった。そのため、申請当初から、文化政策・まちづくり大学院大学として目指すべき人材育成像に対応した体系的な教育課程の編成について求めてきたところで

ある。＜中略＞

　「まちづくり学」を、「その他における固有の自然や歴史を踏まえつつ、文化的な伝統を現代的に再生しながら、市民参加によって、『まちをつくりなおす』あるいは、『蘇生させる』という意味が込められている」とし、「『文化政策・まちづくり』という統合的な概念に到達するには、地域・企業などの『場』における広がりが必要」と説明するにとどまり、「まちづくり学」の概念的・学術的構成要素が依然として明確になっておらず、「文化政策（学）」と同水準で説明されているとは言い難い。＜中略＞

　申請者が当初提出した申請書では、専任教員の構成が特定の年齢に著しく偏っており（専任教員9名のうち64歳以上が6名、うち3名は75歳以上。平均年齢60.0歳）、教育研究の継続性、教育研究水準の維持向上及び教育研究の活性化が図られるか懸念されたため、2度にわたり補正を求めた。＜中略＞よって、大学院設置基準第8条第5項に規定する「大学院は、教育研究水準の維持向上及び教育研究の活性化を図るため、教員の構成が特定の年齢に著しく偏ることのないよう配慮するものとする」という要件を充たしているとは認め難い。

　＜以下省略＞

　ここに安易な大学・大学院の設置を認めないとした文部科学省の判断ケースを示したが、また、中央教育審議会は、平成20年12月24日に開催した総会において「教育の質低下に危機感を持つべきである」とするとともに、「努力を怠る大学は淘汰されると断言」し、大学改革を急ぐよう求めている。

(5) **大学の改革―法政大学の事例―について**

　前述したように大学経営において少子化現象は、学生適齢人口の継続的減少を意味しており、定員の確保を始めとして、大学経営に大きな影響を及ぼしている。大学が生き延びていくためには、時代の変革に適応

できるように体質改善（事業適応改革）していかなければならない。ここでは、清成忠男元法政大学総長の法政大学の改革について、著書『大淘汰時代の大学　自立・活性化戦略』を参考（要約）に、触れていくことにする。

　　大学が質的競争に勝ち抜き、生き残るためには、何よりもまず「人的資源の質的向上」を図らなければならない。そのためには「質の高い教員」を確保する必要がある。とりわけ実績のある若手や外国人を積極的に採用することが望ましい。優秀な教員ほど、大学間を移動するので、大学に魅力がなければ、質の高い教員は集まらない。純血主義をとると、教員間の質的競争が排除され、確実に教員の質は低下する。いずれにしても、大学の教育、研究の水準が高まれば、研究者の養成能力が高まる。
　　総長に就任した後は、1999年（平成11年）と2000年（平成12年）に国際文化学部、人間環境学部、現代福祉学部、情報科学部という4学部を一気に設置した。ほとんどの私立大学が、この10年間で志願者数を大きく減らしているなかで、法政は1992年（平成4年）の7万2,000人余りから、2002年（平成14年）の8万1,000人余りへと、さらに2003年には9万3,000人へと全国一志願者数を増やした。2003年には、キャリアデザイン学部という学部を新設した。この学部の一般入試は、志願者が定員の23倍に達し、志願者増に大きく寄与した。
　　ところで、旧帝国大学は施設、人材のストックが厚いので潜在的な競争力はかなり高いのは事実であるが、問題はそうした能力が顕在化するかどうかである。一言でいえば「マネージメント不在」ということである。せっかく潜在的な力があっても、これからの時代要請に対応しどのような大学として生きていくのかという戦略がなければ、潜在力は顕在化しない。いずれにしても、知識社会における大学に国境はない。そのために、大学間競争が激化しているなかで競争に勝ち抜くためには、教学改革を進め、教員や施設の充実を図らなければならない。

また、著書『21世紀　私立大学の挑戦』では、以下について記述（要約）している。

　転換期においては、どのような組織でも存続・発展のためには、長期ビジョンの策定とそれに基づく改革が不可欠である。しかも、わが国においては、今後、18歳人口の減少に伴う志願者の減少によって、大学間の競争激化が予想されるが、こうした競争においては、教育・研究の質的向上を競争手段にすることが望ましい。
　21世紀には「持続可能な発展」が不可避であり、その達成のためには「改革」が必要である。この改革の目指す方向としては、以下のことが考えられる。
　第一は、教育・研究の質的向上をはかること
　第二は、教育対象を広げること
　第三は、高度情報化に積極的に対応し、新たなチャンスをとらえていくこと
　なお、この高度情報化志向は、必然的に教育方法や教育形態を大きく変化させる可能性を有している。
　変化の時代には、安定志向はかえって不安定化をもたらす。教職員のすべてが改革のために当事者意識をもつことが必要である。その上で、大学は研究の質を向上させ独自性を確立しなければ生き残りが困難になるであろう。21世紀は「知的人材の時代」である。個々人は、時代の変化に的確に対処するために、常に学習を続けなければならない。したがって、生涯学習がきわめて重要になる。
　21世紀には、現在の6学部が10学部になる。さらに、生涯学習社会への移行により、新しい学習ニーズが拡大している。とくに大学院の拡充がきわめて重要になる。学習は人生の一時期においてだけ行うものではなく、人生を通して行うものになりつつある。法政大学は、こうした視点から教学改革を着々と進めているが、問題は、改革の方向である。1990年代に入ってから、法政大学の教学改革は急テンポで進んでいる。80年代までは、改革は遅々として進まなかった。法

政大学は大規模な総合大学であるから、構造転換を進めながら、規模の維持を図らざるをえない。学生定員と教職員数を減らすという縮小均衡という方向もありうる。しかし、その選択肢では、全体としての活力が低下する。したがって、積極的な改革が、不可避なのである。

　私立大学には「建学の精神」や「独自の学風」が存在する。この点が国立大学とは大きく異なる。法政大学は「自由と進歩」という伝統の下で、自立型人材の育成に取り組んでいる。教育サービスの質的向上が重要であるため、21世紀の展開を考慮すると、設備投資を進めざるをえない。そのためにも、学校法人経営の改革は不可欠である。

(6) 大学の改革―首都大学東京の事例―について

　首都大学東京は、将来のあるべき姿としての大学像を描いている。まず、「『将来像』策定の基本的な考え方」として、「首都大学東京は、次期中期計画（平成23年度から平成28年度）の策定を念頭に置き、10年後を展望した大学の将来像を自ら描いて対外的に明らかにするとともに、その達成に向けた当面の検討課題を掲げ、現行中期計画期間である今後3年間において、具体的に取組むプランを提案するものである。」としている。

　その上で「『将来像』策定の視点」として、以下に掲げる5項目の視点（要約）を挙げている。

① 可能性の実現
　　首都大学東京のもつ強み、特長、可能性を最大限に生かすこと
② 体制の整備
　　特色ある教育研究をさらに発展し、新しい課題にも柔軟に対応できるよう、必要な体制を整備するなど、大学としての足腰をしっかり固めること
③ 大学の理解の訴求
　　各学部・研究科における教育研究内容や成果を社会、都民、高等

学校などにさらに広く発言し、大学の姿が十分に理解されるように努めること
④ 外部・内部からの教育研究活動への参加
　首都東京の公立総合大学として、人材供給や学術発信による社会や国政・都政への貢献を進めるとともに、大学の内外からの、教育研究活動に対する提言や参加を求めること
⑤ 国際化と人材の育成
　教育・研究両面での国際化への対応を強め、とくにアジアにおける優秀な人材の育成に役割を果たすこと

それでは「将来像はどのようなもの」であるのか、その概要に触れてみたい。「将来像」の概要（要約）としては、以下のように示されている。

① 学習意欲のあふれる学生の確保「教育の指標」
　10年後⇨社会の高い評価を受け、学生が広く受け入れられている大学にすること
② 特色ある教育の強化「建学の理念」
　10年後⇨日本のリーダーたる人物を数多く輩出し、大都市社会の発展に貢献できる人材を育成すること
③ 世界水準の研究への重点支援「研究の世界戦略」
　10年後⇨大都市固有の課題への取り組みが進み、成果が世界に発信されていること
④ 首都大学東京の志向する国際化の推進「教育の世界戦略」
　10年後⇨教育・研究活動の国際的レベルで評価され、国際貢献を果すこと
⑤ 強みを生かした社会貢献
　10年後⇨都政などのシンクタンク機能、社会人教育のニーズなどに着実に対応していくこと
⑥ 経営改革「法人運営の基本」

10年後⇨不断の経営改革により効果的・効率的な法人運営がなされていること

このような将来展望の下に、首都大学東京はその理念実行の一環として、「組織と制度にイノベーションを起こす」という主題で「日経ユニバーシティ・コンソーシアム」を開催した。基本テーマは「変革のマネジメント～組織と制度の変革と創造～」である。
　日本経済新聞（平成20年11月21日 朝刊）に掲載されている内容の要点は、以下の通りである。

　開会のあいさつで、髙橋宏公立大学法人首都大学東京理事長は「有能な人材を育てていかなければわが国の繁栄はない。大学の使命として、まずは良い教育と研究がある。さらに社会貢献と大学の自己管理能力も重要だ。本学が社会に少しでも貢献したいと思い、このビジネススクール特別セミナーの開催を決心した」と述べた。
　また、パネルディスカッションにおいて、司会を務めた桑田耕太郎首都大学東京大学院社会科学研究科経営学専攻教授は、総括として首都大学東京の授業の一環について「首都大学東京ビジネススクールは、昨年から文部科学省の大学院教育改革支援プログラムである『公共経営の人材育成プログラム』の採択を受け、公共経営の人材育成を行っている」と説明している。そして「本日の議論を総括すると、トップのリーダーシップが組織変革の成功を大きく左右するということだ。すなわち従業員や組織を超えた外部の人たちまでをも納得させる戦略性と、それを実行する強い意志、不断の変革を推進していく仕組みが必要だ」と述べている。

(7)　大学改革と財政問題について

　大学改革と財政問題に関連した事項について、小宮山宏東京大学総長が日本経済新聞「教育」（平成20年11月24日 朝刊）において『大学への寄

附　促す税制を─「研究充実」に資金の壁─』と題する論稿を掲載している。その要点は以下である。

　「経営改革が急務」として、国の資金支援の必要性を訴えている。東京大学が国から受け取る運営費交付金は880億円であるが、この金額は予算規模2,200億円の40％程度である。
　なお、東京大学の平成18年度の運営費交付金収益は849億円で、授業料収益と入学金収益の合計が143億円となっている。この数値から計算すると、前者は後者の5.9倍となっている。したがって、東京大学の学生は自分が納める教員費の約6倍、国の支援があることを意味している。私立大学の学生から見ると非常に恵まれている。

また、小宮山総長は、次のように述べている。

　東京大学が世界のトップレベルの有力大学との競争に打ち勝ち、国境を越えて優秀な研究者や学生を獲得するには、教育研究環境の飛躍的な充実が欠かせない。今後の切り札は、寄付金、それを原資とする基金の運用益である。たとえば、ハーバード大学の基金は3兆5,000億円で、エール大学の基金は2兆2,000億円もあり、その運用益だけで、東京大学の総予算の倍にもなっている。高齢化社会になっていく日本では、近い将来「大相続時代」が到来する。そこで考えられること、すなわち大学改革に必要な資金の出所であるが、それは納付する相続税額から大学に対する寄附金を税額控除できる方式を認めるようにすることにある。そして、大学は改革を加速し、社会からの支援に最大限応えていくことにすべきである。

なお、附言しておくとハーバード大学やエール大学などの資金の豊富な大学は、2009年中に世界の金融大不況によって大きな含み損を抱えることになった。

17

⑻　大学の資金運用とリスク管理について

　このように大学運営において「資金問題」もしくは「財務政策」は重要な課題になっている。平成19年の春から、文部科学省は私立大学の資金運用を緩和する方針を出している。それまでは、原則として「元本保証の安全運用」をするよう指導してきたが、日本の長期間にわたる超低金利時代の運用収益（利息、配当など）の低さもあってか、緩和する方向に動いた。その動きに同調するように、大学が資産運用に力を入れ始めてきた。平成20年1月現在で、私立大学の30％が「デリバティブ（金融派生商品）を用いた仕組み債」の買い増しを検討しているとし、また、65％の大学が国債などではなく「リスク性資産」に投資しているという。そして、減らしたい資産として国債や公社債などのリスクの安全な資産を挙げている。（参考・日本経済新聞　平成20年1月31日　朝刊）

　平成19年の夏から始まった信用力の低い個人向け住宅ローン（サブプライムローン）問題に端を発した世界的な金融不安は、当初は日本の金融世界において限定的な影響しかなかった。株価もそれほど大きく下落していたわけではなかった。日経平均株価が、一時7,000円台を割り込んだのは、平成20年11月になってからのことである。そして、平成20年11月19日の朝日新聞・朝刊が、駒澤大学が資産運用で始めたデリバティブ取引で154億円の損失を出したことを報じている。平成20年3月現在での含み損は53億円であった。それ以降の世界を駆け巡った金融不況の影響をまともに受けてしまったということになる。その結果、手仕舞い（確定）したときには、損失の額は2.9倍に膨らんでしまったのである。

　その日の午後に発刊された「日刊ゲンダイ」は、朝日新聞の記事を受けて「金融ビジネス」（東洋経済新報社）の最新号の記事として、次ページの（表－4）に示した内容を記載した資料を掲載している。

(表-4) 有価証券評価損ランキング（平成20年3月現在）

（単位:百万円）

	大 学 名	金 額
1	慶應義塾大学	△22,555
2	立 正 大 学	△ 9,664
3	駒 澤 大 学	△ 8,191
4	千葉工業大学	△ 6,945
5	福 岡 大 学	△ 3,688
6	芝浦工業大学	△ 3,609
7	東京経済大学	△ 2,163
8	関西学院大学	△ 2,088
9	大阪工業大学	△ 2,059
10	國學院大学	△ 2,032

　この数字は平成20年3月現在の数字（評価額）であり、駒澤大学と同様に約3倍に膨らんでいるとすれば、損失の額は巨額になる。その結果、大学の運営に少なからずの影響を及ぼすことは確実である。資金の確保を急務とした駒澤大学の場合、校地と建物およびグランドを担保に入れて、みずほ銀行から110億円の融資を受けたという。

　経済協力開発機構（OECD／Organisation for Economic Co-operation and Development）が平成20年9月9日に発表した調査結果によると、日本においては、とくに大学などの高等教育機関に対する公的資金の支援比率が低くなっている。OECD加盟国の教育データによると、日本の国内総生産（GDP）に対する教育機関への公的教育支出比率（平成15年時点）は3.4％で、集計した28ヵ国の平均5％を下回り、最低だったと指摘されている。経済大国として、先進諸国のなかで、比較的余裕があるとされている日本において、「将来の人材育成」に対する投資の小ささは問題である。そこで、教育関係者から公的支出の増額並びに公的支出比率の向上について、国に要望が強く出されている。しかし、たとえ一部の大学であっても、上記のような資産運用による巨額の損失を

出しているようでは、強い要望は出し難いことになってしまう。

　政府の教育再生懇談会（座長・安西祐一郎慶應義塾長）が、平成20年5月20日に発表した「教育振興基本計画に関する緊急提言」において、GDPに対する公的教育支出比率を5％に引き上げる数値目標を明記するよう求めた。これに対して、財務省は「予算投入量ではなく、成果を目標にするべきである」と反論している。

　日本政府は、平成18年7月7日、「経済財政運営と構造改革に関する基本方針2006」（以下「骨太方針2006」という）を閣議決定した。そこでは、3つの優先課題を取り上げているが、そのうちの1つが「財政の健全化」であり、歳入と歳出の一体改革によって、「平成23年度にプライマリー・バランス（基礎的財政収支）を黒字化する」ものである。なお、これはフローの問題（単年度の目標）であって、ストックの問題（あるべき目標としての債務残高）ではない。この時期（平成18年3月末）の国債残高は527兆円であった。

　そして、政府が平成20年12月20日に発表した「来年度予算財務省原案」によると、一般会計が前年度当初予算比6.6％増の89兆円で、歳入不足を補う新規国債の発行額が33兆円となっている。その結果、平成22年3月末の国債残高は581兆円になる見通しとなっている。ここには、平成19年夏から始まったアメリカのサブプライムローンの金融不安を原因とする世界不況の影響を受けた経済不況対策が含まれているにしても、国債残高の膨張は国家の財政体質の脆弱化を招いていると言わざるをえない。国債残高54兆円の増加は、骨太方針2006の達成がほとんど不可能になっていることを意味している。平成20年度の当初予算ベースの「基礎的収支の赤字」が5兆円程度であったものが、補正予算ベースでは13兆円になり、平成21年度でも予算ベースは13兆円規模になっている。

　このような事情から「無い袖は振れない」というのが正直なところであろう。

(9) 私立大学と国公立大学の学校会計基準の比較について

　私立大学法人会計の特徴は、「学校法人会計基準」に基づき作成される資金収支計算書と消費収支計算書などにある。なお、企業会計と同様に複式簿記による発生主義会計を採用している。国立大学法人会計の特徴は、「国立大学法人会計基準」に基づき作成される貸借対照表、損益計算書、キャッシュ・フロー計算書などにある。複式簿記による発生主義会計である。公立大学法人会計は、「地方独立行政法人会計基準」に基づき作成される財務諸表は、原則として国立大学法人会計と同一で、複式簿記による発生主義会計を採用している。

　このように、私立大学と国公立大学は、基本的に同一の大学事業を行っているにもかかわらず、その設立母体の相違によって非常に異なった会計基準を採用している。そこに、財務情報の比較可能性がまったくないなど、大きな問題が発生している。また、私立大学と国公立大学は、貸借対照表を作成しているが、その様式は以下に示した（図表－1）のように、会計基準の相違を反映して、相当に違った財務表となっている。

（図表－1）貸借対照表（私立大学）

借　方	貸　方
資　産	負　債
	基本金

貸借対照表（国公立大学）

借　方	貸　方
資　産	負　債
	資　本

　貸借対照表上の「私立大学の基本金」と「国公立大学の資本（資本金）」は「異質な要素から構成されている」ために、比較可能な数字になっていない。私立大学では、減価償却を実施し、経費処理しているが、国公立大学では、減価償却を実施しても経費処理はせず、資本の部の「資本剰余金のマイナス」として表示している。その金額だけ、国公立大学の損益計算書においては、当期純（総）利益が大きく表示されて

いることになる。そして、重要なことは「財務情報の信頼性と公開の重要性」に関連した業務を行っている公認会計士協会並びに監査を行っている会計監査人が、これらの事実についてまったく意見を発していないことにある。つまり「財務に関する書類の有用性・信頼性」などに対して、建設的意見を主張する努力を怠っているということである。

　私立大学に適用される学校法人会計基準第6条（資金収支計算の目的）によれば「学校法人は、毎会計年度、当該会計年度の諸活動に対するすべての収入及び支出の内容並びに当該会計年度における支払資金の収入及び支出のてん末を明らかにするため、資金収支計算を行うものとする。」としている。このように資金収支を計算する目的は、学校法人における総収入と総支出の内容とその結果（残余）を明確にすることにある。

　次に、消費収支計算であるが、学校法人会計基準第15条（消費収支計算の目的）によれば「学校法人は、毎会計年度、当該会計年度の消費収入及び消費支出の内容及び均衡の状態を明らかにするため、消費収支計算を行うものとする。」としている。したがって、消費収支を計算する目的は、消費収入と消費支出を対比（差引計算）することによって、消費収入がどの程度消費支出を補償しえているかを示すことにある。これがマイナスになると、企業会計でいう赤字決算で、学校経営上、問題になってくる。

　また、消費収入は、まず、当該会計年度の帰属収入（学校法人の負債とならない収入）を計算し、次に、当該帰属収入から基本金に組み入れる額を控除して計算する。その残余金額が、消費支出として使用することができる範囲を示している。消費収支計算書は、企業会計の損益計算書に相当するもので、現金の収支を計算する資金収支計算書の数値を発生主義会計に戻すものである。両者の大きな違いは、資金収支のない引当金の繰り入れと戻し入れ並びに減価償却費の計上がある。

　学校会計は、基本的に企業会計と同一の発生主義会計を採用しているので「資金収支」を埋没させてしまう。そのために、学校経営上重要な

「資金繰り」を取り扱うものとして資金収支計算を行っている。学校経営は、経営の努力で短期的に売上（事業収入）を増加させることはできない。入学時に当該会計年度に納める学生の学費（授業料などの収入）で決まるので、「支出予算の管理」がとくに重要である。

⑽　まとめ　「第二部の学校会計」について

　①　私学会計の基本金会計について
　　ア　減価償却の取り扱いについて
　　　　土地などの非償却資産は購入した段階において、1度、帰属収入から控除して終わる。ところが、償却資産の場合は購入した段階において帰属収入から控除した上で、さらに減価償却費として消費支出に計上する。この消費支出は消費収入から差し引かれる計算構造になっているので、結果として2度帰属収入から差し引くことになっている。そのため、設備投資の多額な学校法人ほど消費収支差額（企業会計上の当期純利益に相当するもの）が小さくなる。その結果として、財務諸表の財政状態並びに経営成績の適正表示機能を低下させることになっている。この会計処理を改善すべきである。
　　イ　基本金の取り扱いについて
　　　　償却資産は、減価償却していくことによって、帳簿価額を低下させていく、また、老巧化した建物や設備などを解体もしくは廃棄することによって資産そのものの資産価額を減額（消去）させることがある。このようにして、基本金は、学校法人が、継続的に保持・維持していくべき資産としての一定の大きさを意味しているとしても、実際に所有している基本的資産との対応関係を喪失している。このようなことから、基本金の取り崩しなどにおいて柔軟な会計処理が認められるべきである。

② 国公立大学会計の特異性について
　ア　減価償却の取り扱いについて
　　　国公立大学の会計では減価償却を行ってはいるが、損益計算書を通さず、直接、資本剰余金から控除している。その結果、損益計算書上の当期純（総）利益が、当該金額相当額だけ大きく計算・表示されることになっている。国公立大学が、運営費交付金によって運営されているとしても、適正な経営成績を示すためにも、減価償却費は経費として処理すべきである。
　イ　入学金の会計処理について
　　　入学金の会計処理については、私学会計と国公立学校会計の間では、大きな相違がある。私学会計では、当該学生が入学した会計年度の収入として会計処理が行われているが、国公立学校会計では、入学手続きをした日の属する会計年度に会計処理している。このように会計処理が異なるのは、財務諸表などの基礎的データの比較可能性が失われる。学生が入学した会計年度の収入として会計処理すべきである。

目　次

はじめに　3
 (1)　学生適齢人口の継続的減少傾向（少子化）時代の到来と学校経営について..3
 (2)　大学の新設と学部などの新増設について..5
 (3)　大学院の新増設などについて..8
 (4)　大学院設置「不可」の措置について..10
 (5)　大学の改革―法政大学の事例―について..11
 (6)　大学の改革―首都大学東京の事例―について..14
 (7)　大学改革と財政問題について..16
 (8)　大学の資金運用とリスク管理について..18
 (9)　私立大学と国公立大学の学校会計基準の比較について..21
 (10)　まとめ　「第二部の学校会計」について..23

第一部　大学経営の危機
教育・研究の在り方と格差社会における学習意欲の向上に向けて
31

第1章　大学経営の危機到来　33
1　社会環境の変化と大学の経営　33
 (1)　大学機関と大学教育の発祥..33
 (2)　大学と学生の関係－universityについて－..36
 (3)　教材（書籍）は貴重な財産..39
 (4)　大学と学生の関係－collegeについて－..41

(5) パリ大学とイギリスの大学 43
2　学校を取り巻く社会環境の変化と大学経営の危機　45
　　(1) ２つの2007年問題 45
　　(2) 適齢人口の減少（少子化時代の到来） 48
　　(3) 学習意欲と知識吸収水準の問題 51
　　(4) 入学定員の増強と大学の新設 53
　　(5) 大学の統合とさらなる大学・学部の新設 57
　　(6) 大学が倒産する時代 61
3　学校の教育と家庭の躾の問題　66
　　(1) 教育環境の悪化と若年者の成育状況 66
　　(2) 閉鎖性成育と社会性の欠如 68
　　(3) 自然環境・治安状況の悪化と児童の成育状況 70
　　(4) 治安の悪化と学校の要塞化 71
　　(5) 交通事故と罰則並びに教育・道徳の問題 74
　　(6) 常習的違反運転者と高齢者層の運転者 78
　　(7) 食育における家庭教育と適切な食事の必要性 80
　　(8) 家庭の生活態様と学校教育との密接な関係 82
　　(9) 母親の生活態度と子どもの「学びの姿勢」との関係 86
4　学校教育の問題点と大学教育の危機　90
　　(1) ゆとり教育と学力水準低下および学習意欲低下の問題点 90
　　(2) 教員の指導力不足とモンスターペアレントの出現 93
　　(3) 学力低下問題と世界との比較上の問題点 95
　　(4) 変化する子どもたちおよび大学生の学力低下の問題点 97
　　(5) ＡＯ入試の弊害 99
　　(6) 当世学生気質と学習意欲・就業姿勢の問題点 103
　　(7) 給食費の未納付、授業料滞納、保育料滞納などの問題点 106
　　(8) 生徒・学生の精神的虚弱体質の問題点 111

第2章 社会環境の変化と大学経営―格差の課題―　115

1　大学間格差の拡大―成長と衰退の世界―　115
- (1) 少子化時代と入学志願者数の動向の問題 115
- (2) 入学志願者数の勝ち組大学と負け組大学の問題 119
- (3) 国公立大学の環境変化の問題 124
- (4) 大学間格差と財務力・教育力などの格差の問題 126

2　大学間格差と学生の学習意欲格差の問題　131
- (1) 環境格差と生来の素質の問題 131
- (2) 意欲・熱意格差と大学側の姿勢の問題 133
- (3) 大学間格差と科学研究費補助金の多寡の競争 135
- (4) 大学間競争と出世力格差の現況 139
- (5) 偏差値格差と就職力格差の問題 142
- (6) 学習意欲格差問題と日本経済発展の憂い 147

3　格差社会の発生と拡大　151
- (1) 所得格差―中流意識の台頭と消滅― 151
- (2) 資産格差―富裕階層と貧困階層の拡大― 155
- (3) 進学格差―階層格差と大学進学率の問題― 157
- (4) 生活環境格差―所得格差の発生と拡大― 159
- (5) 生活条件格差―生活保護家庭の増加― 163
- (6) 向上意欲格差―ニートとフリーターの問題― 168

4　新社会体制に向けた課題　171
- (1) 日本の競争力と技術力など向上の問題点 171
- (2) 技術の伝承に関連する問題点 174
- (3) 科学研究費の不正使途と問題点 178
- (4) 法科大学院と大学院格差の問題点 182
- (5) 法科大学院における教学と経営の視点からの問題点 187
- (6) 会計大学院の問題点 190

(7) 教職大学院の問題点 195
　第一部　参考文献　196

第二部　大学の会計と経営
効率性・有効性・経済性・有用性を求めた運営の在り方について

199

第1章　学校会計の不整合性と問題点　201
　1　私学会計の特徴と問題点　201
　　　(1) 私学会計の特徴―計算書類の体系に関連して― 201
　　　(2) 資金収支計算書の内容と機能 205
　　　(3) 消費収支計算書の内容と機能 209
　　　(4) 入学金などの会計処理の問題認識 211
　2　基本金会計　214
　　　(1) 基本金の意義と内容 214
　　　(2) 基本金の種類と内容 216
　　　(3) 基本金会計の特徴と問題点 219
　　　(4) 基本金の組み入れと維持・取り崩しの課題点 222
　3　国立大学と公立大学の大学法人会計の問題点　224
　　　(1) 国立大学法人設置の背景と国際化の問題 224
　　　(2) 学生・生徒の学びの姿勢と問題 227
　　　(3) 日本の将来と現代の若者気質 229
　　　(4) 国立大学と運営費交付金の関係 232
　　　(5) 運営費交付金の意義・性格と事業経営上の問題点 237
　　　(6) 運営費交付金など補助金交付の問題点 239
　　　(7) 剰余金「当期純利益」の会計計算の問題点 244

4 国公立大学法人における会計基準の不適切な問題点　247
　(1) 国立大学法人設置の趣旨と会計問題.................................247
　(2) 国公立大学と私立大学の会計基準の比較.............................249
　(3) 減価償却の不適切な会計処理と表示.................................252
　(4) 資本金会計の問題点...257
　(5) 国公立大学法人会計と減損会計の認識...............................261
　(6) 国公立大学法人における「資本と利益剰余金」に対する
　　　減価償却の関係...263

第2章 経営・財務・監査と問題点　267
1 大学事業における経営分析の基礎　268
　(1) 経営分析の意義・目的・手法.......................................268
　(2) 収益性分析と大学事業の特徴.......................................269
　(3) 流動性分析・資金収支分析とその留意点.............................274
　(4) 財務安全性分析とその特異性.......................................283
　(5) 生産性・効率性分析の特徴と限界...................................287
2 国公立大学の監事監査と監査報告　290
　(1) 監事監査と制度上の問題点...290
　(2) 監事監査と監査報告書の事例.......................................294
　(3) 監査報告書の記載事項「前段部分」と問題点.........................296
　(4) 監査報告書の記載事項「監査の結果」と問題点.......................300
　(5) 監査報告書の開示の可否と記載事項の項目の問題点...................303
　(6) 業務監査の事例（その1）...305
　(7) 業務監査の事例（その2）...309
3 大学事業における健全化経営と品質管理の時代　314
　(1) 私学経営の最大の課題―定員割れ現象―.............................314
　(2) 少子化時代と経営困難校の問題点...................................315

(3) 私学経営と国家支援の問題点 318
　　(4) 私学経営における経営革新と経営困難校への対応策 320
　　(5) 国立大学法人化と経営責任の在り方の問題点 322
　　(6) 大学法人における評価制度と経営指標化の問題点 323
　　(7) 大学の評価制度と留学生などの問題点 326

4　各大学の財務関係数値の比較分析　328
　　(1) 私立大学の財政状況の概要 328
　　(2) 国公立大学と私立大学の財務数値分析の比較 331
　　(3) 国公立大学の財務数値分析と比較検証 336
　　(4) 私立大学の財務数値分析と比較検証 339

第二部　参考文献　342

おわりに　343
　　(1) 国公立大学の学校会計基準―減価償却―について 343
　　(2) 国公立大学の学校会計基準―運営費交付金―について 344
　　(3) 私立大学の学校会計基準―基本金の性格―について 345
　　(4) 私立大学の学校会計基準―基本金の取り扱い―について 346

索引　349

第一部　大学経営の危機

教育・研究の在り方と
格差社会における学習意欲の向上に向けて

第1章
大学経営の危機到来

　人類史上の危機を捉(とら)えて、20世紀は「オイル(石油)の時代」であり、21世紀は「水(水質の悪化と水量の不足)の時代」と言われて久しい。しかし、解決の糸口は見つからず、一層、解決の困難さが増している。基本的な根源が「人口問題」にあるからである。世界人口の増加が止まないこれからの時代、大きな課題を残している。

　人口問題は同時に「食糧問題」であり、また「医療問題」である。そして「学校問題(経営問題と教育問題)」もまさしく「人口問題」(国政)である。

1　社会環境の変化と大学の経営

(1) 大学機関と大学教育の発祥

　中世の時代「専門知識を授けた最古の学校」は、ナポリに近いサレルノと考えられている。11世紀の半ばのことである。これは、ノルマン人がイングランドを征服し、ウィリアム一世がノルマン王朝を開いた、そのような時代であった。

　サレルノは13世紀まで大学としての組織・制度を成すにはいたっていなかった。また、この時期の講義の在り方は、大学としての総合的な性質(構成・整備)を欠いていた。これらの欠点を補った形態(大学としての形式)の大学としては、イタリアのボローニャがいちばん古いと言われている。

　ボローニャは法律学で有名な大学である。しかし、7つの自由な科目から構成されている一般教養のほか、医学、神学などの専門的科目を、

後に開設したことによって、いわゆる「総合教育を実施する教育機関」となっていった。

　総合教育といっても、現代で使っている「ユニヴァーシティ（university）」という言葉の意味とはまったく違う。このユニヴァーシティという用語は、当時、総合という意味をもっていたのではない。中世では同業者の組合、ギルドの別名で、商売人の団体（業種別組合）に対して用いていたのと同様に、教師や学生の団体にも用いられていた。したがって、特定の教育機関を指しているものではなかった。

　ところで、大学はより古い歴史をもっていることが、最近になって判明した。平成16年5月26日、エジプト考古庁は5世紀から7世紀にかけて使用されていたと見られる、ざっと5,000人程度の学生を収容できたであろう講義室13室を備えた施設を発掘したと発表している。場所は、地中海沿岸の都市アレクサンドリアで、関係者は「世界最古の大学」と報告している。講義室は、半円状の形をした部屋で、真ん中の高いところに講師の椅子を置いていたと見られている。世界最古の大学の発祥は、この発掘によって、さらに、4世紀から6世紀、古いことになった。（参考・日本経済新聞　平成16年5月27日　夕刊）

　アレクサンドリアは、アレクサンドロス（紀元前356〜323年）が造った都市である。アレクサンドロスは、父王フィリッポス二世の後継者として、父王の遺志を継ぎ、新しい町や都市を建設し、運河と水路を作り、交通網を整備したほか灌漑を図って農耕の改革を図り、また、海運業を育成した。

　アレクサンドロスの大きな功績のひとつは、単にアジアの征服にとどまらず、各地域の主要都市にギリシャ文化の香り高いアレクサンドリアを建設したことによって、ギリシャ精神・文化の東漸に大きく貢献したことにある。

　父王フィリッポス二世が息子のために学問所を作っている。私塾だとしても、これも大学といえば、大学と解されるところである。前343年、アレクサンドロスが13歳になったときに、息子には水準の高い教

育が必要だと考えた結果のことである。

　フィリッポス二世は、息子のすぐれた資質を早くから見抜き、帝王の師としてふさわしい人物としてアリストテレスを招いている。いずれ王となったときに直面する問題を解決する訓練もほどこしてくれる教師として見込んだのである。アリストテレス41歳のときである。

　アリストテレスは倫理学、政治学、物理学、気象学のほか哲学者たちが口伝（アクロアテイカイ）や秘伝（エポプテイカイ）などと呼んでいる秘密の深奥な教義をも教えている。重要なことは、与えた精神的教養で、彼は王子に「中庸」（アレテー）がいかに大切かを教えたことである。アリストテレスの指導の下で、教育を受けたことは、アレクサンドロスにとって、その後の世界制覇という偉業の達成に大いに役立った。

　フィリッポスは、息子だけのことを考えていたわけではなく、常に、国家全体のことを考慮に入れていた。アリストテレスがやってきたときに、王都ペラに比較的近いミエザの丘に宮殿のような学問所が建てられた。学問所の周辺には、植物園と動物園も設けられた。フィリッポスは、アレクサンドロスには、世界（自然界を含めて）を知る必要があると考えていたのである。ミエザで学ぶ生徒たちは、マケドニアの貴族に、アレクサンドロスと同じ年頃の息子がいれば学友として学ばせることにした。それは、将来、アレクサンドロスの有能な将官になるとフィリッポスが考えたからである。

　このように、ミエザの学問所は、軍事教育施設であるだけでなく、多くの学問が学べる学問所として造られたが、最大の目的は、あくまでも軍隊および行政のエリートを育成することにあった。生徒が視野の狭い人間に成長することがないように、フィリッポスはエジプトから教師や詩人、芸術家、科学者を招き、ミエザの学問所で客員教授として採用するほど熱を入れていた。

　アリストテレスは、プラトンの最大の弟子で、3年間、フィリッポス二世から高い報酬を得てアレクサンドロスを教えた。

(2) 大学と学生の関係－universityについて－

　大学としてボローニャが法律学で有名になったのは、ひとつのきっかけがある。11世紀の後半、聖職叙任権争いが起きたときのことである。法王権の主張の根拠付けを探しているときに、偶然のことであったが、ユスティニアヌス法典のなかに学説を発見することができた。このことによってボローニャ大学の看板である法律学は、このときからイタリアで盛んになったのである。

　このように社会的環境が変化していくなかで、法律学に関する学問的探求心が高まっていった。学問としての人気が高まったのである。その影響で「ローマ法と教会法」を学びたいとする学生が、イタリアはもとよりヨーロッパの各地から集まってきた。それがボローニャだった。

　いつの時代にも、供給者と需要者の利益は対立する。ここに集まってきた多くの学生は、遠くヨーロッパの各地から集まってきたこともあって、身寄りはなく、ほとんど仕送りもなく、孤独な生活を強いられていた。そこで「生活の安全と相互扶助の目的」から、学生たちはひとつの団体を結成した。これを「ユニヴァーシティ」（university）と呼んだが、これはどこの都市にもあったギルドを模倣したものにすぎなかった。

　現在「university」は総合大学と解釈されている。早稲田大学や慶應義塾大学が総合大学と呼ばれているが、早稲田大学には医学部がなく、慶應義塾大学には農学部がないので、本当の意味で総合大学には該当しないという意見もある。しかし、両校を始め、いわゆる六大学などは総合大学と呼ばれている。

　ところで、この当時のユニヴァーシティは、別の意味をもって用いられていた。

　この「大学（ユニヴァーシティ）」の主要目的は、学生が市民から自らを守ることだった。学生たちが大量に流入してくることに目をつけた市民が、下宿代（部屋代で、ほとんど間借り家賃）をつり上げたからだった。とくに、身寄りがなく、仕送りもない学生たちにとっては死活問題である。そこ

で「ユニヴァーシティ」に集結した学生たちは、ボローニャ市当局と団体交渉を行い「下宿代の値下げ交渉」を実行した。学生を中心とするユニヴァーシティは、このような団体交渉のグループ団として組成されていったのである。

市当局が学生たちの要求を受け入れないならば、学生たちはボローニャから他に引っ越すと脅すなどして、市当局と闘い、下宿代の引き下げを掛け合った。当時「大学には決まった校舎がなかった」ためにできた交渉であった。この交渉手段は、学生たちが、その後も度々利用した闘争手段でもあった。

当時、校舎がなかったために、授業は教員の家、教会や公共建築物の柱廊（アーケード）、広場などで行われていた。要するに、学生たちが多く住んでいるところ、もしくは、その近隣の地区の利用可能な施設・建物を利用して、授業を行っていた。このような教員の出張授業も珍しいことではなかった。そのようなこともあって、学生がその気になれば、授業を行っている施設を大学と呼ぶならば、大学を移転することが容易に可能であったのである。

市民に打ち勝った学生たちは、次に教員たちへと向っていった。この場合の闘争手段は、集団的授業放棄（ボイコット）である。教員は学生の授業料で生活していたので、授業をボイコット（授業料未払い）されては生活を継続していくことができないことになり、効果的な手段（戦術）であった。

教員に対する学生の要求は、主として以下のようなものであった。

① 教員はみだりに授業を休講してはならないこと
② 教員は授業時間内きちんと授業を行うこと
③ 教員は教科書を飛ばさず、すべて授業を行うこと
④ 難解な問題を不十分な説明のままにしておかないこと
⑤ 授業の説明内容は、平易な表現（用語）をもって行うこと
⑥ 授業は科目（学科）全体をカバー（完了）すること

現代においても、教育が「専門用語」を噛み砕いて説明することもなく、そのまま授業を行っているため、学生が理解不足のまま終わっていることがある。

　この当時、まだ、活版印刷は行われていなかった。教材（書籍）は大変貴重なものであるだけでなく、非常に高価なものであった。そのために、多くの学生が、教師もしくは先輩の教材を写すことから始めていた。したがって、前述のような要望は、至極、当然のことであった。この当時、中国においても、日本においても、学生の最高学府は寺院であり「経典の写経」が最高の勉学方法であった。
　現在は、どうであろうか。教材は当然として、いわゆる書籍と言われるものは安価であり、また、手軽に入手できる。それにもかかわらず、「教材を購入しない」、「持たない」、「読まない」学生たちがやたらと多くなっている。大変残念なことである。教材（書籍）の作成は、作者の大変な労苦の産物であるが、それを理解できない学生にも困ったものである。とくに授業時間がムダに経過していくということは、無為に青春時代（学生時代）を過ごしていることにもなっているからである。
　1年間365日（8,760時間）のうち授業時間は450時間（30週×90分×10授業単位「コマ数」として）であるから、5.1％にすぎない。それだけ貴重な時間なのである。それにもかかわらず、遅刻や居眠りをするなど無意味に過ごしている学生が多い。
　当時の学生は教員に対して「みだりに休講しないこと」あるいは「授業時間内きちんと授業を行うこと」を求めていた。人生を賭けていたし、この大学の結果によって、将来の身（就職・出世）が決まりかねないので、ほとんどの学生が必死に勉学に就いていた。
　しかし、現在の学生は、すべてとは言わないものの、多くの学生が遅刻をするし、よくつるんでサボリをしている。休講を喜び、時間短縮を歓迎している。実際、最小限の授業時間さえ耐えられない学生が多くなっている。より多くの者が大学に進学すれば、当然の結果として、平均的水準（学力）は低下する。偏差値が高いと評価されている大学におい

ても自主性、自立性に欠けている学生が多くなっている。そのため、自分の将来（職業）をも決められない学生が出てきている。そして、せっかく大学に進学したにもかかわらず、学習から逃避しているような学生は、社会に出ても勤労意欲が低く、厳しい社会での生存能力を喪失していく傾向が強いと言われている。

(3) 教材（書籍）は貴重な財産

　ナイル川を中心としたエジプトでは、古くからパピルスが「紙」として使われていた。英語のペーパー（paper）は、ラテン語のパピルス（papyrus）に由来し、ギリシャ語のパピロス（papyros）に基づいている。紙を意味するパピルスは、もともと植物としてのパピルスの呼び名であったが、その草で作った書写の材料の呼び名となった。

　パピルスの語源は「流れによるもの」あるいは「河の植物」とするコプト語に由来するとされている。パピルス紙の使用は、およそ4000年の長きにわたる。紀元1世紀前後の数世紀の間、地中海沿岸諸国がもっとも大量に消費していたが、その製法を記した書物は、ほとんど存在していない。パピルスが筆写の材料として高い価値を有していたために「製法の秘密が厳守されてきた」ためである。

　パピルス紙の原料となるパピルス草は、葦に似た草である。パピルスは多年生の草本で、アフリカ奥地の湖や河畔などに繁茂し、沼沢地に生育している植物であった。

　記録は「情報の文書化」をもって可能とされたのであり、それは紙の発明と無縁ではない。紙の原産地は中国であり、その生産は紀元200年の頃、いわゆる三国志の時代である。中国で発明された紙は、10世紀の後、絹街道（シルク・ロード）を通って徐々に中央アジア、サマルカンド、ダマスカスを経て地中海に入り、長きにわたって書写に用いられていたパピルスを羊皮紙とともに追い落としていった。

　中国の紙は、なかなか西方には伝えられなかったが、751年に唐の軍隊がサマルカンドにアラビア人を攻め、敗れた際、製紙職人がアラビ

人の捕虜となり、紙の製法がイスラム圏に伝わったとされている。

 明の初代皇帝、朱元璋(しゅげんしょう)は、1356年、南京を攻略し、モンゴルの首都大都(現在の北京)への食糧道を押えた。その後、大都に入城し、モンゴル最後の皇帝トガン・ティムールを北方に追い払った。ここに朱元璋は、明王朝を興し、初代皇帝となり、洪武帝(こうぶてい)と名乗る人になった。この洪武帝の第四子として誕生した朱棣(しゅてい)は、1398年に即位して、永楽帝(えいらくてい)となると、ただちに首都を南京から一時逃(の)がれていた大都に移した。この永楽帝の命により、鄭和(ていわ)の艦隊がコロンブスよりも70年ほど早く、アメリカ大陸を発見している。

 この永楽帝の関心は、多くの国々の歴史や地理であり、当時、世界最大の都市であった大都をして「人類の知るすべての項目を網羅した百科事典や蔵書を擁する知の都であらねばならない」と考え、永楽大典の編纂に着手した。この「永楽大典」は、既知の文献や知識を残らず収集して蓄えるという、学問的な企てであった。1404年12月、全2万2,211巻に及ぶ百科事典ができあがった。

 問題は、大典が完成したということだけでなく、それが印刷されていたということである。この印刷技術は、当時のヨーロッパでは、まだ開発されていなかった。

 紙の発明と普及が印刷技術の発明を促した。ヨーロッパでは、羊の皮を伸ばして紙状にした羊皮紙があったが、高級品で品薄であり、重要書類に使用されるだけで、普及しておらず、活版印刷の生まれる土壌はなかった。要するに、紙の発明を契機として活版印刷が生まれたのである。このように、ナポリに近いサレルノに大学ができたとされている11世紀の半ばには、まだ、活版印刷による教材(書籍)は作られていなかった。

 ヨーロッパで、まず、初めに活版印刷に手を染めたのはオランダ人で、1446年以前に、コスターが活版印刷を手掛けている。ドイツ人のグーテンベルクが、マインツで印刷を始めたのもこの頃で、中国の大典印刷より30年遅れている。印刷技術開始の直接的効果は、聖書の普及

に現れた。聖書が、多量に印刷され、それを教材として教育の大衆化をもたらした。とくに教会が聖書の配布に力を入れていた。

(4) 大学と学生の関係－collegeについて－

サレルノに集まってきた多くの学生が、「生活の安全と相互扶助の目的」から団体を結成したものは「ユニヴァーシティ（university）」と呼ばれていたが、学生に対抗する形で教員側も、早い時期から組合を作り、組織化を図っていた。これをカレッジ（college）と呼んでいた。

現在使われているカレッジは「単科大学」（アメリカ）であり、イギリスではむしろ「学寮」を意味している。Cambridge（ケンブリッジ）のように、独立した自治体が伝統的な特徴を生かして集まってuniversityを構成しているとされている。Cambridgeshire（ケンブリッジ州）とは「ケンブリッジ州の大学町の名」であり、Cambridge Universityと同じ意味をもっている。

ケンブリッジという町の名は、ケム川（The River Cam）に掛かっている橋という意味で、ケム川に橋が掛けられ、その周辺が発展してきて町を形成するようになってきたものである。日本の石橋家が創業した会社をブリヂストン（Bridge Stone）というようなものである。ケンブリッジは、人口10万人程度の町で、ロンドンから高速道路を利用して1時間半ぐらいで行くことができるところにある。

ところで、イギリスにおいては、大学は基本的に国立大学である。したがって、教員は原則として国家公務員である。イギリスのカレッジは、独特の制度で、大学は二階層になっていて、大学の下にカレッジがあり、ケンブリッジにはざっと30ほどのカレッジがあるという。関係としては、大学と大学院というわけでもなく、短期大学もしくは専門学校という区分でもない。それでいて、カレッジは独立採算の私立である。日本の制度と比較することができないし、日本人にとって、その内容を理解することは極めて難しい制度になっている。

それでは、もう一度、11世紀の半ばの時代に戻ろう。

　学生たちの抵抗にあって、大学を追われていく教員もいる。彼らも団結を図らなければならなくなった。教員側は、教員としての質（知識・経験・講義の内容）を落とさないようにするほか、学生たちに対抗するものとして「教員資格（学位）の授与権」を楯にした。学生のなかには、教員の道を望む者も多かった。現在のように、どこにでも就職できるような時代ではなかった。したがって、教員組合による学生への対抗は、相当程度に強い力を発揮した。

　能力の低い学生、不真面目な学生、学業を修了しない学生たちに対して、とくに効果を発揮した。このようにして、教員資格（学位）が、ボローニャの教授に残された唯一の学生組合である「大学（university）」への対抗手段となった。しかし、中世のボローニャでは、最後まで学生が「大学」の主人だった。つまり、学生側が支配的影響力を保持し続けていたのである。

　学生組合から出発したボローニャ大学（university）は、歴史上、ひとつの例外であった。アルプス以北のヨーロッパでは、大学は「司教教会附属の学校」から成長した。司教教会が作ったということである。前述したように、印刷技術の発明の直接的効果が「聖書の普及」に現れたということから理解できるように、教育界における教会の果たした役割は大きかった。聖書が、多量に印刷され、それを教材として教育の大衆化をもたらした。聖書の普及はとりもなおさず「キリスト教の布教」である。しかし、当時、ほとんどの国民が文字を読むことができなかった。

　司教教会には、本寺僧会という高級僧侶の団体があり「聖務執行の責任」を負っていた。この団体は新しい僧侶の教育を担当していたが、一般学科（音楽を除く7つの自由学科）を受けもつのが教会文書局で、音楽（聖歌）は聖歌隊長の責任であった。

　12世紀に入って、このような形態をとった、つまり、寺院が経営主体とした大学が、フランスを中心とするヨーロッパで広がっていった。「寺院主体大学」をもって、ひとつのヨーロッパ型大学の典型と見るこ

とができるのではないだろうか。

(5) パリ大学とイギリスの大学

　ヨーロッパにおいて「最初の大学」になったこと並びにヨーロッパにおける「最高の学府」たる栄誉を担ったのは「パリのノートルダム寺院の附属学校」だった。これらの栄誉を手に入れることができたのは、パリが、ヨーロッパにおいて他の都市から抜きん出ていたこととパリが政治の中心だったためである。人口も当時のヨーロッパで一番多かった。

　学生の数が多くなると、授業は次第にノートルダム寺院を離れていくことになる。大学の施設が手狭になったこともひとつの理由である。ノートルダム寺院や王宮のあるシティ島を離れ、セーヌ川の左岸に移転した。そして、パリ大学は、やがて今日のソルボンヌのあるラテン地区（カルチェ・ラタン）に広まっていった。

　パリ大学は、現在、1200年を大学設立の年と定めている。これは学生殺傷事件を契機として、フィリップ二世の特許状が与えられた年である。史実としての成立年月は、制度的完成に視点を置けばもっと後の時期になるし、教員や学生の組合の存在などに視点を置けばもっと前の時期になる。

　パリ大学は、ボローニャ大学と違い「教師の組合が大学の中心」だった。13世紀半ばでは４学部（人文、法律、医学、神学）に分れていた。なお、７つの自由学科を教える人文学部が最大規模であった。ここでの授業は、教養課程に相当する講義であり、これを修めなければ他の専門課程には進級できなかった。その意味では、現在の日本における従来型の大学制度の教養課程（１、２年生課程）と専門課程（３、４年生課程）ということができる。しかし、実態としては、四年制大学と大学院（博士課程前期・従来の修士課程）に区分されているものと理解される。現在では、教養課程、専門課程というような区分はしていない。

　ところで、当時の教員たちの楽しみ（自由時間の過ごし方）は、どの

ようなものであったのだろうか。余暇は「酒がいちばんの楽しみ」であったとされている。議論好きな教員たちは、飲むほどに酔うほどに討議に花を咲かせていた。それは自慢話でもあり、鬱憤のはけ口でもあった。さらには、上（上司や先輩）から下（後輩・部下・学生）に対する課外授業でもあり、技術の伝承の場でもあった。ともかく、ラタン地区には、飲み屋の地図ができるほどであり、当時、多くの場（飲み会）では、イギリス人は飲み助で、フランス人は高慢で女性的だ、ドイツ人は飲むと凶暴になり、ノルマンディー人は虚栄心が強いなどと、4つの主要な民族が相互に各民族の悪口を言い合っていた。

このようなことは、いまも変わらず、学会（学者や専門職業人の集まり）の後は、大抵懇親会があり、三々五々、二次会に流れていく。そして、非生産的な議論に多くの時間を費やしている。教授会や専門委員会の後でも同様な光景を目にすることが比較的多く、当時も現代も、与太話に花を咲かせては、ストレスを発散し、またディベート力を養うなどしているのであろう。その意味では無駄の効用と呼べる。

パリ大学のもうひとつの特徴は、学寮「カレッジ（college）」にあり、それはボローニャとは違った使われ方（用語として）をしていた。資金も部屋もない貧窮学生たちに、篤志家たちが与えた宿舎であるが、それは粗末な造りで、小屋にすぎなかった。教員の方にも特別の教室設備があったわけではなく、このカレッジが教室兼寄宿舎になっていた。

パリ大学より遅れて出発したイギリスのオックスフォード大学やケンブリッジ大学では、最初から学寮（college）中心に作られ、大学は卒業証書の授与以外には用のないものになった。カレッジには、学生ばかりではなく、教師も住んでいた。カレッジとは、教師と学生の協同生活の場であり、教えかつ学ぶ場所（施設）であった。カレッジには、カレッジ独自の食堂、図書館、講義室、礼拝堂および体育施設などが備わっていて、生活全般並びに教育活動ができるようになっていた。

この時期から19世紀前半の時代に至る間、オックスフォード大学に入学してくる学生は、イギリスのトップ層（3分の1がイギリスの国教会の聖職者、3分の1が地主階級）の子弟に限られていた。オックスフォ

ード大学やケンブリッジ大学などの中世に起源を有している大学のモデルは修道院であった。このようなこともあって、オックスフォード大学やケンブリッジ大学の卒業生の3分の2が国教会の牧師になっている。

　イギリスの産業革命の発展に貢献した者たちもしくはその師弟は、オックスフォード大学やケンブリッジ大学などに関係のないところで発生し、成長していった。そして、銀行や企業の経営者の子弟もしくは親族が目に付いてくるようになったのは、20世紀に入ってからのことである。

　カレッジはイギリスの各地に荘園、農地を所有していた大地主であった。その上がり（賃貸収入）は極めて多額であった。そのために授業料はとても安かった。その名残で、現代に至るも、財政的基盤が強く、安定的収入を得ている。

2　学校を取り巻く社会環境の変化と大学経営の危機

(1)　2つの2007年問題

　近年の大学経営については、「2つの2007年問題」という課題が重くのし掛かかり、それは「2009年問題」に移行している。

①　団塊世代の交代期の問題点
　第一に、2007年は「団塊世代の交代期」という問題である。昭和22年に生まれた人たちが平成19年に満60歳に達する。ほとんどの民間企業、公的事業などに従事している者が、定年になり、第一線から退いていくことになる。学校事業においても同じである。多くの教員と職員が第一線から退いていく。ただし、私立大学においては、一般的に教員の定年は70歳である。たとえば、早稲田大学70歳で、慶應義塾大学は65歳としている。慶應義塾大学の場合55歳を過ぎると早期退職制を敷いているが、ほとんどの大学の定年は70歳である。

　バブル経済崩壊後、産業社会（金融機関を含む）においては、過剰

雇用、過剰設備、過剰債務という三大過剰を抱えて四苦八苦していた。そして、再生をかけてスリム化に励んできた。その結果、贅肉を削ぎ落とし経営体質を強化してきたこともあって、とくに大企業は、平成19年度（景気の山は平成19年10月）まで、続けて増収増益を達成している。

　デフレの時代、日本企業はスリム化を図り、三大過剰を解消し、企業体質を強化し、収益力を高めてきた。平成17年度決算（平成18年3月期）における損益分岐点をバブル期よりも低めることができたし、負債依存率も27.7％となっている。前年度よりも、2.6％改善し、バブル経済崩壊後初めて30％を下回ることができた。設備投資を控えてきたことによって、資本効率を高めてきたことと減価償却が進んできたことが寄与している。

　また、企業体質の強化として「積極的な人員削減」を進めてきたことが大きく影響している。それがここにきて大きな問題を起こしている。団塊世代の交代期に入って、彼らが第一線から退いていくことになるからである。また、企業体質の強化は、多くは非正規労働者の雇用によってもたらされたものであり、バブル崩壊後の若年層に不安定な生活を強いていることにもなっている。

　人員削減努力の反動が、団塊世代の交代期を間近に迎えて、人材不足（質と量）の解消が急務となっている。重要なことは「技術の伝承」がうまく進んでいかないことである。これは企業にとって死活問題である。同じことが大学にもいえる。多くの優秀な教職員が退職していった後の補充がスムースに達成できるかどうかということに、大学経営（教育水準の維持と向上）の課題がある。

　そして、平成19年8月、アメリカの低所得者向け住宅資金融資（サブプライムローン）の崩壊に端を発する世界同時金融危機が起きた。その影響が、平成20年10月には世界を覆い尽くしていった。平成20年10月28日、日系平均ダウがバブル崩壊後の最安値（平成15年4月7,607円）を割り込み、一時、6,994円を記録している。日本経済の不況化は、大学運営にも大きな影響を与えることになる。教育費を負担

する親の資金力が低下するからである。平成19年度には、平成10年度以降最悪の私立高校1校当たり平均1.74人の生徒が経済的理由で中退している。

② 全入時代の到来がもたらす問題点
　2つ目の問題は、少子化問題である。大学への入学適齢年齢層の人口（進学希望者数）と入学定員が均衡するということで、つまり全入時代になったことにある。とくに強い希望をもたない限り、どこかの大学には入学できるということである。そのために、必然的に学力水準が低下していくことになる。なお、ここには、専修学校などの専門学校への進学希望も含んでいる。
　しかし、希望する大学に入学したい者はあくまでも大学浪人になる。偏差値の高い大学を望んでいる者は、予備校に通ってでも受験勉強をする道を選択する。そのため、これらの大学に入学する者の競争は依然として厳しいものがある。他方において、定員を確保できない大学が出てくる。既に定員割れを起こしている私立大学が、平成18年4月現在で、222大学（全四年制私立大学数は550校）に上り、全体の40％（学校数比率）を超えてしまった。

　これまでの過去5年間、定員割れ大学数の割合が30％前後で推移してきたものが、平成18年にいたって前年比で10.9ポイント上昇した。前年度の定員割れ私立大学は160大学であったものが、62大学が新たに定員割れとなり、40.4％になっている。経営危機水準とされている定員の50％割れ大学が前年度より3大学増加して20大学になっている。50％割れが「経営の危機水準」とされるのは、国の補助金の対象から外されるからである。しかし、実際のところ、小規模大学では定員割れ自体が、経営の危機水準とされている。
　今後、学校経営を考える上で、教育の質を高めていくとともに、利便性の向上のほか学生のニーズを考慮した教育の提供並びに施設や設備を充実するなどの必要に迫られている。

大学事業を半永久的に継続していくためには、「健全で頑強な財務力」が必要とされる。また、人材の確保が重要である。教職員を広く全世界的に求めるとともに、終身雇用の弊害を回避し、人材の流動性を確保していく必要がある。学長と理事で構成されている最高意思決定機関の理事会（私立大学）や、国立大学では経営並びに財務を審議する経営協議会と教学面を審議する教育研究評議会があり、これら理事会などの役割や機能が、これから、ますます重要になってきた。
　大学事業においては、過剰教職員と過剰設備を抱えているところが多くなってきている。その一方で、必要な教員が不足している面もある。生徒1人当たりの教職員の数並びに人件費の額は急増している。志願者数の減少が見込まれているにもかかわらず、多くの大学が、人件費を始めとする経費の削減に手を付けずに放置してきているからである。そのため、幾多の大学で借入金が急増している。
　各大学は生き残りをかけて大学間の提携による競争力の強化や経費の節減を求めており、国公立大学にも共通する経営課題で、これからの大学運営においては、とくに小規模な大学では入試の外注も含め人員の削減と経費圧縮が求められている。私立大学においても同様である。しかし、これらの努力では、たいした経費削減にはならない。
　なお、2007年の全入時代は、2007年には浪人生がいるなどの理由で到来せず、2009年問題となっている。

(2) 適齢人口の減少（少子化時代の到来）

　日本の18歳人口が年々減少していく一方、大学の定員数が増加していることから「大学経営は大きなリスクを抱えた事業」となっている。日本の総人口が平成17年になって、戦後初めて減少したことが確認できた。平成17年10月1日時点の国勢調査の結果、総人口は1億2,776万7,994人になった。65歳以上の高齢者の人口は256万7,000人に達し、総人口に占める割合が過去最高の20.1％になり、今後、一層、この比率が上昇していくことは確かである。したがって「技術の伝承問題」と「高

齢者の養護問題」は、解決の困難な国家的な課題となってきている。

　大学経営は、あきらかに過剰競争の時代を迎えている。しかし、定員の削減を行っていく気配が見られない。相対的に学生が不足する時代を迎えて、これからの大学はどのように舵取りをしていくべきなのか、それが問題である。定員割れや過剰設備で経営破綻する大学が出てきているというのに、大学の増加に歯止めがかからない。学部や学科の増加並びに校舎など、施設・設備に対する投資が続けられているのは、平成3年の規制緩和によって、大学の設立が容易になったからである。また、地域復興の呼び水として地方公共団体が、土地を無償で提供するなどして私立大学の誘致に積極的に働きかけてきたことがその背景にある。

　平成17年2月1日に発表した文部科学省・中央教育審議会の『我が国の高等教育の将来像（答申）』によれば、日本の18歳人口は、平成14年度の205万人を頂点として、減少期に入り、平成17年度からさらに減少し、平成21年度に121万人となった後は、平成32年（2020年）まで121万人前後で推移していくものと見込まれている。

　この答申によると「今後は、『18歳人口に対する進学率』の指標としての有用性は徐々に減少し、主として18歳人口の増減に依拠して高等教育規模を想定しつつ需給調整を図るといった、右肩上がりの成長期に採られてきた政策手法はその使命を終えるものと考えられる。」と、記述している。

　大学・短期大学の18歳人口を基準とした進学率は、昭和35年頃から東京オリンピックを迎えた昭和39年にかけて15％を超え、急激に上昇した時代である。昭和30年頃までは、まだ、中学を卒業して即就職している者が多かった。次第に高校にまで進むようになり、昭和35年を過ぎると50％を越える者が高校に進学するようになった。昭和40年代になり、さらに進学率が高まると、これらの影響を受けて、大学などへの進学率も高まっていったのである。

　大学・短期大学の進学率は、昭和50年度には38.4％になり、高等教育の大衆化が急速に進み、平成11年度には49.0％に達している。専門学校を含めた進学率は、平成16年度には74.5％に達している。

平成16年度に141万8,000人いた18歳人口は、平成19年度は130万4,000人にまで減少した。そして、ここに2007年（平成19年）問題が発生する。平成16年3月には、高校卒業者の69万人と浪人生を加えた83万人が大学・短期大学を志願している。これに対して、全体の合格者数は、定員を9％超えた71万人となっている。特定の大学を選考しなければ86％の者が、どこかの大学か短期大学に入学できることを意味している。その結果、定員割れが中堅大学にも広がってきている。

表（1-1）年齢別・男女別人口と人口性別比較表（部分）

（平成19年10日1日現在　単位：千人）

年齢	日本人人口 男性	日本人人口 女性	日本人人口 合計	総人口 男性	総人口 女性	総人口 合計	日本人人口比
7	602	570	1,172	607	575	1,183	99.1％
8	600	571	1,171	606	576	1,182	99.1％
9	608	578	1,186	613	583	1,196	99.2％
10	605	577	1,181	610	582	1,191	99.2％
11	602	573	1,175	607	578	1,185	99.2％
12	613	584	1,197	618	589	1,207	99.2％
13	615	585	1,199	619	589	1,209	99.2％
14	606	576	1,182	611	580	1,191	99.2％
15	618	586	1,204	622	591	1,213	99.3％
16	616	586	1,202	621	591	1,212	99.2％
17	628	598	1,226	635	604	1,238	99.0％
18	650	617	1,266	658	627	1,285	98.5％
19	671	633	1,304	683	650	1,333	97.8％
20	690	651	1,341	706	673	1,379	97.2％

（注）出典：文部科学省のホームページに掲載されている「第1表年齢（各歳）、男女別人口及び人口性比―総人口、日本人人口（平成19年10日1日現在）」より、必要な部分を転載し、かつ、日本人人口比を計算し、加えている。

　表（1-1）を見ると、平成19年10月1日現在の日本人の20歳人口が134万1,000人で、その後、毎年、減少していることが分かる。10年後の平成29年の18歳人口は118万1,000人になっている。この時点におけ

るいわゆる団塊世代（57歳から60歳台）は、各年齢とも200万人を超えている。200万人を超えているのは、この年齢世代だけである。

　平成29年時点の大学進学率（専門学校を含む）がおおむね50％としても、大学入学適齢人口は60万人を切ってしまう。大学間の定員確保競争は厳しさを増すばかりである。この時点の8歳人口が、平成29年の大学入学予定人口になる。

　ところで、優秀な学生は希望する大学に入るまで頑張っているし、浪人しても、希望校に入学するために勉強している。このようにして、有力大学による優秀な学生の争奪戦の激化にも拍車がかかり、大学は、一層、厳しい経営を迫られていくことになる。

　しかし、私立大学は増え続けているため、大学・短期大学への総志願者数と総合格者数が並ぶ「全入時代」が迫っている。つまり、定員割れや経営難に拍車がかかるなど、大学は淘汰の時代を迎えているということである。入学定員の確保のために、多くの大学が、本校での試験に加えて、地方で試験をするようになってきた。しかも、ペーパー・テストではなく、面接で合否を決定することもあって、なかには適格性（学習意欲）に欠ける学生も入学させている大学がある。

(3) 学習意欲と知識吸収水準の問題

　入学適齢人口が減少しているなかで、大学の入学定員を増加させているので、いわゆる三流大学と呼ばれている大学以下に属する大学では、定員を確保するために、学習意欲のない者もしくは知識などの吸収能力の低い者までも入学させているのが実情である。その一方で、当該大学の教員が、最近の大学生の学力が落ちていると批判している。その程度（学習意欲の低さ）の生徒を入学させていることに問題があることを失念している。大学側にこそ問題があるというべきである。

　学力低下問題は最近の話ではない。高田里恵子が『学歴・階級・軍隊』(p.177)で、三木清が『文藝春秋』の「学生の知能低下に就いて」（昭

第一部　大学経営の危機　51

和12年5月号）のなかで、すでに触れているという。そこでは「1930年代後半には、大学生たちの学力低下、教養崩壊、モラルハザードが大いに議論された。」と記述している。それは「大学大衆化」が生まれてきたことによる当然の帰結であった。「勉強しない学生も入れてしまう私立大学があるから悪い」ということになる。

そのため、大学の授業についていけない学生が入学してくることにもなっている。基礎学力が不足しているほか忍耐（授業をじっと聴いていることができない）がないため、大学に入ってから予備校に依頼して基礎学力を改めて身につけさせている大学も出てきている。都内の医学部専門予備校で、受験生に「医学部の志望理由」を書かせているが、満足に自分の意思である「将来展望」を書くことができない生徒がいるという。国立大学法人新潟大学の医学部で、学生の約5％、30人ほどが留年した。その根底には、学生から「気力が湧かない」あるいは「医者になるという目的意識がもてない」という声が出ている。このように懸念すべき事態が起きている。

これらのことは医学部に限ったことではない。社会系、文化系の学部関係においても「学生に目的意識がない」という学校内部からの声が聞こえてくるほか、企業など外部からは、学生気質や大学の人材育成に対する不満、つまり「大学という組織全体で学生（教育）支援すべきである」という批判なり、期待が出てきている。学習意欲がないだけでなく、向上心がない学生が多くなっているということよりも、そのような学生を入学させている大学側にこそ問題があるというべきである。

司法試験に合格して、1年半の司法修習を終了した1,493人のうち107人（7.2％）が、最高裁司法研修所における平成18年秋の卒業試験で落第している。比率と実数で、ともに過去最高となっており、合格者の増加に伴い実力が低下していることを示している。平成18年は新司法試験制度の初年度である。法科大学院の卒業者（既修者＝大学の法学部卒業者）が受験した。平成18年は、既存の試験制度との併用である。新司法試験制度、いわゆる法科大学院修了生の質の低下が話題になっている。そのような背景もあって、幾つかの弁護士事務所では、既存の試

験制度の合格者を優先的に採用するということを意思表示している。

　とくに重要なことは高校時代、効率優先の教育（大学受験対応）を行ってきたため、試験範囲に関係のない知識がほとんど欠如している学生が多いということも問題視されている。大学を出て、社会に入って、ひとりの教育を受けた人間として生きていくためには、学力と知識のほかに「豊かな人間性」が求められている。自分が提供するサービス（労務）の対価として給与が得られるのであるから、提供できるサービスの価値を高めていく必要がある。しかし、その意欲が低いし、関心がないという学生が増加している。どこかで「学問への欲望」にねじれ現象（学生の質的劣化）が生じている。

(4) 入学定員の増強と大学の新設

　戦後、一貫して、上昇し続けてきた大学・短期大学への進学率は、現在、すでに50％近くにまでに達している。とくに地方では、地域振興という名目で地方公共団体が土地や資金を出す「公設民営方式」の大学が、次々と新設されてきた。需給バランスを無視した定員増しの結果である。しかし、卒業した後の就職先が、これらの地方に用意されていないこともあって、地域人口として滞留していく卒業生が少ない。地域活性化としては限定的なのである。

　千葉県の海辺に面したT市では、土地を無償提供したほか約30億円の補助金（校舎建設助成金見合いの資金）を交付して大学を誘致している。また、立命館アジア太平洋大学では、大分県が道路や建物の3分の2を負担している。42ヘクタールに及ぶ敷地はすべて別府市の無償提供であり、しかも大分県が土地を無償で造成している。このほか、創設費約300億円のうち大分県が150億円を、大分市が42億円、合計192億円（64％）を負担している。（雑誌『財界』2004. 6.22「なぜ、立命館が大学改革のフロントランナーといわれるのか」）

　これで大学が経営破綻したら地方公共団体のトップにとって大きな責

任問題になってくることは明らかである。

　マンモス大学とされる総合大学が、学部の新設を図り、短期大学や高等学校が四年制大学になって、定員を増加させている。そのために、定員確保へ向けた大学間の学生集めの競争が広がってきた。入学定員の確保のために、適格性に欠ける学生も入学させている。
　その結果「学力低下」など高等教育の質の劣化を進める要因にもなっているという。しかし、大学へ行く学生が増加すればするほど「学生の学力低下」は当然のこととして現れてくる。しかも、あまり、向学心のない学生がやたらと蔓延(はびこ)ることになる。
　そして、他方において、重要なことは「教員の質の低下」が顕著になってきていることである。大学が多くなれば、多数の教員が必要になる。文部科学省が大学の設置に際して、一定の教員の配置（採用）を求めているからである。教員の数が増大すれば、学生の質と同様に、教員の質も低下していくことになる。
　法科大学院にしても、当初、政府を含む関係者が予想していた大学数以上の大学が設置することになった。司法試験合格者を、必ずしも毎年、出し続けていけないような大学であっても、時流に乗り遅れまいとして、設置していることがある。問題は、裁判や訴訟の実践を教えることができる実務家教員が限定されているため、適切な教員を揃えることができるのかということであり、それは教育の質の維持のために重要なことである。

　最近、新設された私立大学は、55～56ページに示した表（1-2）のようになっている。

表（1-2）最近9年間で新設された私立大学一覧表

設立年度	学校数	大学の学校名
平成8年度	7校	仙台白百合大学、筑波学院大学、十文字学園女子大学、平成国際大学、豊橋創造大学、プール学院大学、高松大学
平成9年度	6校	北海道浅井学園大学、中部学院大学、関西福祉科学大学、関西福祉大学、高知工科大学、九州ルーテル学院大学
平成10年度	12校	千歳科学技術大学、苫小牧駒澤大学、青森中央学院大学、愛国学園大学、愛知文教大学、桜花学園大学、太成学院大学、関西国際大学、広島国際大学、九州情報大学、福岡国際大学、九州看護福祉大学
平成11年度	11校	日本赤十字北海道看護大学、北海道文教大学、★東北文化学園大学、那須大学、共愛学園前橋国際大学、西武文理大学、名古屋文理大学、常盤会学園大学、神戸山手大学、★萩国際大学、九州保健福祉大学
平成12年度	20校	天使大学、稚内北星学園大学、東京福祉大学、尚美学園大学、日本橋学館大学、松蔭大学、新潟青陵大学、金城大学、静岡文化芸術大学、富士常葉大学、愛知工科大学、名古屋産業大学、人間環境大学、平安女学院大学、京都創成大学、大阪明浄大学、近畿福祉大学、長崎外国語大学、立命館アジア太平洋大学、★立志舘大学
平成13年度	14校	東北公益文化大学、高崎健康福祉大学、共栄大学、埼玉学園大学、ものつくり大学、嘉悦大学、長岡大学、仁愛大学、東邦学園大学、京都嵯峨芸術大学、大阪人間科学大学、鳥取環境大学、日本赤十字九州国際看護大学、平成音楽大学

平成14年度	16校	群馬社会福祉大学、東京女学館大学、東京冨士大学、田園調布学園大学、山梨英和大学、諏訪東京理科大学、松本大学、静岡英和女学院大学、星成大学、名古屋学芸大学、羽衣国際大学、岡山学院大学、中国学園大学、宇部フロンティア大学、第一福祉大学、長崎ウエスレヤン大学
平成15年度	13校	尚絅^{しょうけい}学院大学、福島学院大学、浦和大学、健康科学大学、清泉女学院大学、聖泉大学、長浜バイオ大学、びわこ成蹊スポーツ大学、大阪成蹊大学、千里金蘭大学、東大阪大学、畿央大学、熊本保健科学大学
平成16年度	12校	創造学園大学、武蔵野学院大学、千葉科学大学、聖母大学、LEC東京リーガルマインド大学、静岡福祉大学、浜松学院大学、愛知新城大谷大学、日本赤十字看護大学、藍野大学、大阪女学院大学、沖縄キリスト教学院大学
★はその後破綻した大学		

(注) 出典:『財界展望』2005・9号「私大倒産時代突入」(島野清志) p.114を基に作成している。

　なお、文部科学省の担当官の説明によれば、「平成19年度並びに平成20年(平成20年10月末現在)に、倒産した大学はない」という説明(電話による問い合わせに対する回答)である。
　いずれにしても、少子高齢化と言われて久しいにもかかわらず、近年、大学の新設が多い。大学設置・学校法人審議会が、平成18年11月27日、明らかにしたところによると平成19年度の新設私立大学(認可見込み)が、次ページの表(1-3)に示したように11校もある。最近5年間で、約80校もの大学が生まれている。

56　第1章　大学経営の危機到来

表（1-3）平成19年度の新設私立大学一覧（単位：人）

	名　　　称	所　在　地	入学定員
1	日本医療科学大学	埼玉県毛呂山町	200
2	東京未来大学	東京都足立区	350
3	四日市看護医療大学	三重県四日市市	95
4	京都医療科学大学	京都府南丹市	80
5	森ノ宮医療大学	大阪市	120
6	神戸夙川学院大学	神戸市	200
7	兵庫医療大学	神戸市	330
8	近大姫路大学	兵庫県姫路市	100
9	環太平洋大学	岡山県瀬戸町など	600
10	山口学芸大学	山口市	50
11	サイバー大学	福岡市	1,200
	合　　　計		3,325

（注）　1　出典：日本経済新聞　平成18年11月28日（朝刊）
　　　　2　表の記載形式は加筆している。
　　　　3　入学定員は通信教育課程を含んでいる。

(5) 大学の統合とさらなる大学・学部の新設

　大学入学適齢人口が減少していくことがはっきりしているなか、国立大学を中心として、幾つかの大学が、競争が高まる大学事業業界で生存を賭けて統合している。一例を示せば、次ページに示した表（1-4）のような事例がある。ここでは、国立大学のケースを示している。

表（1-4）大学の統合事例一覧表

適用	統合対象大学名 大学名	大学名	新大学名
平成14年10月			
1	山梨大学	山梨医科大学	山梨大学
2	筑波大学	図書館情報大学	筑波大学
平成15年10月			
1	香川大学	香川医科大学	香川大学
2	宮崎大学	宮崎医科大学	宮崎大学
3	大分大学	大分医科大学	大分大学
4	佐賀大学	佐賀医科大学	佐賀大学
5	高知大学	高知医科大学	高知大学
6	福井大学	福井医科大学	福井大学
7	島根大学	島根医科大学	島根大学
8	九州大学	九州芸術工科大学	九州大学
9	神戸大学	神戸商船大学	神戸大学
10	東京商船大学	東京水産大学	東京海洋大学
平成17年10月			
1	富山大学	富山医科歯科大学	富山大学
平成19年10月			
1	大阪大学	大阪外国大学	大阪大学

（注）出典：文部科学省・高等教育局国立大学法人支援課の資料から作成している。

　これらの大学においては、とくに短科大学の場合、定員の募集並びに確保が次第に困難になってきているため、統合によって生き残りを賭けていることを示している。国立大学同士であることと一定の地域（距離）内に存在していることから統合が可能になっているということがいえる。ただし、管理部門などの統合が速やかに実現できるかどうかが重要である。たとえば、各事務部門が、従来どおりの自治権を行使しているようでは、統合の効率性、有効性の改善は図れないと考える。また、教学の責任がある教授会の統合も必要である。とくに、地方においては、大学同士が比較的至近距離にない場合、会議などの集合に支障をきたすことも考えられる。

ところで、これらの統合には幾つかの解決し難い問題も発生している。それは、統合において、人事並びに予算の配分などの公平性・平等性などがどの程度確保されるのかということにある。なぜなら、大が小を呑み込むという「吸収合併」の形態がとられていることが多いと感じられるからである。

　大阪大学と大阪外国大学との統合においても「力の関係」が大きく作用していたと思われる。従来から、大阪大学では、医学部と工学部など理系分野が中心の大学であり、文系分野の教員数は全体の20％ほどしかいなかった。理系分野と文系分野との間に格差が生まれていて、しかも拡大していく傾向にあった。当然、総長は文系以外から選任されてきた。そこに、ひとつの変革が行われた。

　平成19年10月に大阪外国大学との統合が行われた。大阪大学は、大学院を含めた学生数は約2万人で、大阪外国大学は約4,000人である。その差は5倍となる。国立大学は国からの運営費交付金が、年々、削減されていくことになっていて、大阪外国大学は、単独では現在の外国語24言語教育の継続が危ぶまれていたという事情があった。それが統合という経営政策の決定・採用に大きな影響を与えた。

　この統合は、大阪大学の力関係に大きな影響をもたらすことになった。大阪大学は、この統合で文系の充実を図ったのであるが、それでも、理系分野の力のほうが相対的に大きいことに変わりはなかった。しかし、文系部門の教員は、その勢いを駆って、平成19年夏の総長（国立大学法人法上の学長）選挙において、初めて文系出身の教員から総長の選出を勝ち得た。10月の大阪外国大学との統合が大きく影響したと考えるべきであろう。しかし、大阪外国大学の教員に選挙権は与えられなかった。統合前であったとして、その前提での選挙権の可否は、問題にされるべきである。ここにも、大が小を呑み込むという構図が生まれている。

　公立大学においても同様であり、とくに医科歯科系の単科大学が総合大学の公立大学と統合している。まだ、国立大学の教育系の単科大学の統合が進んでいないが、公立大学においては、教育系の単科大学が総合

大学と統合している事例が増加している。国の方針が、研究の成果を重視した予算配分に移行していく傾向にあるので、国立の教育大学の存亡が問題視されてきている。教育系大学の使命は、将来の日本の経済基盤・成長などを担う人材を教育する教育者を育てていくということであるから、財務省の姿勢（予算の配分）は、教育重視という視点から大いに問題がある。

　このような厳しい大学間競争が始まっているという環境にあっても、大学の新設・学部の増設が続いている。文部科学省のホームページに掲載されている「大学の新設・学部の増設」に関係する情報は、以下に示している表（1-5）のようになっている。文部科学省の表題は「平成20年度開設予定大学等一覧」となっていて、短期大学と大学院が含まれているが、ここでは除いている。

表（1-5）平成20年度開設予定大学一覧表

（平成19年11月現在　単位：人）

	名称	所在地	定員	適用
1	長崎県立大学	長崎県佐世保市　長崎県西彼杵郡長与町	450　281	長崎県立大学と県立長崎シーボルト大学（廃止）・総合大学
2	桐生大学	群馬県みどり市	140	桐生短期大学・看護学科（廃止）、桐生大学短期大学へ名称変更（存続）医療保健学部
3	植草学園大学	千葉県千葉市	180	発達教育学部・保健医療学部
4	三育学院大学	千葉県夷隅郡大多喜町　東京都杉並区	50	三育学院短期大学・看護学科（廃止）看護学部
5	佐久大学	長野県佐久市	80	看護学部

6	北陸学院大学	石川県金沢市	180	北陸学院短期大学・保育学科、人間福祉学科（廃止）、北陸学院大学短期大学部へ名称変更（存続） 人間総合学部
7	修　文　大　学	愛知県一宮市	80	一宮女子院短期大学・生活文化学科、食物栄養専攻（廃止） 健康栄養学部
8	神戸常盤大学	兵庫県神戸市	155	神戸常盤短期大学・健康文化学科、衛生技術科、看護学科（廃止） 神戸常磐大学短期大学部へ名称変更（存続） 保健科学部
9	福岡女学院看護大学	福岡県古賀市	100	看護学部
10	保健医療経営大学	福岡県みやま市	150	保健医療経営学部
	合　計		1,846	

（注）出典：文部科学省「大学設置・学校法人審議会」が発表している「平成20年度開設予定大学等一覧」の資料から、必要と思われる事項を抜粋して作成している。

　最近の傾向として、短期大学から四年制大学への昇格と衛生・看護・医療関係の大学の新設もしくは学部変更が見られる。これらの現象から見ると、日本経済の力強い発展に尽くす人材の育成という観点からの教育というのは、既存の大学に依存することを意味している。

(6) 大学が倒産する時代

　最近になって、以下のように大学の倒産が続いている。

① 東北文化学園大学の倒産

　平成16年6月21日、学校法人東北文化学園大学（仙台市）は、大学開設時の虚偽申請や多額の債務が表面化して経営危機に陥り、東京地裁に民事再生法の適用を申請した。事実上の倒産である。系列の法人を含む負債総額は300億円と報道されている。

　大学を経営する学校法人が民事再生法の適用を申請した最初のケースである。系列法人との不透明な取引や二重帳簿など悪質な会計操作が次々に表面化した。とくに顕著なのは、平成9年の設置認可申請時に54億円の架空寄付を計上して財産目録を偽装していたという。建設会社からの借入金を寄付金として、処理していたのである。なぜ、発見できなかったかというと、ひとつには、この当時、会計士監査として重要な監査手続きである「寄付者に対する残高確認」が、「実施すべき監査手続」とされていなかったことにもあるとされている。

　東北文化学園大学は、元理事長による補助金の不正受給が表面化して倒産したが、学校が直ちに消滅するわけではない。しかし、学校を存続していくことは極めて大変である。国公私立14大学がひしめく宮城県で、地に落ちた信用を回復するのは至難の業であって、学生の募集に支障をきたしているからである。

　学生が集まらないと収入は先細りとなり、残余期間10年で65億円を返済するという東京地裁に出した再生計画が危うくなり、本当の倒産、そして廃校となる。しかし、他の大学と併合するなどの支援体制は、大学の規模などの条件によって大きく変わってくる。次に掲げる立志館大学の在学生が176人であるのに対して、東北文化学園大学は約2,500人もの学生を抱えているので、受け入れ側の困難さがあり、支援体制ができないからである。

② 立志館大学の倒産

　四年制私立大学の実質的な破綻第1号は広島県坂町にあった立志館大学である。この大学は、短期大学を改組し、広島安芸女子大学とし

て開校したが、定員割れして資金繰りに窮し、平成16年1月に廃校に追い込まれた。

実際、昭和50年代までは、とくに女子の場合、せめて短期大学ぐらいは卒業していないと結婚にも差し支える(つか)という見方もあって、短期大学はどちらかというと女子学生がほとんどであった。しかし、その後の日本経済の成熟度に併せて、女子学生が四年制大学に入学していくようになった。短期大学に入っても、その後、編入して、四年生として卒業していく学生が多くなった。立志館大学も短期大学では時代遅れになるという考えから、四年制大学に衣替えしたのである。

立志館大学は、地域性（都心から遠い）もあって、始めから入学生不足に悩まされ、四年制大学になっても改善はみられなかった。入学生不足は、直接、資金繰りに影響する。給与の支払いにも関係し、優秀な教員が退職していくことにもなり、教育体制も脆弱(ぜいじゃく)していた。

③ 酒田短期大学の倒産

東北文化学園大学や立志館大学が入学生不足による急速な資金繰りの悪化で破綻したのと同じように、酒田短期大学も資金繰りの悪化で倒産している。

文部科学省は、平成16年7月13日、酒田短期大学を運営する学校法人瑞穂学園に対し「私立学校法に基づき解散命令」を出した。しかし、酒田短期大学は、以下に記載したように、上記の両校とは少し異質な面がある。

ア 多数の中国人留学生がアルバイトなどのために首都圏に移り住んでいたこと

つまり、学生は学校で学習できるような状況になかった。

イ 同学園が私立学校の経営に必要な財産を有せず、評議委員会も置いていなかったこと

つまり、事業体としての体制を整備していなかった。

このように法令に違反していたために、解散命令以外に方法がなかったとされている。

第一部　大学経営の危機

④　萩国際大学の倒産

　山口県の四年制私立大学である萩国際大学が、平成17年6月21日、定員割れで経営難に陥った大学としては、初めて民事再生法の適用を東京地裁に申請した。

　山口県と萩市から約40億円の補助金を受け、地域活性化の切り札として地元の熱い期待を受けて誕生した萩国際大学であるが、初年度から定員割れが続き、開校から7年目で、経営が行き詰ってしまった。とくに規模が小さく知名度も低い地方私大の環境は厳しく「中・四国地方」の定員充足率は95.49％で、全国12地区中の最低である。一層、大都市圏との格差が拡大している。四学年合わせた学生数は651人で、充足率は50％台でしかなく、しかも、そのうち60％が留学生といういびつな構造になっていて、この留学生頼みの経営戦略も功を奏さなかった。少子化で私立大学の経営環境は、さらに厳しさを増している。

⑤　小樽昭和学園の倒産

　平成18年8月、小樽短期大学などを運営する「学校法人小樽昭和学園」が負債総額3億円を抱えて、民事再生法の適用を申請した。主要な要因は、やはり、定員不足を起因とする資金ショートである。

⑥　東和大学の新規募集停止

　また、同月、福岡市の東和大学を運営する「学校法人福田学園」は、来年春（平成19年4月）の学生募集の停止を決定した。在校生が卒業する平成21年に廃校となる。それまでは存続させ、在学生の卒業に支障を起こさせないためである。廃校とするのは東和大学のみであって、福田学園が運営する他の学校は従来通り継続していくということであるから、東和大学はそれだけ入学者の減少が大きく影響していたということである。この事例では学校法人の倒産というケースではない。

⑦　京都科学技術学園の倒産

　整理回収機構（ＲＣＣ）が、学校法人京都科学技術学園（専修学校）の民事再生法の適用を大阪地裁に申請し、平成18年9月29日、開始決定を受けたことが分かった。負債総額は約300億円にまで達していて、明らかに過大投資（過剰債務）であったとされている。小規模な大学が300億円もの大きな債務を負っているということは、設置自体に問題があったというべきである。大学の運営は、巨額な寄付もしくは補助がないとやっていかれないということを示している。

　平成17年4月現在、定員割れした私立四年制大学は過去最多の160校に達し、全体の29.5％を占め、入学者数が定員の50％に満たない大学は17校、30％に満たない大学も5校あった。私立大学の校数（入学定員）は明らかに多すぎる。そのため、経営努力を怠り、学生が求める人材を提供できない大学は、淘汰されていかざるをえない。そのような背景の下、平成18年度に入って大学の経営破綻が続いて発生してきた。

　平成19年2月初旬における平成18年（暦年）中の学校法人（大学設置法人以外を含む）の倒産件数は7件で、負債総額は640億円になっている。平成16年に3件、平成17年には5件と学校法人の倒産は増加傾向にあり、平成13年から平成18年までの6年間に累計18件に達している。倒産原因の主たるものは校舎の増築、新設など設備投資に係る借入債務の増加であり、その返済に窮（資金ショート）して倒産したものが一番多く、6件となっている。なお、資金ショートは定員割れ（収入の不足）と表裏の関係にある。いずれにしても、設備投資は入学生に対して魅力を高めるものとして実施しているのであるが、その効果（入学生の増加）がなく、裏目に出てしまったということである。

3 学校の教育と家庭の躾の問題

(1) 教育環境の悪化と若年者の成育状況

　多くの人たちが「この頃の子どもたちは変わった」と言う。このような共通の認識となり始めたのがいつ頃のことなのか、そんなに古い話ではない。昭和55年は、川崎市に住む大学受験生が金属バットで両親を惨殺するという事件があった。両親は高学歴共働きで、兄は国立大学に入っている。どちらかというと恵まれた家庭であった。

　ただ、日頃、両親から「勉強しろ」と言われ続け、兄と比較されてきた。両親の潜在的な期待、言い口、それが耐性限界を超えてキレてしまったのである。また、昭和58年には、横浜市の山下公園で16歳以下の少年10人が浮浪者をなぶり殺すという事件があった。彼らは「ゴミを片付ける」と嘘吹いていた。いまの子どもたちは、他人への関心と愛着と信頼感をなくしているという意見もあるが、「世間知らずのわがまま」なのである。惰性に走りやすい性格の持ち主で、自らを律する精神力を有していない。

　また、平成18年では、罵られたからと妹を殺し、さらに切り刻んでいるような残忍な事故が発生している。歯科大学希望の浪人で、受験勉強の努力をしないまま受験を失敗し続けてきたことを妹から指摘（蔑視）され、前後の見境を失って、狂暴に走ったのである。これらの一連の事件には共通するひとつの事実がある。家庭が崩壊している、あるいは家庭に団欒がないという、人間生活における最低限の営み（家庭内の対話＝意思の疎通）が欠落していたのである。

　ここ10～20年の間に朝食を外で食べる「ソトアサ族」が徐々に増えている。コンビニで買って勤め先で食べる人が多くなった。独身者は別として、このように外食型が増加していることにも、家族内コミュニケーションが減少している傾向が反映している。

　耐えること、我慢することができず、精神的に大人になり切れていないため、最近の子どもや若者は、社会的人間として育っていないのでは

ないかと思われる。「社会性が欠如している」とみられ、高い志など微塵ももっていない若者が増加する傾向がうかがえる。

ところで「母親語」という言葉がある。母親語とは、母親（大人）が赤ちゃんに「話しかけるときの語りかける言葉」である。その特質は、次の点にある。

① ことさら声の調子を高くすること
② 同時に、声の抑揚を誇張すること

最近の傾向として見られるものに（ひとつのテストで見られたものであるが）、かなりの学生が赤ちゃんに対して接したとき、母親語を使わなかった。使えないということである。その場合のほとんどが一人っ子であった。赤ちゃんが初めて言葉を発したときに、異変がみられる子の場合、次のような共通の現象がみられたという調査データがある。

① 言葉が遅れていること
② 視線が合わないこと
③ 周囲の人に対して無関心であること

また、最近の傾向として「子育ての問題点」が取り上げられている。テレビの前で、じっとしていれば親は楽である。そのため、とくにテレビとの関係で次のようなことが言われている。
　テレビを見るのに身体を激しく動かす必要はない。受像機の前にじっと動かず座っているのが普通である。
　そのような姿勢を長時間取り続けることは、結果として、子どもたちの身体活動を著しく低下させ、身体を使って人や外界との相互行為の機会を減らすことになる。もう、すでに30年以上も前から指摘されていることであるが、最近の子どもは、じっとしていることができない。朝礼で20分も立って（整列）いられない。列を崩してしまうし、座り込

んでしまう子もいる。体力も気力も弱くなっている。

　このような子は、病気になりやすい体質になっている。とくに、テレビが発する光と音の洪水ともいうべき刺激は、子どもの受容能力をはるかに超えた過剰な刺激である。そして、光は眼に悪い。視力を弱めるし、子どもの行動範囲を狭めてしまう。

(2) 閉鎖性成育と社会性の欠如

　最近の子どもたちは「人間を厭(いと)い避ける傾向」にある。対話も、挨拶を交わすのも、煩(わずら)わしいのだ。挨拶をするにしても、声が小さい。はっきりした言葉を発していない。最近の若者たちは「人間が嫌い」と言われている。しかし、それは一方的な見方で、若者たちだけで集い、いつまでもおしゃべりしている者たちが多いのも、事実である。

　他方において、一部の者は若い人たちのいない無機質的な空間を好み、そこに身を置くことで癒(いや)されるという若者がいることも確かである。これが問題なのである。若者たちが、心の世界から人（対話をすべき相手）を排除しようとする心性を強める限り、彼らが社会と共生し、社会を育(はぐく)んでいくような大人に成長していくとは考えられない。若い世代の人間関係や人付き合いがお互いに深入りしないきわめて表面的なものになっている。

　そのため、高校並びに大学を卒業すると仲間とじきに疎遠になってしまう。いまの大人たちが若い頃は、このような友達付き合い（友人関係）は「水臭い」とか「付き合いが悪い」と言われて仲間ができない、仲間離れが起きたものである。彼らの大人に対する不信感もかなり強い。それは実際のところ、世間を知らないところからきている。知識や経験がないので当然であるが「自分がわがままである」という、そのことをほとんど理解していない。その結果として、イライラ型の若者が大人に対して相当に強い不信感をもつようになっている。

　人間を「社会的ヒト」つまり社会を構成するヒトという定義（見方）とする近年の社会学では、ヒト（人類）をして社会的動物ではなく社会

的存在と表現することが多くなっている。それはヒトが集団生活を基礎とした「他者を思いやる心」をもって対峙することができることからきている。

　他者を認識するということは、他者を理解するということである。それは「思いやりの心」であり、もっと平たく言えば、他の人のことが分かるということである。その心は「優しさ」であって、他人の立場でものを考えることができる、あるいは相手の気持（精神状態）を理解することができる精神の在り方ということである。ただし、理解できるということと「それを受け入れる」ということは別のことである。それは「心の広さ」と関係している。

　孔子が主張した最高の徳目が「仁」である。「己の欲せざるところは人に施す勿かれ」の意は、「自分が望まないようなことは人にもしむけるな」ということで、「温かい思いやり」こそ、孔子が自ら実践し、人に勧めた道である。

　現在のわが国の子どもたちや若者たちの「物の考え方」や「行動の取り方」をみると、社会性が欠如（社会対応力の低下）していることが分かる。どんな育ち方をしてきたのか、それが問題である。

　いずれにしても社会力といったものがうまく育っていない。共通的なものとして、そこでは以下のような現象がみられる。

① 自己中心的であること
② 人間関係を築くことが下手であること
③ 他人に無関心であること

　そして、考えさせられることは、教育の世界において、肝心要の「どうすれば社会性を育てることができるか」についての確かな見取り図が示されていないことにある。それもひとつに「教育の質」の低下に起因していることなのであろう。

(3) 自然環境・治安状況の悪化と児童の成育状況

　最近（ここ20年から30年ぐらいの間に）、児童を取り巻く生活、教育などの環境が大きく変化してきた。
　たとえば「児童から道草と放課後が奪われたら、子どもの文化は死ぬ」というような言われ方がされている。児童が放課後残って校庭で遊ぶことはもうない。昨日と違う通学路を道草しながら帰ることはない。いま、「安心、安全」の謳い文句ほど恐ろしいものはない。そんな時代になってしまった。
　私が小学生の時代（後半期）には、朝の授業の開始前1時間程度、または、土曜日の午後と日曜日などの休みの日など、よく校庭でソフトボール、ドッジボールや縄跳びなどをして、暗くなるまで遊んでいたものである。まだ、テレビなど普及していない時代であったこともあり、授業外活動としては野外で過ごすことが大半であった。
　また、その当時、帰り道は、連れ立って、友達の家に行って、その近所の学童とよく遊んだものであった。雨が降れば、皆、長靴で通った。真冬は晴天の日でも、所によっては長靴が欠かせなかった。朝はいい。陽が上ると霜が解け出して、道が泥るんでくる。家の玄関から道路までの間に、あるいは人家と他の人家の間に、炭俵を敷いていたものである。
　その後、教育環境が変わった。校庭をアスファルトで舗装し、排水を良くし、雨天でも使えるようにした。ところが、放課後や休日の使用を禁止したほか、近隣の人たちの使用も禁止した。校庭内で事故が起きて苦情が出るのが嫌（対応に苦慮する・面倒）なのである。当時の児童にとって生傷は、毎度のことであって、親たちも、目くじらを立てたりはしなかった。いまは違う。親がろくに原因を確かめもせず、学校に苦情を言い立て始めるようになった。学校関係者は、そのようなことを避けようと学校施設を閉鎖するようになった。親が学校を閉鎖社会に変えていったのである。その結果、学校施設という公共的施設の有効利用を極

端に低下させている。そして、地域のコミュニティの心が失われていった。公立学校はもとよりのこと、私立学校であっても、固定資産税の免除や補助金の交付を受けているのであるから、公共的施設になっていることを理解する必要がある。

　時代は大きく変った。いまは便利になったし、電化製品のおかげで、文化的生活ができるようになった。しかし、失われていったもの（犠牲）も大きい。後戻りすることはできないが、閉ざされていく児童の世界に開かれた環境作りは必要である。

(4) 治安の悪化と学校の要塞化

　昨今、痛ましい事件が相次いで発生している。児童が殺される事件が続き、登下校路や学校内の防犯対策が問われる動きのなかで、日本中多くの学校で、校門の施錠や防犯カメラの設置が進んでいる。さらには、警備会社に依頼して人を張り付けている。それで解決するのであろうか。遅刻間際の児童が、校門の施錠・開閉によって圧死するという弊害も起きている。イソップ童話の「太陽と北風」の話でも分かるように、ハード面の強化（閉鎖社会）に力を入れたとしても、解決はしない。閉ざされた学校のなかで、児童の心に閉塞感が蔓延している。

　平成17年4月9日に発表された内閣府の世論調査によると「日本で一番悪化しているのは？」という質問に対して「治安」が47.9％で最も多かった。「治安の悪化」を感じる人は、実に80％を越している。世論調査が示す人々の認識は、犯罪の発生である。ところが、より深刻なのは交通事故で被害に遭う児童の多さである。交通事故は減少傾向にあるとしているが、実際、2日に1人の割合で子ども（児童のほか小学校未就学の年頃の者を含む）が交通事故で死亡しているのであるから、最も心配すべきことは誘拐や殺人よりも、むしろ交通事故なのである。

　平成18年9月25日午前のこと、埼玉県川口市の市道（幅員約6m）で、乗用車が散歩中の保育園児らの列に突っ込み、引率していた保育士1人と園児15人が巻き込まれるという事件が発生している。うち4歳

と3歳になる女児の2人が運ばれた病院で死亡した。見通しの良い直線の市道であったが、歩道は設置されていなかった。また、平成20年10月30日にも、朝の集団登校中の児童の列に乗用車が突っ込んでしまった事故が発生している。よそ見運転、わき見運転など、ちょっとした不注意があるとしても、やはり多いのは飲酒運転である。ドライバーのモラルが低下している。

　このようなこともあって、いま、全国的に「見守り隊」が結成されて児童の登下校の安全を守っている。それは何らかの効果を得ている。しかし、平成19年2月11日、大分県で開催された日本教員組合教育研究集会での「通学路・学校の安全対策」についての報告において「見守り隊が息切れを起こしている」と報告されている。一時、高い熱心さが手伝って、町内会同士で競い合うこともあったほどであるが、寒さが増してくるようになってからは、外に立つ辛さに少しずつ見守り隊員が減少していくようになってきたのである。

　平成17年2月に、大阪府寝屋川市立中央小学校で、17歳の卒業生が校内に入り、1人の教師を刺殺し、他2人の教師に怪我をさせるという衝撃的な事件が起きた。これを契機として、校内の安全対策に「不審者を校内に入れない」ための手段「閉鎖的空間の造作」を採用することにした。その結果、校門を常時閉鎖するため施錠設備を設置したのである。寝屋川市の動きは早かった。具体的に言えば、翌3月にはすべての市立幼稚園、小学校、中学校に、オートロック錠、カメラ付きインターフォン、モニター、防犯カメラ、非常ベルを設置した。そして、4月には市立小学校に警備員を1人ずつ配置したほどであった。

　大阪府は平成17年度より、5億円の予算を調整することにし、すべての小学校に警備員を配置することにした。「校内に不審者を入れない」という取り組みをしていくと、防犯ビジネスが提供するさまざまなテクノロジーや新商品への関心は際限がなくなる。文部科学省の調査によると、児童や生徒の安全確保のため「不審者の侵入を防ぐ対策」を採っている幼稚園、小学校、中学校および高等学校は87％になっている。都道府県別では富山県と鹿児島県が100％である。

このように、学校内での犯罪発生件数が特段増加したわけではないのに、「学校の閉鎖化」、「学校の要塞化」が進んでいる。防犯設備の設置や警備員の配置をすれば、それで完結するものではない。地域全体の防犯力を高めるためには、地域住民との協力体制の整備が必要である。学校を閉鎖して児童や生徒を守るのではなく、学校を地域に開いて、広く社会の目で児童や生徒を守るという発想が大切なのである。学校だけでなく、地域全体の安心、安全を、学校を核にして、学校から発信していくということが必要になってきている。

　地域住民による防犯パトロール活動は、平成13年に大阪教育大学附属池田小学校で起きた事件の後に増え始め、平成16年に奈良県富雄北小学校1年生の少女誘拐殺人事件を機に急増した。平成18年の秋田の女性による自分の子どもと隣家の子どものダブル殺害疑惑事件、平成17年の滋賀の幼稚園への送迎の母による女児殺害事件、同年の京都の塾講師による少女殺害事件、どれも大きく報道された事件である。いずれも、被害児にとって加害者は知っている人だった。そのなかには最も安心して子どもを任せられるはずの人もいた。

　防犯カメラは警察の捜査には役に立つかもしれないが、犯罪をどの程度未然に防ぐことに役に立つかどうかは疑問である。防犯カメラがあっても、銀行やコンビニなどの事件は発生している。防犯カメラが設置されていたから子どもが危害に遭わずに済んだケースは、いままで聞いたことがない、という批判があるにしても、一定の効果はあるものと思われる。事件を発生させなかった（事件の未遂）ということは、その確定的な数字は把握できないのである。

　事件は学校だけではない。社会全体の問題なのである。イギリスは最も多く監視カメラを設置している国である。イギリスの監視カメラは420万台以上で、ロンドンでは街を歩く市民（海外旅行者を含む）は、1人につき300回は撮影されているという。イギリスに設置してある監視カメラ数は、他のEU連合の合計数を上回っている。50人以上の死者を出した2005年（平成17年）7月7日の爆破テロ事件（ロンドン）

以降に発生した地下鉄やバスを狙った爆破未遂事件があり、イギリス国民の支持は高い。そのため、当局の監視強化に対して、プライバシーへの侵害であるという批判が一部であるが、関係者は、監視カメラによる摘発の効果があれば、事件発生の予防に役立つはずであるという。

ただし、先述したとおり、路上でテロの遭ったり不審者に誘拐され殺されるよりも、交通事故によって死ぬ確率、家族や親族や知人から殺傷される確率のほうがはるかに高いのである。

(5) 交通事故と罰則並びに教育・道徳の問題

学校事業において「教育問題と経営状況」が、近年、社会問題になっている。本件については、これからゆっくり説明していくこととして、ここでは、以下の点について触れていくことにする。これらの問題が深く教育問題に関係していると考えるからである。

近年、交通事故が大きな社会問題になっている。過去においても、重要な問題であったことに変わりはないが、近年、とくにクローズアップされてきている。平成18年の交通事故を原因とする死亡者数は、6年連続して減少していて、6,000人台前半で済んだようである。しかし、それで安心しているわけにはいかない。交通事故は、それを起こしたほうにとっても、被害を受けたほうにも、大きな社会問題を残すからである。男親が交通事故に遭って、母子家庭になり、その結果、生活困窮者になってしまうケースが幾つも起きている。たとえ、裁判で勝訴しても、加害者の経済状況で、賠償金が支払われないケースが多いのが実情である。また、加害者は、一生、負い目を背負って生きていくことになる。一生働いても、支払いきれない債務を背負って生きていくことになる。遣り切れない気持ちになって、自暴自棄になってしまうことにもなる。加害者も、生活環境において、被害者に堕ちている。加害者の多くが「車は走る凶器である」ことを意識せず、無理・無謀な運転をしていることが多い。

平成18年9月27日に、千葉地裁佐倉支部では、飲酒運転による事故に遭って意識不明になった男性の家族らの損害賠償を求めた訴訟の判決で、加害者に約3億円を支払うよう命じている。また、同29日には、平成13年3月に九州自動車道で発生した飲酒ひき逃げ事件で頭に重い障害を負った親子の損害賠償訴訟の判決で、加害車両2台の男女に合わせて約3億4,000万円を支払うよう命じている。（参考・日本経済新聞　平成18年9月29日　夕刊）

　平成18年8月25日に発生した事故は、福岡市内の会社員一家5人が乗っていたRV車が、福岡市役所職員が運転していた車に追突されて海に転落し、4歳（男児）、3歳（男児）および1歳（女児）の3人の犠牲者を出した。母親が何度か、海に潜って捜してはみたものの、助けることができなかった。この事故は、決して偶然に発生したものではなく、ある意味で当然の結果であったと理解される。

　まず、福岡市役所職員の飲酒運転は珍しいことではなく、かなり多くの職員が経験しているということと、次に、過去、飲酒運転の事故に対する処罰が軽微であったということに問題がある。1年前の平成17年4月に、泥酔状態の市職員が福岡市の中心街の大通りで、対向車線の車がセンターラインを越えて逆走し、タクシーと衝突したという事故が発生している。この職員に対して、市が行った処分が停職6ヵ月という極めて軽いものであったし、しかも、処分は半年ほど経過した10月のことであった。なぜ、これほど遅れたのか、それが問われなければならない。

　このときに毅然とした、厳しい処罰を下していたら、蔓延しているとさえ言われている飲酒運転に対して抑制効果があったものと考える。さらに問題とされたことはガードレールの強度である。福岡市の職員によれば、人が数人寄りかかっても、壊れない程度のものという説明であったが、それで強度が十分であったかどうか疑問である。この事故を起こした加害者は、友人（大学生）に依頼して「飲酒運転で事故を起こしたので、水をたくさん持ってきてくれ」と依頼して、泥酔状態を隠蔽する工作をしているが、本事件の関係者（同乗者と水の提供者）は、平成20年10月30日、不起訴処分とされた。これには市民から「軽すぎる」

第一部　大学経営の危機　75

と大きなブーイングが出ている。裁判官の「事の重大性に対する認識の甘さ」は問題とされるべきである。

　平成18年9月9日、兵庫県姫路市の市道交差点で、午前零時頃、会社員の夫婦が横断歩道を渡っていたところに、同市職員が運転していた乗用車が右折して、突っ込んできて、2人を跳ねるという事故を起こしている。会社員の夫は意識不明の重症を負った。加害者は道路交通法（昭和35年6月25日　法律第105号）違反（酒気帯び運転）の現行犯で逮捕された。

　これらの事件を含め、被害者（病院医療費の負担）に対する救済が大きな問題となっている。とくに加害者にその支払い能力がないことが多いからである。

　この同じ日、青森県では、青森県平内町の平内消防署の署員が道路交通法違反（酒酔い運転）の現行犯で逮捕された。いずれも、呼気1ℓ中0.8mgのアルコールが検出されている。道路交通法第64条は「無免許運転の禁止」を定め、同第65条は、以下に示しているように「酒気帯び運転等の禁止」を定めている。

道路交通法第65条（酒気帯び運転等の禁止）
1　何人も、酒気を帯びて車両等を運転してはならない。
2　何人も、前項の規定に違反して車両等を運転することとなるおそれがある者に対し、酒類を提供し、又は酒類をすすめてはならない。

　飲酒運転による交通事故が相次いで発生していて、なかなか減少しないので、飲酒運転をする当人だけでなく、酒類を提供した飲食店の関係者と酒類を勧めた同僚などの関係者も共犯という形で罰することにしたのが同法第65条第2項の定めである。しかし、このように罰則を強化しただけでは、飲酒運転による交通事故は減少していない。それは、その後に続く交通事故の発生件数などが物語っている。むしろ、被害を大

きくしている。事故を起こして罰則の強化に恐れをなし、逃亡を図り、被害者を引きずるなどして死に到らしめているケースが発生している。

　平成18年9月12日の警察庁の発表によると、平成17年の1年間のひき逃げ事件は1万9,660件にものぼっており、過去10年間で3倍近くになっている。ひき逃げの多くは飲酒運転の発覚や危険運転致死傷罪の適用から逃れるために現場から逃走していると見られている。（参考・日本経済新聞 平成18年9月12日　夕刊）

　公務員だけが飲酒運転をしているわけではないが、公務員の飲酒運転がとくに目に付く。平成18年9月22日にも、公務員が飲酒運転を相次いで起こしていることが判明している。神戸市の市職員が酒気帯び運転と同乗等で摘発されているし、宇都宮地検足利支部の男性副検事が飲酒運転の知人女性の車に同乗していたケースも発覚している。

　千葉県警東金署は、9月29日に、警視庁交通部交通執行課の巡査部長を道路交通法違反（酒気帯び運転）の現行犯で逮捕している。秋の全国交通安全運動の真っ最中で「飲酒運転の根絶」を掲げ取り締まりを強化しているなかでの事件に、警視庁の幹部は「まったく言葉がない」と嘆いていた。

　このように、交通を取り締る立場にある関係者が事故を起こしているということが問題になっている。「交通の取り締まり」もしくは「交通事故の撲滅」に当たっては、幾ら罰則を強化しても、多大な期待をすることはできない。それは必要要件であっても、十分条件ではないからである。10月4日（平成18年）現在、警察官・警察職員が、飲酒運転で懲戒処分になった者の数が26人となり、平成17年より1人多くなっている。

　同年9月29日には、家裁調査官、自衛隊隊員、消防署員などの処分が発表されている。水戸市と岐阜県が、10月1日から、本人だけでなく飲酒運転と知りながら同乗した職員のすべてを「免職にする」と発表した。（参考・日本経済新聞　平成18年9月30日　朝刊）　また、川崎市が、平成18年12月26日に発表したところによると、平成19年1月1日から、与えた被害の程度にかかわらず「酒酔い運転では免職」、「酒気帯び運転

では免職か停職」とすることになった。さらに、痴漢やセクハラ（セクシャル・ハラスメント「性的嫌がらせ行為」）での処分に免職を追加している。（参考・日本経済新聞　平成18年12月27日　朝刊）

(6) 常習的違反運転者と高齢者層の運転者

　いずれにしても、8月25日に福岡市内で起きた交通事故以来わずか1ヵ月程度の間に、このように多数の事故が発生している。しかも、ここに示した事例はほんのわずかなケースでしかないので、全国では相当多数の事故が発生していることになる。このように、一向に反省されていないことに深刻な問題が隠されている。交通事故の加害者は飲酒運転、無免許運転の常習者が多いことと、彼らは比較的低学歴、低所得者層であることが多い。

　平成18年12月30日に、法務省は、「危険運転致死傷罪」（死亡時懲役20年以下、負傷時15年以下）が適用できない交通事故について、刑法に新しい規定を設けることを明らかにしているが、罰則の強化は「注意の喚起」をもたらすだけである。重要なことは「危険な運転をしない状況・環境」を作ることである。罰則の強化は十分条件ではないからである。若者はスリルを楽しむような危険に近い運転をすることがあり、また、高齢者のなかには、高速道路を逆走しても、それを意識していないという。

　平成18年1年間の全国の交通事故死者のうち、65歳以上の高齢者の割合が44.2％で過去最高になり、4年連続で40％を超えた。高齢者の交通事故死は歩行中が最も多い。また、高齢者が起こした交通事故死の件数は、7年連続して1,000件以上となっている。

　平成18年以降も交通事故は後を絶たない。平成19年2月11日、新潟市の国道116号線の交差点で、患者を搬送していた新潟市消防局の消防副士長が飲酒運転で事故を起こしている。また、この日、北海道の千歳では、大型トレーラーに衝突して自衛官3人が死亡して、1人が意識不明の重体になっている。平成19年4月2日、愛知県稲沢署の巡査部長

が同県一宮で事故を起こしている。問題は、一宮署交通課の警部補が、飲酒運転の事実をもみ消して、物損事故として処理したことである。

　これらの事例を見ると、罰則を強化するとともに、継続的に教育・研修していく必要があると言わざるをえない。しかし、この「継続的な教育・研修の実施」は極めて難しい。児童・生徒・学生なら、教育の場において、教え込むことができるとしても、大の大人にこれを実践させるのは無理といえよう。そして、彼らは幾ら教えても守らない。そこに日本において「教育するということの限界」のほか、諸種の教育のレベルと質の問題がある。そうだからといって、このまま放っておいて良いわけではない。交通安全週間の延長、頻度の増加のほか諸種の手段を講じて、車を運転する者もしくはその管理者に知らしめていく必要がある。

　交通事故を起こす者の「教育の必要性」と「道徳が欠落している事実」を、まず、認識させ、自覚させることが必要である。

　ひとつに、基本的に「モラルの問題」でもあるので、児童・生徒の時期に教えておく必要がある。ふたつに、運送事業者に関連して、運転手とその管理者に対して、定期的な監督を実施していくことが必要である。過剰労働による疲労や居眠り運転による事故が発生しているからである。

　過剰労働による疲労を原因とする事故としては、平成19年2月18日、大阪市吹田市の大阪中央環状線でスキー客26人を乗せた大型観光バスがモノレールの橋脚に衝突するという事故を起こしている。交代用の運転手を乗車させていないなど、要員配置等過労防止策を定めた国の省令に違反した行為と見られている。利益の追求もしくは競争の激化などによって、その余裕がないなどに理由があると考えられる。

　この事件をきっかけとして、国土交通省が、全国の貸切バス事業者を対象にした重点検査の結果、長距離バス事業者の約80％に「過剰労働等の法令違反」があったことが分かった。なかでもツアーバス事業者では84事業者のうち68事業者で法令違反があった。

(7) 食育における家庭教育と適切な食事の必要性

　日本政府は、平成18年11月24日、食育基本法（平成17年6月17日法律第63号）に基づく初の「食育白書」について閣議決定を下した。そこでは、ライフスタイルや食事に対する価値観の変化に伴い「毎日の食の大切さへの意識が希薄になっている」と指摘している。

　まず、食育基本法であるが、第1条で（目的）を謳い、「近年における国民の食生活をめぐる環境の変化に伴い、豊かな人間性をはぐくむための食育を推進することが緊要（きんよう）な課題なっていることに鑑み、健康で文化的な国民の生活と豊かで活力ある社会の実現に寄与することを目的とする」（要点）と定めている。

　学校教育と家庭生活に関係する定めには、以下のものがある。

食育基本法

第2条（国民の心身の健康の増進と豊かな人間形成）
　食育は、食に関する適切な判断力を養い、<u>生涯にわたって健全な食生活を実現することにより、国民の心身の健康の増進と豊かな人間形成に資することを旨として、行われなければならない。</u>

第3条（食に関する感謝の念と理解）
　食育の推進に当たっては、国民の食生活が、自然の恩恵の上に成り立っており、また、食に関わる人々の様々な活動に支えられていることについて、<u>感謝の念や理解が深まるよう配慮</u>されなければならない。

第5条（子どもの食育における保護者、教育関係者等の役割）
　食育は、父母その他の保護者にあっては、<u>家庭が食育において重要な役割を有している</u>ことを認識するとともに、子どもの教育、保育等を行う者にあっては、教育、保育等における食育の重要性を十分自覚し、<u>積極的に子どもの食育の推進に関する活動に取り組む</u>こととなるよう、行われなければならない。

> 第6条（食に関する体験活動と食育推進活動の実践）
>   食育は、広く国民が家庭、学校、保育所、地域その他のあらゆる機会とあらゆる場所を利用して、食料の生産から消費等に至るまでの食に関する様々な体験活動を行うとともに、自ら食育の推進のための活動を実践することにより、食に関する理解を深めることを旨として、行われなければならない。
> 第13条（国民の責務）
>   国民は、家庭、学校、保育所、地域その他の社会のあらゆる分野において、基本理念にのっとり、生涯にわたり健全な食生活の実現に自ら努めるとともに、食育の推進に寄与するよう努めるものとする。

　食育基本法のなかで、とくに「学校教育と家庭生活に関係している部分」は、アンダーライン（著者記入）が引かれているところであり、それらについて触れていくことにする。

　内閣府が実施した意識調査によると「食育の言葉とその内容」を知っている人は3人のうち1人しかいない。仕事が多忙などを理由に「食育を実践していない」と解答している者が40％を超えている。食育について、内閣府は「食の知識と食を選択する力を取得して、健全な食生活を実践できる人間を育てること」としている。食育を実践していない理由では「関心はあるが忙しい」（43.3％）が最大で、次に「食育をよく知らない」（36.8％）が続いている。内閣府は、食育が病気の予防や改善につながるとして、食育の実践の普及に努めたいとしている。

　食育の言葉もしくはその重要性は、100年以上前から取り上げられていた。日本経済新聞「春秋」（平成18年11月25日）によると、明治時代に活躍したジャーナリストが書いた『食道楽』に「体育の根源も食物にあるし、智育の根源も食物にある。してみると体育よりも智育よりも食物が大切ではないか。」と記載されている。しかし、現在、多くの家庭で「一家団欒の食事」がされていない。とくに夕食の時間に父親が帰

っていない。帰ってきたときには、子どもは塾に行っている。家庭とは、一体、何なんだろう。

　本人（婦人）は夫に娘（高校二）と息子（中三）の４人家族において、「相互に無関心で、家族の実感がないことに危険を感じていた。カウンセラーに相談し、家族で話し合った結果、水、土、日の３日間は家族全員で食事をとることにし、月１回は他の人を招いてホームパーティを開くことにしたという。そして危機を乗り越えた。「大事なことは一緒に食事をすることを理解した」という。（参考・日本経済新聞　平成20年12月17日　夕刊「生活（食事が気持ちをつなぐ）」）

　健康で健全な家庭生活が守られているなら、最近、とくに多発している悲惨な事故、たとえば、親が子を、子が親を殺害するようなことは起きないと思われる。そこには、家族の対話がない。相談するような雰囲気が醸(かも)し出されていない。何らかの非正常的な行為・行動があったとしても、誰も気づかない。家庭生活・家庭教育だけの問題ではないにしても、健全な家庭生活が崩壊的状況にあるため、耐性限界が低い、わがままな人間が多数生まれてきていることに問題がある。

　厚生労働省の「2005年国民健康・栄養調査」で「孤食が低年齢化」していることが分かった。朝食を１人か、兄弟たちだけで食べる小・中学生が約40％もいる。平成元年には、小学生の低学年で27％、高学年で29％であったから、18年間に、小学生のうちから親と朝食をとらない子どもが大幅に増加している。夕食時間も遅めになっている。午後７時以降に夕食をとる小・中学生は、同期間で、37％から46％に増加している。夕食が遅くなっていることよりも重要なことは、就寝の時間が遅くなっていることである。遅く寝るから、朝が眠く、食欲もなく、時間が迫っているため、朝食抜きにしてしまう。概して、朝食抜きの子どもは情緒不安定な子に育つ傾向がある。

(8)　家庭の生活態様と学校教育との密接な関係

　しっかり朝食をとっている子どもは「学校生活が楽しい」と感じてい

るし、授業の態度も落ち着いている。それは、教育の内容に対する吸収能力の差となって現れてくる。まず、学力格差を問題にする前に、しっかり授業を受けることができるような環境作りが大切であり、それは「両親の責任範囲」（健全な家庭生活の実行）であると考える。

　ある研究者グループの調査によると、主食と主菜、副菜、一汁の４品が揃った朝食を、毎日欠かさず、ほぼ決まった時間に、食べている小学生は「学校生活が楽しい」という。最近の若い家庭（若い年代の母親）の作る朝食は、パン食（洋食系統）が多いと思っていたところ、意外に、和食の日が多く、57％となっている。洋食が多い子どもは19％である。

　朝食が不足（栄養などのバランスが不安定であり、主食と主菜、副菜、一汁の４品のうち２品が不足しているケースを含む）がちな子どもは夜型化している。夜型の子どもの32％が寝るのが午後11時過ぎになっている。たとえば、田園都市線の沿線に24時間営業のスーパーマーケットがある。夜の11時過ぎに、小さい子どもの手をつないで、あるいは、小学生の低学年を連れ立って、買い物に来る客（主として母親）を目にすることがある。夜型の子どもを作るのは親である。子どもは、親がテレビを見ているのに付き合って、遅くなってしまう。「寝なさい」と言うだけでなく、親がテレビを、一時、止めることも必要なのである。また、あくまでも個人的な観察であるが、面白い、見て楽しい、ためになるようなテレビ放送にお目にかかることがほとんどない。そのような粗雑な番組を児童に長時間見せる家庭は、決して健全な家庭を作っているとは思えない。

　青森県鶴田町は、人口１万5,000人余りの町である。同町は、平成16年に全国で、初めて「朝ごはん条例」を制定した。きっかけは、平成12年の「平均寿命統計」の数値である。青森県は全国一の短命県で、しかも、鶴田町はそのなかでも下位になっている。ショックを受けた町は、すぐに町民の食生活を調査した。その結果、朝食抜きや、夜食を食べる子どもが多く、さらには肥満の傾向も見られた。

　事態を深刻に受け止めた鶴田町は、ごはんを中心にした食生活の改

第一部　大学経営の危機　83

善、早寝早起きの敢行、地産地消の促進など「6項目の基本方針」を掲げ、項目ごとに数値目標、行動計画を立てて実施していくことにした。1年後には、朝食抜き、夕食、夜食について、効果が出てきているという。(参考・日本経済新聞　平成18年7月26日　夕刊)

　ところで、最近の傾向として、小・中学生の体形は「肥満・太りすぎ」か「やせすぎ・やせぎみ」の割合が増加していて、普通体形の割合が減少している。特徴的な傾向として、成人男性では20代から70代まで、すべての年代で肥満の割合が増加している。

　東京都品川区鈴ヶ森小学校での「ある試み」が、注目を浴びている。6年生の2クラスのうち1クラス(児童約30人)は、通常より1時間早く登校し、ラジオ体操の後、学校が用意した朝食をとる。他の1クラスは、通常の時間帯に登校する。ボランティアの母親が、毎朝、6時から家庭科教室で調理を担当した。献立は、主食に、おかず2品、みそ汁に果物である。結果として、だるい、疲れるという訴えが減少し、昼の食欲も旺盛になったほか、食べ残しもなくなった。夜更しも減少し、夜食や間食が減ったという。短期間の試みであるから、早急な結論は出せないまでも、早寝早起きと規則的な食事によって健全に近い食生活が、子どもの生活環境に良い影響を与えるという仮説が部分的にでも証明されたようである。健全に近い食生活という但し書きは、父親を含めた一家揃った朝食ではないからである。

　これは、文部科学省が推薦する「子どもの生活向上のための調査研究事業」の一環として実施したものである。(参考・日本経済新聞　平成18年7月25日　夕刊)

　ところで、だいぶ前から「児童の肥満症」が日本で問題になっている。脂肪分の多い食物の多食と運動不足が主たる原因である。こうした問題を解決するためにも、小・中学生の時代に「食育の大切さ」をよく教え込んでおく必要がある。

　食育は全般の生活環境の影響がある。大学生になってからは、あくまでも本人の問題である。とはいえ、一般的には、それまでの生活環境の

影響が尾を引いている。なかなか「自己改革」などできないものである。大学に入学すると、基本的には、個人の責任において、履修科目の登録のほか諸種の手続きをする。また、各授業にしても個人の責任において受講する。それができない学生が比較的多い。その結果、卒業間際になって卒業単位に不足するなどの理由で、卒業できないことになり、あわてたりする。教育の立場にある者にとっては、大変、厄介な仕事になっている。それ故に、小学校、中学校、高校の時代から、最小限度のモラルを含めた、生きていくための知識・知恵を、十分に教え込んでおく必要がある。

　また、他人と食事ができない子どもが増えてきた。塾通いなどの影響か、1人で食べる「孤食」に慣れてしまったため、他人の眼を気にしてしまい、食事を楽しむことができない。対話のある楽しい食事をしていない。親の責任であるとしても、将来、問題になる。社会に出て、他人と接触することが多くなると、必然的に一緒に食事をする機会が多くなる。そんなとき、耐えられない人間になっていると社会性の欠如として、うまく生きていくこともできない大人になってしまう。このような問題の原因は、元を質せば親に責任がある。ファミリーレストランに来て、子どもがゲームやメールに夢中になっている光景を見ることがある。親も携帯電話かメールに夢中になっていて、一家団欒の機会を潰している。みんなでマナーを守って、楽しい食事（対話の盛り上がった食事会）をする経験を大切にすること、また、それを積み重ねていくことが必要なのである。

　また、困った問題が発生している。みんながいる所でオシッコができない子どもが増えてきた。だいぶ前のことであるが、修学旅行などで、みんなと一緒にお風呂に入ることができない。昔は、都心部とその周辺では共同風呂であったり、銭湯を利用していたが、最近は、生活水準が向上したのか、ほとんど内風呂を利用している。そのためか、人前で裸になることが嫌で、みんなと一緒にお風呂に入ることができない子どもが増えてきたという。驚いたことに、幾つかの小学校では、男子トイレに個室を増設して対応しているということである。そのような子どもた

ちが大人になっていったときに、日本を背負っていく力のある大人に育っていくのだろうか。大変、危惧されるところである。

政府は、平成18年11月24日、前述したように食育基本法に基づく初の「食育白書」を決定した。そのなかで、ライフスタイルや価値観の変化に伴い「毎日の食の大切さ（家庭内のコミュニケーション）への意識が希薄化している」と指摘し、「健全な食生活が失われつつある」と警鐘している。白書によると、一緒に夕食をとる家庭の割合が、昭和51年に37％であったものが、28年後の平成16年には26％にまで下がっている。家庭内の対話の低下が問題である。この傾向は、日本経済の不況の長期化による親の勤務時間の延長や子どもの塾通い強化などによって、これからも続いていくであろう。

明日を担う若い世代の「育ち方と学びの姿勢」は深く関係していると考える立場にある者にとって「現在の教育と食育の在り方」は、大変気掛かりなものである。そして、これらの問題については、個人、それとも家庭の問題か、国として、地域社会（とくに学校教育）として、対応していく必要がある。

(9) 母親の生活態度と子どもの「学びの姿勢」との関係

母親の生活態度が子どもの成績に大きな影響を与えている。母親が料理好きかどうか、料理のバラエティの多さや子どもの好き嫌いに対する対応の仕方が影響している。同様なことがほかの生活態度に関してもいえる。日頃（昼間の時間帯）、クラシック音楽を聴きながら読書をしている母親をもつ子どもの成績が上位であることが多い。他方、成績が下位の母親の時間の過ごし方は、昼寝かテレビを見ているとなっている。

最近「食育」の重要性、栄養のほか規則的な食事と両親との対話（コミュニケーション）のある食事のとり方などが話題にされるようになった。政府が「食育」と「教育」のことを問題にし始めている。そして、平成19年6月20日、改正教育関連三法を成立させている。文部科学省の「平成15年度小・中学校教育課程実施状況調査」によれば、成績が

上位の子どもは「毎朝、朝食をとっている」が90％であるのに対して、下位の子どもでは81％である。朝食をとっているかどうかというよりも、その背景が問題になってくる。

　また「食べ物の好き嫌いが多い」は、成績が上位の子どもは14％であるのに対して、下位の子どもでは31％である。これも親の生活態度などの影響を反映していることが多い。15年から20年ほど前のことであるが、一時期、受験生（主に大学受験生）に脚気が流行ったことがある。夜遅くまで、受験勉強をしている受験生が、夜食にカップめんを食べる。お湯を注ぐだけで、空腹を癒していた。脚気は栄養失調が原因であった。とくに野菜が不足している。

　気持ちに余裕があり、受験生の健康などに関心のある母親は、何らかの具を添えたおにぎりを用意するとか、カップめんに入れる野菜などの具を用意していることが多く、栄養失調にならずに済んでいるので、表に現れてこない。子ども任せにしていると、たとえ、冷蔵庫に何がしかの具があったとしても、面倒だから、いちいち入れたりしない。そのため、栄養が不足してしまう。

　朝食をとらない子どもたちや、夜更ししてい寝坊している子どもが増えているが、これは大人にもいえる。朝食を食べていなかった人は10人に１人で、朝食を食べた人の半数余りが米飯にみそ汁という組み合わせの食事であった。このように、健康管理という面での食生活に無頓着な人も少なくない。とくに20代の男性の４人に１人が朝食をとっていない。「食」は生活の基本で、健康、体力、気力の源泉である。

　また、男性の20代、30代は、自宅以外で朝食をとる割合が、全体の平均より高くなっている。彼らは立ち食いそばやコーヒースタンドなどを利用していることが多い。朝食を家でとれば、用意（料理）することも、片付けも必要である。これが毎日だと大変な労働となってくる。早く簡単に済ませたいと考える人たちが現れてきて当然である。

　過去25年間で朝食をとらない人が増え、年層も広がっている。女性の場合、若い層で朝食をとらないという傾向が顕著になった。高年層で

はおかずもしっかり食べる傾向にある。60代、70歳以上では、「卵」「豆類」「野菜・果物」の摂取が全体より高くなっている。60歳以上であまり食べていないのは「肉・ハム・ソーセージ」など肉類や油物である。目玉焼きやスクランブルエッグでさえ、その油が胃にこたえる年齢層なのである。

最近では、メタボリック症候群という言葉も現れ、肥満が社会問題にもなっている。ダイエットの努力が日常に定着している。サラリーマンの男性の５％が昼食をとらない。20代から30代の男性の勤め人では９％が昼食を食べていない。昼食をとっている人のなかでも、菓子パンやそばなど軽いもので済ませていることがある。

夕食はほとんどの人が食べている。食べた場所については「自宅」が最も多く、全体平均では86％であった。また、週末の夕食を「寂しくとる」人がいる。男女年層別にみると、若い人ほど「３食」をとった人が少ない。16歳から29歳の若年層の男性が70％、女性が76％である。

なお、都心部に通勤する若いＯＬに、朝食を抜く人たちが少なからずいる。ダイエットのためである。しかし、夏の暑い日などの通勤時に、貧血症で倒れたり、気分が悪くなって座り込んでしまう人があり、そのような光景を、度々、見かけることがある。原因が不健全な食事療法であることが多い。食事を減らすだけのダイエットは、一種の飢餓状態に陥ることを意味しているので、脂肪と同時に筋肉も落ちてしまう。そして、ダイエットをやめて体重が戻っても、一度落ちた筋肉は戻らず、脂肪だけが増加することになる。また、体重が重い人より、軽い人のほうが骨折しやすいし、健康のリスクも高い。

食事をするときいちばん重視することは何か？　全体としては、「栄養」や「楽しさ」よりも「味」を重視している。男性の若年層では「空腹が満たされること」が41％で最も多い。もうひとつ、若い人ほど傾向が高くなる項目として「食事にお金をかけるより、ほかのことにお金を使いたい」という回答がある。

ところで、最近目に余ると感じているのが、歩きながら、あるいは通勤電車のロングシートで物を食べるという行為と、電車のなかなど人前

で化粧をしている若い女性の姿である。周りの人の眼が気にならない。一身不乱に手鏡に向かって作業している。テレビを見ながら食べる、携帯電話をいじりながら食べる、いずれも「食べること」がないがしろにされ、食習慣が崩壊している。15年ほど前「包丁とまな板のない家庭が多い」と言われたことがある。家庭で料理を作らないために、食事をとる機会が少なくなった。真理は逆であるとしても、時間を消費する用事（遊興）が増えたことによる影響と思われる。

　かつて、家族そろって食事をしていたのは、家に帰らないと食べるものがなかったからである。外食産業やコンビニがなかった時代は自宅で食べていた。家族の中心は「食べること」を通した一家団欒があった。「楽しく食べる」食事は、ゆったりとした食卓を、家族のみんなで、囲むという形式から始まる。また、当時の主婦は、掃除、洗濯、買い物、そして料理に1日のほとんどの時間を費やしていた。時代は変わった。良い面も悪い面も出てきている。

　食習慣や食卓のマナーは親の態度に影響を受けていて、食に関する躾は親から子どもへ世代が変わるにつれて徐々にゆるくなっていく。親と子が食卓をはさんで一緒に過ごす時間が短ければ短いほど、子どもだけの食事の時間は当然増えているし、また、箸の使えない子どもの増加に結びついている。それは、家庭教育、即「躾」とも深く関係している。箸の使い方が下手な人の動作は、見た目にも無作法に見える。彼らの一般的な傾向として中指の使い方が下手で、中指と人差し指の関係、また、中指と薬指との連携が上手くいっていない。箸の使い方や食事の際の挨拶が身につくかどうかは、まず、前提として、親と子が一緒に食卓を囲むことであり、その機会が少ない状態では、子どもたちに習慣として身につけさせることは難しい。

　1人きりで食べる「孤食」が問題なのは、連帯感や食に関する知識や能力を育む機会が失われることである。食卓を囲む家族の下で豊かな食生活を育むこと、そして食卓を囲むことで家族の結びつきを保ち、絆を深めることは、ひとりひとりの幸福感につながっていくということをしっかり理解すべきである。

4 学校教育の問題点と大学教育の危機

(1) ゆとり教育と学力水準低下および学習意欲低下の問題点

　少子化、大学側の供給過剰、競争激化、問われる教育や研究の質など、大学経営を取り巻く環境は激変している。小・中学校長の90％が、以下の3点について「学校教育の深刻な障害」と考えている。

① 家庭における基本的な躾が欠如していること
② 教育力のない家庭の存在とその家庭が増加傾向にあること
③ 保護者の利己的な要求が増加していること

　さらに、最近、見掛けることが多くなったモンスターペアレントの存在などから、小・中学校の教員にストレスが溜まっている。
　これらのことから、「親に適格性が欠けている」といえる。ともかく、幼児期と若年時という基礎的成長期に「根深い家庭不信」があることが浮き彫りになった。「とくに教育力のない家庭」があることが、学校運営・学力向上の上において「極めて深刻な障害」であると答えている。20年前と変化したことを尋ねた質問でも、「家庭の教育力が下がった」と答えた校長が90％以上いた。

　昭和55年度から国の方針で「ゆとり教育」が実施されたが、学力が低下するなど、マイナスの結果が出てきたため「ゆとり教育の見直し」に向け、教育行政が大きく舵を切った。まず、わずか3年で全面的に見直すよう中央教育審議会に要請が提出された。ゆとり教育においては、「個人が自由に学ぶこと」が期待されたが、むしろ多くの児童・生徒は、勉強などをしなくなった。ほんの一部のものは、ゆとり教育の存在にかかわらず勉強するが、そうでないものは、たとえば、高校生などでは、

アルバイトなどに精を出す機会が増えただけで、課外の勉強時間を増やすわけではなかった。そのため、両者の学力格差が拡大しただけに終わった。

世界トップレベルの学力を復活させるために見直す観点として、以下の幾つかの検討すべき課題が挙げられている。

① 基本的教科、とくに国語、理科、数学、外国語の授業を改善し、充実すること
② 子どもたちが身につけるべき資質・能力の到達目標を明確化し、実施すること
③ 各教科や「総合的学習の時間」の在り方を検討すること
④ 完全学校週5日制において土曜日や長期休みの活用を図ること
⑤ 道徳教育や芸術教育の充実、体力・気力の向上を図ること

昨今、学力低下批判がされるなかでも深刻なのは読解力で、経済協力開発機構（OECD）の調査対象のなかで、平均点が522点から平均並みの498点にまで下がってしまった。また、気になるのは、日本の子どもたちの学習に対する意欲や興味の低下並びに学習習慣の欠如が浮き彫りになったことである。宿題や自習の時間は、平均が週当たり8.9時間なのに対し、日本は6.5時間しかない。要は勉強嫌いなのだ。関係者は「意欲や関心の低下が最大の問題」と憂慮している。小学生では、足し算・引き算などの単純な計算では、10年前と変わらないが、計算力の活用を試す問題では正答率が低くなっている。これは小学生自身の問題というよりも、教員の指導力もしくは指導の方法に問題があるといえる。

1日平均して2時間勉強（課外）したところで1日のうちの8.3％にしかすぎない。生徒・学生がそれすらもしないこと自体に問題がある。

また、子どもを取り巻く環境も大きく変化している。自然体験の機会は激減し、生まれたときから消費社会の真っただ中におかれている。学習意欲を取り戻し、学力を向上させるのは並大抵なことではない。とく

に、小学生の時代に、自然に馴染む機会が大きく減少している。都会の真ん中の学校に通っている児童・生徒は、ますます、自然との触れ合いから遠ざかっている。したがって、自然の恵みを知らず、その恩恵に敬意を払う意識を育むことが難しい。

その一方で、別の問題が発生している。文部科学省は、平成19年8月9日、「平成19年度の学校基本調査速報」を発表した。速報によると「小・中学校の不登校生」が、対前年比3.7％増加して、約12万7,000人となっている。なお、小・中学校の在学生数は1,074万8,000人であるから、1.2％にも相当する員数である。

日本の教育について、2人に1人は「悪いほうに向かっている」と感じている。とくに、学力や知識もさることながら、マナーが悪い。挨拶ができない、挨拶の仕方がなっていないなど、年配者からの批判が多くなっている。文部科学省・国立教育政策研究所が実施したアンケート調査によると、以下に示した表（1-6）のような結果が現れている。（参考・日本経済新聞 平成19年8月15日 夕刊）

表（1-6）教育状況が悪化している内容の一覧表

	悪化している内容（複数回答）	割 合
1	家庭の教育力の低下	52.4％
2	社会のモラルの低下	35.7％
3	学校への要望に対する条件整備が不十分	31.4％
4	いじめなど道徳心の低下	24.6％
5	学校選択など競争環境の激化	22.3％

悪くなっている点で「家庭の教育力の低下」を挙げたのは、小・中・高等学校の教職員では55.3％であったが、それ以外の職業の人は49.5％と、少し低くなっている。とくに、最近「学校崩壊」などと叫ばれているように、小学校の教室における現況には酷いものがあると報道されている。教職員によれば、それは「家庭における躾などが緩んでいる」ことによるものであると言い、保護者からは「学校に任せているのに期待

しているようには教育してくれない」という不満が出ている。

　また、「教員のレベルの低下」を挙げたのは、小・中・高等学校の教職員では9.4％にとどまっていたが、それ以外の職業の人は16.4％と、問題視している。「教職員の自覚が足りない」と、批判の目で見ていることが伺われる。いま、些細なことでも、親が学校に文句をつける傾向にあり、教職員が、子どもの教育よりも、その対応に追われている。これも、1人っ子家庭が増えたことによって、親がその1人っ子にかまっていられるようになったことに原因があるようである。

(2) 教員の指導力不足とモンスターペアレントの出現

　近年の傾向として「学校に理不尽な要求を繰り返す保護者」（モンスターペアレント）が問題になっている。東京都は、平成21年度にトラブルの予防策や対応策を示す手引き書を作成することとし、また、「学校問題解決サポートセンター」（仮称）の設置を検討することにしたという。（参考・日本経済新聞　平成20年11月18日　朝刊）その背景にモンスターペアレントへの対応で追われている教員やストレスによってうつ病にかかる教員が出てきているからである。

　家庭内で、ほとんど勉強しない生徒の比率は、学区トップの進学校でこそ12％と低い数値になっているが、総合学科高校ではいずれも70％から80％と高い数値を示している。家庭（住居）が昔（戦後数十年間）より改善されているにもかかわらず、逆に学習意欲が低下している。

　家庭での学習習慣が維持されているのは、一握りの進学校だけである。勉強する一握りの高校生とその他多数の没学習生徒に二極化している。最近の子どもは、かつてほど「勉強しろ」とは言われなくなった。教師が丁寧に教えず、詰め込みとは逆の意味で、分かりにくい授業が増えている。教師の一方通行的な授業が行われていることがあり、これは「教員力の低下」であるといえる。ここにも問題が発生している。このような事情を背景に、平成19年9月23日、文部科学大臣が「衆院教育特別委員会」において、「指導力不足教員の判断基準について、全国統

一の指針をまとめる意向である」ことを示している。

　子どもの学習意欲を高めるためには、まず、子どもたちに、学習内容が学力向上につながっていくという「勉学の有用性」を示していく必要がある。それと同時に「教員の再教育」が必要になっている。とくに、経済・社会・政治などに関連する学科は、日々、新しくなっているので、教員が「タイムリーに学習しているか」どうか、が重要になっている。それを確認する仕組みができていない。本人次第であることにも問題がある。

　文部科学省は、平成19年9月12日、全国の公立の小・中・高等学校と特別支援学校における「指導力不足教員」が、平成18年度に440人いたと発表した。5年前に比較して約3倍の高い水準である。指導力不足教員とは、子どもと良好なコミュニケーションが取れない、子どもが内容を理解できない、理解していないのに、かまわずに一方的に授業を進めていくような教員である。このような教員450人のうち小学校が50％、男子教員が70％、年齢層では40代が45％で、50代が38％と高い数値を占めている。しかし、この数値は、あくまでも全国の公立の小・中・高等学校と特別支援学校の教員であって、私立の教員は含まれていない。したがって、日本全体の数値ではないということである。

　文部科学省は、平成20年12月26日、平成19年度の教員の処分に関する調査結果を発表している。分限処分（休職）は平成18年度より414人増加して8,069人となっている。

　精神疾患による休職が320人の増の4,995人（61.9％）となっている。諸種のストレスの高まりによる精神疾患者になったものと思われる。
（参考・日本経済新聞　平成20年12月26日　朝刊）

　平成19年3月31日に内閣府が発表した「社会意識に関する世論調査」によると、「日本が悪い方向に向かっている分野」（複数回答）で、「教育」が36.1％で、第1位になっている。いじめを理由にした自殺が社会問題化したことに加えて、「学力低下」など教育全般に対する不安、不信が高まっていることによるものである。（参考・日本経済新聞　平成19年4月1日　朝刊）

(3) 学力低下問題と世界との比較上の問題点

　世界のなかでの学力の比較が行われている。日本が、前回１位であった数学的応用力が６位に下がった。そのため、やっと文部科学省は「わが国の学力は世界トップレベルとはいえない状況にある」と初めて、学力の低下に関連した事実を認めた。早急に、かつ、具体的な対策を講じなければならない。この事実に接した経済界も大きな危機を高め、学力の回復と向上に向けた施策の立案に入ることを表明している。ともかく「世界でトップレベル」とみられていた日本の教育水準のほころびに、専門家からは懸念の声が上がっている。また、ここでもレベル１－３はそれぞれＯＥＣＤ平均を下回っており、「上位と下位が多く中位が少ない」という二極化が見られる。

　子どものなかには「数学の問題をやっているとイライラする」という子が42％もいて、ＯＥＣＤの平均を大きく上回っている。数学に対して、日本の子どもが強い苦手意識や不安を感じている。学力の散らばりも拡大する傾向にある。その結果が如実に現れているのが「大学生の理工学部離れ現象」である。日本経済の成長を支えてきた技術、そして世界に名だたる技術を磨いてきた日本人の技術の開発と品質の維持に大きな憂いが発生している。

　日本の子どもの学力が決して盤石ではなく、楽観視できない状況になってきたということである。「日本の学力は低下傾向にあるとはっきり認識すべきである」と述べた上で、ＯＥＣＤは、平成18年12月４日、「2003年（平成16年）の調査」結果を発表している。この調査に参加したのは主要41ヵ国・地域である。調査結果では「日本の子どもの読解力分野における学力」が、３年前に比較して、高い層で減少していて、逆に低い層で増えている。調査した分野は、数学的応用力、科学的応用力、読解力の３分野である。日本は読解力が前回の８位から14位に低下し、平均点も522点から498点に下がったことは前述のとおりであるが、書かれたテキストを理解し、利用し、熟考する能力である読解力は

日本は14位で、2位が韓国になっている。今回から調査対象に加わった問題解決能力は1位が韓国、日本は4位である。

一方、国際教育到達度評価学会（ＩＥＡ）の「2003年（平成16年）の調査」結果では、「数学の勉強が楽しいか」という質問に対して「強くそう思う」と答えている中学二年生はたったの9％であって、調査対象の平均値29％を大きく下回っている。このような数値に「大学生の理工学部離れ現象」の下地が存在している。この改善は大変なことである。改善策としては、経済社会（実業界）における理工学部出身者の出世、名誉ある役職など、広い範囲の受け入れ体制の整備などもそのひとつである。ところで、調査した中学二年生は、日本では、1日にテレビやビデオを見る時間が2時間42分で、参加国中最長である。これに対して、平均は1時間54分となっている。1日に1時間余分に費やしていることになる。ここに「理数嫌いと学習意欲の低さ」が明白になっていると理解すべきなのではないだろうか。（参考・日本経済新聞　平成18年12月5日　朝刊）

先のＯＥＣＤの調査によると7歳から14歳までに受ける授業総時間数は5,889時間（日数換算245日、年平均30.6日）で、調査対象（データ入手）25ヵ国中、下から5番目であった。この年齢層を小学校に相当するもの（6年間）として計算すると1日当たり2時間1分であるから、テレビなどを見る時間とほぼ同じ時間しか授業を受けていないことになる。7歳から14歳までの8年間で計算すると1日当たり平均2時間18分である。なお、最も長い国はイタリアの8,151時間である。ＯＥＣＤの調査結果では、授業時間と学力は必ずしも比例するものではないとし、「提供される学習機会や、投入される教員の質」が重要であると指摘している。

平成17年4月に、文部科学省が公表した「学力調査結果」によれば、中学校で計算力が伸びていないし、成績低下が続いているとし、学校での授業時間が少ないことに問題があるとしている。しかし、その後、具体的な改善は行われていない。一度、導入した制度を改変するためには、時間が掛かるからである。また、政府が制度変更に消極的であるこ

とにもよる。

　このような背景の下「ゆとり教育」からの転換が模索され始めた。政府の教育再生会議（平成18年10月発足）は、平成19年1月24日、第一次報告を決定し「授業時間の10％増」と「不適格教員の排除」などを打ち出している。同年6月に第二次報告を出している。授業時間の10％増については、土曜日の授業の復活などが提言されているが、保護者からは英語の時間の増加や小学校からの導入を求める声が上がっている。「学力の向上」は緊急のテーマであるが、授業時間の増加だけでは、期待された効果をあげることはできない。時間数よりも「授業の質」が大切なのである。

　イギリスで教員を悩ませるひとつの問題が浮き彫りにされた。イギリスでは、5歳から14歳まで通う公立学校では、地理が必修科目になっているが、このほど、実施された調査の結果、5人に1人が、地図上でイギリスの位置を示すことができなかった。アメリカを示すことができた子どもは60％以下だった。ロンドン市内に住んでいるにもかかわらず、イギリスの首都が分からない子どもが一部いたという。これは子どもに原因があるというよりも、教育の在り方に問題があったというべきであろう。これは地理に限ったことではなく、学科について「子どもに興味を抱かせる工夫」が必要であることを示している。

(4) 変化する子どもたちおよび大学生の学力低下の問題点

　この頃の子どもたちが変わったことについて、共通の認識になり始めたのはいつ頃のことだろうか。前述したところであるが、昭和55年には、川崎市の住む大学受験生による金属バット両親惨殺事件があった。また、昭和58年2月には、横浜市の山下公園で16歳までの少年10人が浮浪者をなぶり殺すという悲惨な事件が起きている。また、平成20年には土浦、岡山、秋葉原などで、誰でもよいから殺したいという無差別殺人が連続して発生している。いまの子どもたち並びにそのまま成長した大人たちは、他人への関心と愛着と信頼感を失くしている。このよう

な最近のわが国の子どもや若者にみられる変化を、社会学者は、「社会的人間として育っていないのではないか」という疑念を強く感じていて、彼らをして「社会性の欠如」と呼んでいる。

　なぜか、最近の子どもたちは人間を避けたがる傾向にある。最近の若者たちは、人間が嫌いなのだろうか、ともかく他人(ひと)との対話を避けている。小学生が集まって、テレビゲームをしているときでも、当事者でない者は、離れてマンガを読んでいる。若者は若者がいない無機質的な空間を好み、そこに身を置くことで癒されているということなのであろうか。若者たちが、心の世界から人を排除しようとする心性を強める限り、彼らが社会力（協同の心）を育て、高めていくとは考えられない。若い世代の人たちは、人間関係や人付き合いという人間関係において「お互いに深入りしないし、したくない」というきわめて表面的なものになっている。それはひとつに社会が安定しているからできることなのである。つねに他民族から侵略される危険があるような環境においては、そのようなことは許されることではないし、個を守っていては、生存していけない。

　この件に関連して、清成忠男元法政大学総長は『大淘汰時代の大学　自立・活性化戦略』（p.48）のなかで、「なぜ若者の判断力の不足が生じているのか。＜中略＞少子化や親の過保護が原因で、対人関係の処理の下手な若者がきわめて多い。」と嘆(なげ)いている。

　また、同元総長は『21世紀　私立大学の挑戦』（p.241）のなかで、「子供が成長しても、親の子離れがなかなか進まない。社会的関係性が希薄になるとともに、忍耐という行動がとれない若者が増加した。もちろん、これは若者の責任ではなく、親の世代の責任である。」と説いている。いまでは、子どもたちの教育よりも、若い親たちの教育が必要になっている時代である。

　いまの大人たちが若い頃は、このような友達付き合いは「水臭い！」と言われて嫌がられたものである。他方において、若者たちの大人に対する不信感もかなり強い。イライラ型の若者が大人に対して相当に強い

不信感をもっている。それは、別の側面から観察すると「わがまま」として映っている。耐性限界が低くなっていて、我慢するということができない若者が多くなっている。

現在のわが国の子どもたちや若者たちの育ち方をみると、社会力を備えた人間として育っていないと言える。自己中心的であるとか、人間関係が下手であるとか、他人に無関心であるとかといった特質や現象がそれである。ただし、現在の日本において、肝心要の「どうすれば社会性を育てることができるか」についての確かな見取り図が示されているわけではない。

(5) ＡＯ入試の弊害

大学生の学力はどうか。わが国の大学生の学力はやはり低下傾向にある。受験競争が緩和されたから、平均的な学力が低下しても不思議ではない。大学間の学生確保競争の激化によって、一般選抜試験のほか、推薦入試とＡＯ（アドミッション・オフィス）入試（面接や論文などを重視した早めの選抜方法）を採用している大学が多くなってきている。ＡＯ入試は、平成２年に、慶應義塾大学湘南藤沢キャンパスで導入して以来、国公立大学まで広がっていった。それにより、平成18年度の国公立大学と私立大学における一般選抜試験の採用は、58％にまで低下している。そして、平成20年度になると国公立大学に限っても、59校（38％）がＡＯ入試を採用することになっている。

ＡＯは「入学担当事務局」の意味であり、入試そのものを担当する事務ではないにもかかわらず、日本では「入試選抜」として扱われている。それは、本来（アメリカでは）、入学者の適性を審査するシステムなのであるが、日本では、早期入学手続きとなっている。

ＡＯ入試は「青田買い」という言われ方をしているが、上位校では、一般選抜より厳しい面があって、論文試験、グループディスカッション（協調性、自己の意思表現能力および対話性などが問われる）や面接試験などの複数の試験が行われる。しかし、合格してしまえば、卒業まで

の高校生活は楽（暇）なために、学習する生徒としない生徒の間で、学力に格差が発生していくことになる。上位校に進む者は、一般的には、大学に入った後のことを考えて、その後の高校生活において、大学での学習を意識して勉強している者が多い。また、公認会計士、弁護士、一級建設士などの国家資格の取得を目指している者は、試験科目の基礎教材を基に勉強を始めている。高校時代に日本商工会議所主催の簿記１級合格者がいる。さらには税理士試験の科目合格者がいるくらいである。

しかし、他方において、明らかに推薦入試とＡＯ試験は「学力不問」の学生集めの方法である。学力低下を招いた最大の要因は、ここに見られるように「大学の体質」にある。下位校の高校生は合格してしまえば、その後の高校生活を無為に過ごしている。遊興資金のためにアルバイトに精を出している者も多い。他のところでも触れたところであるが、いまの多くの高校生は勉強をしない。授業中でも、まじめに聴いていないし、課外時間での勉強もしていない。ＡＯ入学生が成績が悪いのは、そのような学生を入学させている大学側に問題がある。諸星裕桜美林大学副学長は、『消える大学　残る大学』(p.82) のなかで、「『入学したあとの成績が悪いのでＡＯを廃止する』などという大学側のコメントは、私には大学の責任を放棄した冗談としか思えません。」と主張している。

また、「平均大学（平均的レベルの大学「筆者加筆」）に入り、４年間を過ごした学生には、卒業して各界の先頭に立ってリードするということは期待させていません。」(p.102) と断言している。

ベネッセ教育研究センターの調査結果（対象小学校５年生）によると、東京の子どもたちの学習時間は、北京・ソウルと比較してはるかに短く、欧米の３都市（ヘルシンキ、ロンドン、ワシントン）を含めた６都市のなかで最短時間であった。家庭や塾など学校以外での勉強時間は、日本の子どもたちが一番短かった。この現象は、高校生にも見られ、日本全国に蔓延している良く効く治療薬のない病原菌（怠慢病？）のようなものである。

これは、日本の政治家が、事務所費用に架空経費を計上していても、

なんとも感じていない政治家世界に蔓延している感染性疾患（金欲無節操型症候群）のようなものである。ともかく、日本の子どもたちで、会社や役所に入って、出世するために「勉強がとても役に立つ」と答えたのは30％で、他の国（地区）、たとえばソウルは60％、ワシントンは68％というように格段の差がある。日本の将来を考えたとき、大変大きな問題で、教育の在り方を考え直すべき重要な課題である。（参考・日本経済新聞 平成19年10月8日 朝刊「教育関係」）

　いわゆる三流と称されている大学は定員を確保するために、学力以外の方法によって学生を入学させる結果、大学の授業内容についていかれない学生が入学していることになり、退学者が多く出ることにもなる。このような大学では、4年間でざっと20％が退学していくとさえ言われている。20％もの学生が退学していくと、学校経営上、大きな問題である。学生の途中入学はないので減収となり、しかも早いうちの退学、たとえば、1年でやめてしまうと、その後の3年間の授業料収入がないことになるからである。
　日本の現況において、大学進学率がほぼ50％に達しており、低学力で学習意欲の弱い学生群が存在し、定員割れの学校並びに定員割れ予備軍の学校は、ともかく定員を確保したいために、来るものを拒まずに入学させていくことになる。そのような大学では、ほとんど勉強もせずに4年間を過ごしている学生が多い。授業に出てきても、まったくノートを取らないし、教材を持ってこないなど普通で、持ってきても開いていないし、講義など聴いていない。なぜ「大学に来たのか」と聞くと「なんとなく」とか「親が行けと言うから」と、平然と答えている。彼らは、当然のように、卒業後の進路など考えていない。
　ところで、中村忠一は『大学倒産』(p.134)のなかで、文部科学省、大学審議会は「学習意欲の低い学生やレジャーランド志向の強い学生にどう対処するのかという問題や、中退・留年する学生たちの問題が考慮されていない。」と批判している。
　中央教育審議会（文部科学省の諮問機関）の小委員会は、平成19年9

月10日、学生の能力低下防止策として「卒業要件の厳格化」を求め、卒業までに身につけるべき「学士力」(仮称)という指針などを政府が提示することを求めた。同小委員会は、多くの大学で大学入試の選抜機能が低下し、入学者の学力が担保されていないと指摘している。全入時代の到来を控え「出口管理の強化」が必要であることも指摘している。平成19年度の大学と短期大学の全志願者数(実数)は77万2,000人で、入学者数は69万8,000人である。志願者数のうち入学した員数の割合「収容力」は90.4％で、文部科学省によると初めて90％を超えたという。

なお、学士力については、以下の4つの分野を規定(収容)するものとしている。

① 知識・理解力
　専門分野の基礎知識を身につけ、歴史や社会と関連づけて理解する能力
② 汎用的技能力
　日本語と外国語を使って読み、書き、聞き、話ができるなどの能力
③ 態度・志向性
　協調性や倫理観など社会人としての常識を備え、向上していく性向
④ 創造的思考力
　これらを活用して課題を解決していく能力

(参考・日本経済新聞 平成19年9月11日 朝刊)

　大学が大学院の新設や拡充に走り、平成18年春の大学院入学者は初めて10万人を突破した。10年前より約4万人増えたことになる。大学も魅力的な大学院の存在をアピールする。しかし、大学において学生の能力が低下していると指摘されているのと同様に、大学院においても「院生の質の低下」が叫ばれている。過熱気味の大学院拡大競争の陰で、深刻な質の低下を懸念する声は後を絶たないというのが実情であ

る。「教授が忙しく、指導は助手や先輩任せ」であるとか「研究者になりたいがポストがない」（ポスト・ドクター問題）と言う声が聞こえる。実際、社会や学生の需要を無視した急な拡大をする大学院は、その求める方向とは逆に、大学院の荒廃をもたらしつつあるといえる。

(6) 当世学生気質と学習意欲・就業姿勢の問題点

　バブル経済が華やかであった時代以降、学生の社会的生活（生存）意識が大きく変わっていき、若年退職が増加した。就職して間もないうちに「想像していた仕事と違った」、「仕事の内容との相性が悪い」などの理由で、退社していく者が多くなった。いまの若者は「嫌いなことはやらなくてよい、好きなことだけやればよい」と考えているようである。彼らがニートになり、もしくはその予備軍になっていく。彼らには、元気な親がいて、働かなくても生活ができるから、社会から逃避することができる。しかし、親が高齢者になり、年金しか収入がなくなったら、どうして生活するのか、対策など考えていない。ここに高齢者への虐待が発生していく土壌がある。

　また、学術研究フォーラムは『大学はなぜ必要か』（p.119）のなかで、「現在の学生は、高等学校までに教えられる知識量が少ないため判断力も低下、能動的に動けない。結果として受け身の学生が増えている。＜中略＞結果として、大学が輩出するべき豊富な知識と知恵をそなえた人材が育っていない。」と説明している。

　このようなことが背景にあるのかどうかは分からないが、平成19年10月1日から雇用保険の制度が変更になり、受給資格が得られるまでの就業期間が延長された。雇用保険の給付が増加していることと団塊の世代の定年退職をにらんで、保険料収入の減少が見込まれるなか、給付の抑制に重点をおいた改正となっている。これまでは、所定労働時間が1週間当たり30時間の労働従事者は、原則として、離職の日以前の1年間に、通算して6ヵ月以上勤務していれば、失業給付を受けることができた。改正によって、条件が2倍になっている。つまり、離職の日以

前の2年間に、通算して1年以上勤務していなければ、失業給付を受けることができないことになった。就業期間を根付かせることに意図があるとしても、短期間で、就職と離職を繰り返している者が、失業給付を受けることができなくなる確率が高くなった。とくに農業従事者などの季節工にとっては大きな問題である。冬季に働いて、あとは農業に従事している者たちである。

　若者が身勝手なのは当然かもしれない。人を引き付けておく魅力のない会社は、若い世代から切られても当然かもしれないが、就職後間もないうちの未熟な彼らに、一体、何ができるのだろうか。始めのうちは、むしろ「足手まとい」である。会社としては、研修料が欲しいくらいで、せめて、3年程度経過しないと、知識と経験からいって、何がしかの仕事ができるようにはならない。それを若者は理解していないし、我慢することをしない。耐性限界が低くなっていて、短期間のうちに諦めてしまう。すべての若者がということではないにしても、比較的多くの若者は「執着心が希薄」になっている。その現実的な現れとして、かつての若者が抱いていたような出世意欲はなく、したがって向学心も低くなっている。

　ところで「いまの大卒は昔の高卒レベル、大学院の修士課程（博士課程前期）終了者は昔の大卒レベルである」と言われている。これは皮肉を込めた言い方なのであるが、実態でもある。たとえば、昭和30年代と比較すれば、上記のことがはっきり理解できる。昭和39年の東京オリンピックを契機として、日本経済は大きく発展したので、この時期をひとつの区切りとして、考えてみた。昭和30年代の初期は、中学を卒業して、高校に進学する者は半数程度であっただろうか。大学へ入る者はさらに限られていた。大学院に進むなど、ほとんど考えられない時代であった。そして、時代が少しずつ変化していく。多くの者が大学に通うようになると「学士の価値」も低下する。希少価値がなくなっていくからだろうか、とくに文科系などの大学院に入学する者が多くなっていったのは、昭和40年代の初期のことである。

平成19年には、全国の18歳人口の半数が大学（短期大学と専門学校を含む）に進学し、大学院には10万人を超す入学者がいる。かつてはわずか一握りの者が大学院に入学したものであるが、最近は、大衆化され、多くの者が入学していることを考えれば、当然、平均的水準は低下する。しかも、大学でいえば、一般選抜試験に代えて、推薦入試とＡＯ試験を採用していけば、当然のごとく、十分に受験勉強をしていない学生を入学させることになるので、学力低下を招くのは必然であって、これは学生というよりも大学側の責任（大学の体質）である。

　もともと、学習意欲の低い学生を定員確保のため入学させているので当然のことである。前出の諸星裕は『消える大学　残る大学』（p.131～132）のなかで、「大学の教員の大多数は学生時代は成績が良く、しかも勉強が好きな人間なのです。ですから、学生がなぜ勉強しないのか、なぜこの問題が分からないのか理解するのに苦労します。」と指摘している。

　昭和40年代後半から平成の時代にかけて、文科系などの大学院に入学する者が、極端に多くなった時期がある。いわゆる「ダブルマスター」である。商学系と法学系の２つの大学院を修了すると「税理士の資格」がもらえた。ダブルマスター税理士の問題は、十分な受験勉強をしてこなかったために、簿記でいえば「決算整理ができない」、税法でいえば「法文・条例の検索が苦手」という職業専門家を、一部であるとしても、世に送り出してしまったことにある。彼らは、大学院時代、修了さえすればよいのであって、関係学問の専門的知識を深めるというようなことまでは、あまり求めていなかった。当然、院生の平均的水準は低下する。

　そのようなことが背景にあったかどうか定かではないが、税理士の資格制度が改正され、商学系と法学系の２つの大学院を修了した者は、商学系関係では、簿記論か財務諸表論のいずれか１科目を、また、法学系関係では税法の科目のうち１科目について、正規の税理士試験を受けなければならなくなった。この影響で、まず、商学系の大学院で変化が現れた。幾つかの大学院で、日本人の院生が１人もいなくなってしまっ

た。これらの大学院生は、ほとんどが東アジアとくに中国人によって占められている。この状況から判断すると、どうも、日本人は勉強しなくなってしまったようである。日本の将来における力強い成長と発展を期待するとき、憂いをもたらす現象が発生している。

平成20年11月18日、公認会計士試験の合格者が発表された。願書提出者数2万1,168人、論文式試験受験者数8,463人、同合格者数3,625人（対前年比416人減）、合格率17.1％であった。法政大学は全71人の合格で、うち附属高校の人と会計大学院4人を除く58人の全員は一般選抜入学者であって、ＡＯ入学者からの合格者はいなかった。なお、学部合格者は13人である。

先述したものと関連するが、小学生のうち大学院まで進みたいと考えている東京の子どもは14.3％という低い数値になっている。ところが、ソウルは30.2％で、北京は65.2％と高い数値を表している。

(7) 給食費の未納付、授業料滞納、保育料滞納などの問題点

児童、生徒、学生の学力低下問題の原因は、当人だけの問題ではなく、生まれ育った社会環境やその時代の世相が影響していると考えられる。しかし、一番大きな要因としては、両親と祖父母の社会的境遇（職業・地位などを含めた生活環境）があり、学校生活の在り方や学習意欲に多大な影響を及ぼしている。

まず、第一に、親自身に問題がある。子は親の背を見て育つと言われている。最近とくに問題視されていることに「給食費の未納問題」がある。学校給食を実施する全国の国公私立の小・中学校で、全児童の約1％に相当する9万9,000人が給食費を支払っていないことが、文部科学省の調査で判明した。平成19年1月24日のことである。給食費の未納総額は22億3,000万円に上っている。未納者がいたのは、小学校（校数）で40％、中学校で51％になっている。未納で不足した給食費は、29％の学校で、納付された分で遣り繰り（費用負担）されている。したがって、未納者は納付者の負担で賄われていることになる。すべて納付

されていたならば、もっと内容の良い給食が提供されていたことになる。

　学校給食費は、学校給食法（昭和29年6月3日　法律第160号）に基づき、国公立小・中学校では、給食施設の経費や人件費は地方公共団体が負担し、食材費プラス経費のいわゆる直接費について、保護者が負担する仕組みになっている。月の平均額は小学校で約3,900円、中学校で約4,500円となっている。この未納者の「納付しなくともよいのだ」という親の姿勢が子どもの成長に歪んだ心（不正行為に対する免疫感情）を植えつけてしまうことになる。社会人になったときに、それがどのように影響してくるのか、怖い気がする。

　都道府県別の給食費未納状況は、以下の表（1-7）のようになっている。

表（1-7）都道府県別の給食費未納状況一覧表

順位	都道府県名	児童生徒の割合（％）	総額（万円）
1	北海道	2.4%	2億7,595
2	沖縄	6.3%	2億6,309
3	千葉	1.4%	1億5,739
4	東京	0.8%	1億4,059
5	埼玉	1.1%	1億3,517
6	福岡	1.6%	1億2,457
7	宮城	1.9%	9,897
8	大阪	0.9%	8,053
9	神奈川	0.7%	7.155
	その他合計	82.9%	8億8,182
	合計	100.0%	22億2,963

（注）　1　日本経済新聞（平成19年2月4日　朝刊）の記事を基にして作成している。
　　　2　上記記事は全都道府県について掲載しているが、大きいものに限って記載することにし、5,000万円以上7,000万円未満がなかったので、7,000万円以上について掲載することにした。

　なお、同法第1条（目的）および第2条（目標）は、次ページの事項を定めている。

> ## 学校給食法
>
> 第一条（この法律の目的）
> 　この法律は、学校給食が児童及び生徒の心身の健全な発達に資し、かつ、国民の食生活の改善に寄与するものであることにかんがみ、学校給食の実施に関し必要な事項を定め、もつて学校給食の普及充実を図ることを目的とする。
> 第二条（学校給食の目標）
> 　学校給食については、義務教育諸学校における教育の目的を実現するために、次の各号に掲げる目標の達成に努めなければならない。
> 　一　日常生活における食事について、正しい理解と望ましい習慣を養うこと。
> 　二　学校生活を豊かにし、明るい社交性を養うこと。
> 　三　食生活の合理化、栄養の改善及び健康の増進を図ること。
> 　四　食糧の生産、配分及び消費について、正しい理解に導くこと。

　給食費の未納額は、北海道が2億7,595万円（2.4％）、次いで沖縄の2億6,309万円（6.3％）と高く、両者でほぼ5億4,000円、ざっと9％を占めている。北海道は従来から5％経済と称されてきたように、日本経済の20分の1経済圏であった。また、沖縄は基地関連事業の経済が下支えとなっているとしても、基幹産業が育っていないために、経済的に弱い体力になっている。重要なことは、バブル経済崩壊後は、三大都市圏を中心として経済的な復活を示しているが、地方は地価がいまだに下落しているように復活の兆しを見せていない。そのために、地域経済力に格差が発生し、しかも拡大してきていて、給食費未納の原因として、低所得者層の発生と増加に関係があると考えられる。

しかし、文部科学省は、生活保護や就学援助には給食費を上乗せしているので、払えない家庭はないはずという見解である。また、学校側では、未納者について、保護者の責任感や規範意識に原因があると考えているケースが小学校で61％、中学校で59％である。あるときのテレビ放送では「公立なんだから公費でいいんでしょう」と言う未納者の声が流れていた。道徳というか常識が地に落ちた現在社会の一場面である。このような家庭に育った子どもは肩身の狭い思いをしているのだろうか、それとも、平然と学校に通って給食を食べているのだろうか、大人になったときの生き様（社会での共同性、協調性）に不安を感じる。（参考・日本経済新聞　平成19年1月25日　朝刊）

　ところで、平成19年10月20日、今度は、東京都府中市の市立小・中学校の教員35人が合計約47万円の給食費を未納にしている事実が発覚している。転勤などで失念していたとしても、制度として支払うことは知っているはずで、教員としてのモラルに欠けていたと非難されても致し方ない事件である。

　全国私立学校教職員組合連合の平成18年11月22日の調査結果によると、同年9月30日現在、授業料を滞納している私立高校生は、1校当たり14.74人となっている。平成16年9月30日の16.76人に比較して、△2.02の減少になっているが、2番目の高さである。調査は毎年実施している。今回の対象は、23都道府県の私立高校200校と私立中学校76校、合計生徒数19万7,000人である。同連合は「景気回復というが、経済格差が拡大し、生活が苦しい家庭が増加している」と解説し、「補助制度の拡充が必要である」と述べている。退学者も増えている。滞納や退学の原因は、親のリストラや経営破綻、離婚による生活環境の悪化が目立っているという。（参考・日本経済新聞　平成18年11月22日　夕刊）

　厚生労働省が、平成19年9月14日、平成18年度の保育料滞納の調査結果を明らかにしたところによると、滞納総額は83億7,000万円にのぼっている。これは払うべき保育料全体の2％に相当し、滞納家庭は8万5,000世帯である。現在、2万人いる待機児童の保護者にすれば、怒り心頭であろう。各地方公共団体としては、いろいろ手を尽くして回収の

努力をしているが、所得税に対する税務署のような強権の発動が限られているなどの課題がある。問題は確信犯的な未納者で「5年で時効になる」と高を括っている。条件を満たしていないのに弱者の救済制度を利用している者がいる。さらに、平成18年度の生活保護家庭の不正受給額が89億円に達していることが明らかにされた。日本経済新聞「中外時評」（平成19年1月25日 朝刊）は「いまや年金から生活保護まで、モラルなき不届き者が数を増し、制度をむしばんでいる。＜中略＞小悪党の罪の意識が相対的に軽くなったのだろう。」と評している。

「診療代の未払問題」もある。神奈川県の県立の7病院における平成18年度の診療代のうち、未収診療代が8月31日現在、約4,000万円になっていることが判明した。平成17年度以前の未収診療代累計額は2億2,400万円に達している。未収診療代は保険治療の患者の自己負担分である。このような国公立病院の未収診療代は、全国的な問題になっている。基本的な問題は経済的理由で、日本経済が長い好景気を謳歌していると政府は報じているが、それは一部の大企業とその関連（取引事業者や従業員など）に限られていて、国民全体に及んでいないことを示している。

そして、最後に「奨学金の滞納問題」である。政府（旧日本育英会、現独立行政法人日本学生支援機構）の奨学金事業における返済滞留債権が平成18年度末で、対前年比11％増加して、2,074億円になっている。過去7年間で倍増している。奨学金の利用者は平成18年度末で、114万人、貸出総額は4兆7,243億円である。貸出総額に対する返済滞留債権の割合は4.2％である。卒業した以降20年間で返済することになっているが、返済期日経過後3ヵ月以上過ぎた未回収債権が2,074億円になっている。かつては卒業後、一定期間、大学の教員もしくは国公立の研究機関などに勤めれば、返済が免除された制度があった。現在では、一部の成績の優秀者に限って免除されることになっている。給食費や保育料などの滞納と同様、利用者のモラルが低下していることが一因とみられている。いまの日本人の多くに「有り難さを感じる心情」がなくなってしまった。受けたときの「感謝の気持ちが薄れてきている」ために、お

返しの思いがない。(参考・日本経済新聞　平成19年9月17日　朝刊)

(8) 生徒・学生の精神的虚弱体質の問題点

　ここで、前述の「学校教育の深刻な障害」の ① に挙げた「家庭における基本的な躾が欠如していること」の背景を考えてみたい。

　かつての日本の家庭では、親子三代で住む（三世代住居）ことは、必ずしも少数派ではなかった。躾と家庭内の情愛の関係は、むしろ祖父母の役割であった。また、3～4人の子どもがいた家族は普通のことで、そのような家庭では、兄弟姉妹の縦社会が形成されていて、兄や姉が、一部親の役割（下の子どものお守りや食事のマナー、遊びの社会の協調性や共同的行動など）をするなど、家族の一体的関係が確立されていた。また、近所付き合いがあって、子どもに対して「不適切な行為に対してはしかる」ことも時にはあった。いまの時代にはまったくない。近所付き合いなど、ほとんどなくなった。中高層マンション時代になって、ますます、この傾向が強くなっている。

　そして、いまは1人っ子家族が増加してきたことによって「家族の一体的関係」が崩れている家庭が多くなっている。子ども（小学校高学年あたりから）の親に対する態度に目に余るものがある。親の子どもに対する躾が悪いのが一番の原因であるが、本当の問題は「親自身の躾」が欠落していることにある。

　次のような例がある。ある電車内の光景である。子どもが騒がしいし、靴を履いたまま、椅子に乗っている。見かねた乗客が注意したところ、その乗客が降りた駅で、その父親が「他人（ひと）の子に何すんだよ、余計なことするなよ」とすごい剣幕で怒鳴り始めた。そして、多くの人が不道徳な行為に対して、目を伏せてしまうことになる。いまは「触らぬ神に祟（たた）りたたりなし」で、公衆道徳が低落していくようである。このような社会的常識・道徳の低落現象があるにもかかわらず、中央教育審議会は、平成19年9月、学習指導要領の改訂を検討した結果「道徳の時間」を強化しないことを決めた。

前述のとおり、中央教育審議会は「学習指導要領」を見直すことにしているが、その骨子としては、以下の2つがある。ここには、いまの日本人から失われていった「思いやりの心」、「思いやる心」の教育が抜けている。大切な躾が失われていることを理解しているのだろうか。

① 　知識をしっかり教え込む教育を実施すること
② 　生きる力など思考能力育成を重視した教育を実施すること

　今回の改訂によって、総授業時間数が40年振りに10％程度増加する。多くの関係者が増やすことに賛成で、10％以上増やすべきであるという意見が42％あるなど、改定の方向性の評価は受けが良い。問題は「思考力や表現力」をどう育てていくのか、その処方箋が描かれていないことである。いまの児童、生徒、学生に学習意欲が低下しているからである。したがって、学習時間だけを増やしても解決することにはならない。実際に勉強するのは本人だからである。グランドを与えた。しかし、プレーするのは彼ら自身なのである。学習意欲を引き出せるように学校教育の在り方を建て直さない限り、無駄なあがきになる。（参考・日本経済新聞　平成19年9月24日　朝刊）

　「学力低下問題」が、社会的に大きく取り扱われるようになったのは、平成12年並びに同13年頃からである。この頃から新聞や週刊誌などでよく掲載されるようになった。「大学の力」、「出世できる大学」などのテーマで取り上げられている。それは、同時に「ゆとり教育」にも矛先が向けられていくことになった。市川伸一は『学力低下論争』(p.121)のなかで「『ゆとり教育』が浸透し、教育の場における競争を否定する考え方が広まった結果、下位の社会階層の子どもほど学習意欲が低くなる。社会階層が上位の家庭で育った子どもたちは、インセンティブを見抜き、塾や私学で意欲・学力を保持できる。」と指摘している。

　競争の否定は、運動会における駆け足競争などにおいて、同時ゴールを求めるなど、行き過ぎた教育現象となって現れた。しかし、他方にお

いて、試験を実施して、成績評価においてランク付けをしている。競争は存在する。中学受験、高校受験、大学受験において競争は存在するし、その結果としての格差（差別）化は、歴然として存在している。いかに格差社会において、競争に打ち勝っていくか、あるいは将来の職業などにおける自分の適性を見つけるようにするかなどを、教育の一環として実施していくべきものと考える。競争に負けたときの耐性の方法などの教育、あるいは「心のもち方」などが必要である。

　実際、ゆとり教育の影響で、それだけの理由ではないにしても、中位並びに下位の児童や生徒が勉強しなくなってしまったために、上位の児童や生徒たちとの間に、明らかに格差が生まれた。このことは、大学の学生についても言えることである。小・中・高校時代の延長線に大学があるから当然のことである。ただし、これですべてが決まってしまうということではない。東京大学や京都大学を卒業した学生の100％が成功者で、三流大学を卒業した学生の100％が非成功者であるということではない。また、もとより、いつの時代においても、格差は存在した。努力するものは、相対的に成功の道を歩んでいる。ここで問題になってきている最近の傾向は、出世などに対する意欲・欲求が低下している点である。

　現在、問題にされている「学力低下問題」は、ひとつは全体的な問題であり、将来の日本の国力低下問題に関係していることであり、もうひとつはあくまでも個人的な問題とされるもので、たとえば、ニートやフリターを問題として取り上げた場合、将来、身寄りがいなくなったときに、生活していけるのかということである。しかも、後者の場合、あくまでも個人的な問題としても、生活保護などの面で、国や地方の行政の問題として浮かび上がってくることになる。そこには財政負担が絡んでくる。

　「学力低下問題」は、「学習意欲低下問題」といえる。ところで、教育は、一方通行では効果が上がらない。受講者がその気になってくれない限り、意味がない。一流大学といわれる上位校の学生の多くは、言われなくとも勉強するし、自分で目標を設定して、それに向かって努力し

ている。問題は、中位校並びに下位校の大学の学生である。何のために大学に入学したのかさえ意識していない。そこに「自ら勉強しろ」と言っても意味がない。学習する方法もノートの取り方も教えていかなければならないと、嘆いている教員がいる。清成忠男元法政大学総長は『大淘汰時代の大学　自立・活性化戦略』(p.47〜48)のなかで「進路選択にあたって、何をやりたいかが見つからない若者が多い。＜中略＞大学を卒業しても、進学も就職もしていない者が約２割に達している。」と、指摘している。なお、金谷治は『孔子』(p.211)のなかで、孔子の教えとして「教育はあいてが自分でさとるようにしむけるのが第一である。詰め込む教育は無駄なこと。手をとり、足をとりでなにからなにまで教えるというのでは成果があがらない。」と、説いている。

　ともかく、最近の児童、生徒、学生は耐性限界が低くなっていて、衝動的な行動に出ることが多いというか、見かけることが多くなった。斉藤孝は『子どもたちはなぜキレるのか』(p.78)のなかで「日本の教育は、ストレス状況や緊張感のある場において、自己の心身をコントロールする技術を教えることを回避してきた。たとえば、長時間勉強することは、ストレスのたまる作業である。学校は、それを要求しつつ、長時間勉強するための技術を十分に教えてきたとは言えない。」と、現状の教育の在り方を批判している。しかし、それは相手側の甘えである。

　たとえば、公認会計士の試験においてもそうである。かつては自分で、試験委員の書籍を購入して、何度も読破して、サブノートを作ったものであるが、いまでは、受験学校（予備校）が作成した教材（試験用に要点をまとめたもの）を読むことに徹している。それで受かっていくので、当該委員の主張（論点）を理解しないままに終わってしまうことになる。まさに「手をとり、足をとり」の時代になっているのである。

　昭和30年代から40年代にかけての時期（筆者の受験時代）には、受験予備校などなかった。独学が中心であった。いまは、受験勉強の環境を含めて、恵まれた時代である。ただし、競争相手も、同一の状況下にあるので、競争はそれなりに厳しいことに変わりがない。

第2章
社会環境の変化と大学経営―格差の課題―

　バブル経済の時代、国民の多くが中流階級として、日々の生活をエンジョイしていたが、バブル崩壊後、それまでの過剰期待がもろくも崩れ去り「下流の上」と意識せざるをえなくなっていった。他方、大学事業は、いまだに高度経済成長時代のように、大学の新設や学部の新設に走っている。幾つかの大学は、近い将来、経営破綻の憂き目に遭うことだろう。そして、大学は、これから、大学間格差という試練のなかで経営健全化格差が問題になってくる。

1　大学間格差の拡大―成長と衰退の世界―

(1)　少子化時代と入学志願者数の動向の問題

　いま「格差社会」が言葉として流行(はやり)のように、世に流れている。多くが富裕層と貧困層の問題として取り上げている。日本においては、バブル経済の時代、国民の多くが中流階級（中産階級ではない）として、日々の生活をエンジョイしていた。そして、バブル崩壊後、社会的・経済的環境が大きく変わった。これまでのことはうたかたの夢だった。過剰投資、過剰債務および過剰労働が、それまでの過剰期待を崩壊していった。もう昔日の思いはない。後戻りすることは不可能だ。
　大きな条件変化は少子高齢化社会になっていることにある。しかし、大学事業においては、いまだに高度経済成長期のように、過剰期待をもって、過剰投資（過剰な学科増設など）、過剰債務および過剰雇用に走っている。私立大学の40％が定員割れしている現実に眼を向けていない。そして、学力が伴わない学生もしくは学習意欲の低い学生を受け入

れざるをえない大学が増加している。これらの大学は、入学志願者数のさらなる減少と退学者の増加、補助金の削減によって、近い将来、経営破綻の憂き目に遭うだろうことは前述のとおりである。

　大学には、これまで偏差値という階級社会があった。それはどちらかといえば学生を差別化するものであったが、これからは大学間格差という経営健全化格差が問題になってくる。

　ここでは、私立大学の入学志願者数の推移、動向について見ていくことにする。以下に示した表（2−1）は、平成19年度の「入学志願者数ランキング」を表にしたものである。

表（2−1）平成19年度入学志願者数ランキング表　　（単位：人：％）

順位	大学名	平成19年度	平成18年度	増減員数	前年比較	前年順位
1	早稲田大学	125,647	110,996	14,651	113.2%	1
2	明治大学	102,451	84,526	17,925	121.2%	3
3	関西大学	101,410	82,949	18,461	122.3%	4
4	立命館大学	98,761	93,546	5,215	105.6%	2
5	法政大学	90,216	72,051	18,165	125.2%	6
6	日本大学	71,486	74,450	△2,964	96.0%	5
7	立教大学	67,505	58,714	8,791	115.0%	8
8	中央大学	66,396	60,822	5,574	109.2%	7
9	近畿大学	63,662	52,833	10,829	120.5%	10
10	東洋大学	60,361	53,897	6,464	112.0%	9

（注）出典：法政大学「学内ニュース」NO.263　2007年8月10日　p.1

　これまでの傾向として、少子化を迎えて「大学間競争の激化」が起こり、志願者数を増加させている大学がある一方、減少させている大学がある。そのため、定員まで入学者を確保できない大学が増加している。勝ち組と負け組の二極化が拡大している。平成19年度の入試では「二極化の拡大」がとくに目立った年度である。

　志願者数上位30大学における志願者数は、私立大学の全志願者数の

56％を占めている。いわゆる「マンモス大学」が志願者数を増加させているために、とくに地方の中小規模の大学が苦戦している構図になっている。

志願者数が、対前年比1万人以上増加した大学の数が、平成17年度ではゼロであったものが、平成18年度では2大学、そして平成19年度には5大学に増えている。

平成18年度で、志願者数が10万人以上であったのは、早稲田大学のみであったが、平成19年度には明治大学と関西大学を含む3大学に増加している。そして、立命館大学が平成20年度に、平成19年度の志願者数の増加率を達成すれば、志願者数が10万人以上を記録することが可能になると予想されていた。しかし、9万5,597人と△3,164人の減少となっている。また、関西大学が9万3,672人と△7,738人減少し、10万人の大台を割っている。他方、この平成20年度春において法政大学が9万7,017人と6,801人（107.5％）増加させ、10万人台の大台へあと一歩と躍進させている。なお、早稲田大学は△398人で、明治大学は6,495人増の10万8,946人としている。（参考・HOSEI学内ニュース No.282 平成20年9月1日号）

入学志願者数の増減は、学校事業の経営上、重要な課題である。ほとんどコストのかからない収入である以上に、相対的に優秀な学生の確保に関連しているからである。地方の商店街が衰退しているように、地方経済が回復していない、むしろ縮小しているといったほうが確かである。実際、下関、門司などのように、かつて繁栄していた街が、その面影を失っている。平日の昼時、商店街を歩いている人を見かけることがないことさえある。名古屋からそう遠くない車町の商店街でも同様で、また、歯脱けのように閉じている店を幾つか見かける。

このように、地方経済が衰退の方向にある。その影響で、地方の活性化のために、多額の資金を提供してまでも、地元に大学を誘致する地方公共団体がある。しかし、期待したように活性化していない。かえって、地方財政に大きな負担をかけていることがある。しかも、重要なことは地方に雇用の機会がほとんどないために、卒業後の就職を考えると

地方の大学に入学したがらない事実がある。

　地方の大学では、とくに志願者数の減少が目立ってきている。学生にとって、地域の活性状況は重要で、たとえば、アルバイトの機会の豊富さは志願の魅力に影響を与えている。政府の公式見解と相違して、景気の低迷が続いている日本経済において、とくに大学生世代を抱えている親の所得水準は、決して改善されてきているとはいえない。親にとって、大学生を養育していくことが大変な負担になっている以上、学生本人にとって、大学を卒業するまで、アルバイト収入は重要な要素になっている。

　平成19年10月9日の日本経済新聞・朝刊「試練の景気持続1」は「景気は不安材料を抱えながらも回復を続けている。企業部門が好調」であるというが、海外取引の比重が高い企業は好調であるとしても、国内の雇用所得並びに当該企業の下請企業が潤っているかというと、必ずしもそのようにはなっていないのが現実である。それが消費購買力に反映していない原因のひとつとされている。同新聞は、続けて「個人消費が勢いづくには、企業部門が好調さを保ち、賃金改善の形で家計への波及力を取り戻すこと」が大切であると言及している。しかし、団塊世代が定年退職を迎え、一層、高齢化社会に向かって進んでいる日本の社会事情において、多くの家庭で所得水準を引き上げるのは難しい環境にある。しかも、大企業は非正規労働者の雇用で生産システムを維持しているので、国民全体の購買力には向かっていかない。

　したがって、大学事業おいても、これまでのように、養育費をすべて親が負担してきたという前提で経営していくことは、これからの現実になりつつある社会環境と乖離（かいり）していくことになるので、新しい対応に迫られているということになる。とくに、地方の大学においては、他の大学との差別化（特殊技能の習得など）を図って、独自性を打ち出していかなければならない。しかし、そのためには、優秀な学生を集めなければならないこと並びに入学させた学生にどのように学習意欲を植え付けていくかが重要になってくる。ここでは、教員の質（研究だけでなく、教育に熱心な姿勢など）が、とくに問題になってくる。地方の大学に就職しようとする優秀な教員が不足していることにも問題がある。

(2) 入学志願者数の勝ち組大学と負け組大学の問題

　前述のとおり、志願者数が増加している大学と減少している大学があるが、この数字は、平成19年度における平成18年度との比較であって、必ずしも、この数字だけで「勝ち組大学と負け組大学」というような決め方はできない。というのは、当該年度に特殊事情がある場合があるので、それらを考慮して判断しなければならないからである。いずれにしても、増加もしくは減少が、数年にわたって傾向的に継続しているならば、その事実から判断することが可能となる。

　志願者数の平成19年度における平成18年度との比較（いずれも上位10位まで）は、以下の表（2-2）および121ページに示した表（2-3）のようになっている。

表（2-2）平成19年度入学志願者数増加ランキング表

（単位：人：％）

順位	大学名	平成19年度	平成18年度	増加員数	前年比較率
1	関西大学	101,410	82,949	18,461	122.3%
2	法政大学	90,216	72,051	18,165	125.2%
3	明治大学	102,451	84,526	17,925	121.2%
4	早稲田大学	125,647	110,996	14,651	113.2%
5	近畿大学	63,662	52,833	10,829	120.5%
6	立教大学	67,505	58,714	8,791	115.0%
7	東洋大学	60,361	53,897	6,464	112.0%
8	中央大学	66,396	60,822	5,574	109.2%
9	立命館大学	98,761	93,546	5,215	105.6%
10	専修大学	31,688	27,054	4,634	117.1%

（注）出典：法政大学「学内ニュース」NO263　2007年8月10日 p.2

　志願者数が増加したのは、学部・学科の新増設などの経営努力がある。表（2-2）の「入学志願者数増加ベスト5」に掲げた大学におけ

る、主要な要因として、以下のような理由がある。

① 関西大学

政策創造学部の新設と従来の工学部をシステム理工学部、環境都市工学部、化学生命工学部の3学部に再編したことによって、受験生の関心を高めたことによるものと評価されている。平成19年度の大幅な増加の反動として、平成20年度は7,738人の減少となっているが、平成17年度の数字を上回っている。

② 法政大学

平成19年度における「一般入試志願者数」は6万4,640人で、前年対比1万3,246人の増加（125.8％）になっていて、全志願者数の増加割合（125.2％）とほぼ同じである。すべての学部において志願者数が増加している。特徴としては、社会科学系の人気が高くなっている。なお、理系の学部としては、工学部が2,039人の増加（143.1％）となり、デザイン工学部が1,935人の増加（178.4％）となっている。また、全国10会場同一日程で実施した全学部統一入試が評価されたと思われる。

③ 明治大学

全国5会場（札幌、仙台、東京、名古屋、福岡）で実施する全学部統一入試を実施したことと2学部以上出願した場合、受験料割引制度を導入した効果が現れたと考えられる。また、センター試験利用方式において経営学部、理工学部を除いた学部で、志願者数が減少したにもかかわらず、全体で増加となっている。

平成20年度においては、新たに大阪と広島を加えた7会場で全学部統一入試を実施した。志願者が10万人台となった平成19年度に続いて、志願者数を増加させている。

④ 早稲田大学

第一・第二文学部を文学部と文化構想学部に、また、理工学部を基幹理工学部、創造理工学部、先進理工学部に改組したことが、受験生の関心を高め、受験者数が増加したものと考えられる。

私立大学の全体的な傾向である、一般入試の志願者数減・センター試験利用入試の志願者数増を反映した志願者数となっている。
⑤　近畿大学
　　志願者数の増加人数が1万人を超えた。一般入試・前期日程では、法学・経済・経営の各学部で、従来の平等配点に加えて「得意科目重点方式」を採用したことと、後期日程では、法学・経済・経営の各学部で、高得点2教科型入試を導入したことが、受験者数の増加に寄与したものと考えられる。

　ここで重要なことは、志願者数が増加した大学では、結果として、相対的に優秀な学生を入学させることができるということである。
　このように志願者数が増加した大学がある一方で、減少した大学がある。

表（2-3）平成19年度入学志願者数減少ランキング表

（単位：千人：％）

順位	大 学 名	平成19年度	平成18年度	減少員数	前年比較率
1	千葉工業大学	12,660	18,085	5,425	70.0%
2	東京農業大学	24,947	28,094	3,147	88.8%
3	立 正 大 学	12,520	15,514	2,994	80.7%
4	日 本 大 学	71,486	74,450	2,964	96.0%
5	大 正 大 学	2,990	5,861	2,871	51.0%
6	文 教 大 学	15,212	17,593	2,381	86.5%
7	青山学院大学	45,550	47,829	2,279	95.2%
8	大阪大谷大学	1,896	3,972	2,076	47.7%
9	中 部 大 学	7,241	9,084	1,843	79.7%
10	明 星 大 学	6,546	8,384	1,838	78.1%

（注）出典：法政大学「学内ニュース」NO.263　2007年8月10日 p.2

　表（2-3）における「入学志願者数減少ベスト10」の大学における、

とくに留意する大学の事情としては、以下のようなそれぞれの理由がある。

① 日本大学

　大規模な私立大学のほとんどが志願者を増やしているなかで、日本大学は対前年比96.0％となり、志願者数が減員となっている。大規模私立大学の多くが、学部・学科を新設・増設しているが、同大学は、昭和62年の薬学部設置以来、学部・学科を新設・増設していないことが影響しているものと思われる。唯一、文理学部がセンター試験を利用して志願者数を増やしているが、他の学部はセンター試験を利用しても、減員となっている。

② 青山学院大学

　同大学は、各学部において、段階的にセンター試験利用方式を採用し、平成19年度は文学部を除く全学部で実施している。しかし、平成17年度と平成18年度において、この方式を利用して、大幅に志願者を増やしたその反動で、大学全体で志願者数を減らしてしまったものと考えられる。平成20年度においては、新設となった総合文化政策学部では3,467人、社会情報学科では983人を集めている。全体としては、4万7,210人で1,660人（103.6％）の増加となっている。

　以上のような数字を見てくると、仮に大学間競争の世界において「勝ち組と負け組という見方」をした場合、継続的に学部・学科を新設するか、増設していかない限り、志願者数を増加させていくことができないということになってくる。その余波は、中小規模の大学と地方の大学に及んでくる。より多くの受験者が、大規模大学を志願していく傾向にあるからである。これらの大学は、学校用地の新たな購入や教員の安易な採用（増員）が、財政的な理由などから難しく、ましてや学部・学科の新設・増設は困難な事情にある。

　平成19年度（四年制私立大学）で、定員割れした大学は221大学（平成18年度と同数）で、過去最高になっている。調査対象は全国の559大

学である。同年度の入学定員は44万4,920人で、対前年比1.1％の増加となっている。定員を減らす大学がある一方、大規模大学を中心に学部・学科の新設・増設があるために、合計としての定員は1年間で4,675人の増加となっている。

　入学者を定員で割った「定員充足率」は、平均で109％となっているが、規模別などで分類した結果が、以下に示した表（2－4）である。

表（2－4）平成19年度規模別定員充足率比較表

規模別分類	規模別学生数	定員充足率
大規模大学	3,000人以上	118.0％
中規模大学	以下の資料に記載なし	―％
準中規模大学	200人以上300人未満	91.5％
小規模大学	100人以上200人未満	88.5％

（注）出典：日本経済新聞 平成19年8月1日 朝刊の記事を参考に作表している。

　この表（2－4）を見て判断すると、受験生は「ブランドのある有名大学」に集中している傾向にあると評価することができる。なお、かなり以前からの学生気質であって、いまさらのことではないが、平成14年か15年頃から起きたひとつの行動が興味深い。自分が学籍をおいている大学ではなく、ブランドのある有名大学、もしくは、多分、自分が入学したかった大学のかばんもしくは紙袋などを持ち歩くことが流行ったのである。憧れがそのような行動に駆り立てた理由と考えられる。

　なお、志願者の増減の理由は、必ずしも「ブランドのある有名大学」だけにあるのではない。東京大学工学部は、長い間、花形であったが入学希望者が減少しており、最近3年間、連続して定員割れを起こしている。学生の有力な就職先であった大手電気メーカーが振るわないことに原因があると思われる。日立製作所、松下電器産業（パナソニック）、ソニーなど、製造業界の雄として名を上げていたかつての有力企業が、現在、昔日の面影がない。そして、そのような経済環境を物語るように任天堂が、株価の時価総額で、平成19年10月中旬、10兆円を超え、トヨタ、三菱東京ＵＦＪに次ぐ3位に浮上した。

大手電気メーカーの相対的ジリ貧が、東京大学工学部に入学する学生の夢を奪っていったということである。さらに、アメリカ発のサブプライムローンの影響で世界経済が沈下していくなかで、平成20年10月31日、トップ企業のトヨタでさえ大幅な減益予想（平成21年3月期）を発表している。

(3) 国公立大学の環境変化の問題

　平成19年度における18歳人口が、前年より約4万人減少したにもかかわらず、私立大学の入学志願者数は4年振りに増加している。大学入試センター試験の志願者数は55万3,352人となり、前年よりも1,970人（前年対比100.4％）増加している。これは、浪人生がいることによって、18歳人口を含む志願者数が増加しているということ、およびより多くの私立大学が入試センター試験を利用した入学試験を実施したことによるものである。
　他方、国公立大学の志願者数は、約1万7,000人の減少となっている。志願者数減少の理由としては、センター試験の平均点が大幅に低下したことや旧帝国大学で後期日程廃止が本格化したことによる受験機会の減少が大きく影響していると考えられている。一般的に、センター試験の平均点が低下すると、国公立大学の志願者数は減少するといわれている。平成19年度は、理系受験生の多い科目で平均点が低下している。
　国公立大学の志願者数の推移は、次ページに示した表（2-5）のようになっている。

表（2-5）国公立大学の志願者数の推移表　　　　　（単位：人：%）

年　度	募集人員	志願者数	増減員数	対前年比率	志願倍率
平成15年度	101,465	566,410	4,427	100.8%	5.58%
平成16年度	100,982	534,233	△32,177	94.3%	5.29%
平成17年度	101,382	507,978	△26,255	95.1%	5.01%
平成18年度	101,036	505,370	△ 2,608	99.5%	5.00%
平成19年度	100,749	488,527	△16,843	96.7%	4.85%
平成20年度	99,864	487,777	△　750	99.8%	4.88%

（注）出典：1　法政大学「学内ニュース」NO.263　2007年8月10日 p.4
　　　　　　2　同　　　　　　　　　　　　NO.282　2008年9月1日 p.4

　表（2-5）に見られるように、国公立大学の志願者数は、ここ4年間減少傾向で推移している。平成15年度に志願倍率が5.58%であったものが、平成19年度には5%を割ってしまい、ついに4.85%にまで低下している。この間、志願者数が56万6,410人から48万8,527人へと7万7,883人、13.8%の減員となっている。なお、募集人員数も平成15年度の10万1,465人から平成19年度には10万749人へと716人、率にして0.7%の減員となっている。そして、ついに平成20年度には募集人員が10万人の下台を割り込み、志願者数も48万7,777人に減少してしまった。

　次に退学者について考えてみたい。退学者の増加は即収入の減少を意味するので、重要な懸案事項である。国公立大学の退学者は私立大学よりも少ないと考えられるが、信頼できるデータを入手することができなかった。

　そして、一般的な大学のケースでは、学習意欲の減退や期待不合致並びに家庭の事情（扶養親族の所得減少など）がある。いわゆる三流大学と呼ばれている大学では、もともと、それほど勉強する意欲がないままに入学してくる学生が比較的多いということもあって、退学していくものが多い。そして、入学初年度に退学するケースが多い。ところが、大学事業にとって、その後の授業料収入が入ってこないことは、経営問題になってくる。なお、4年まで在籍できたら、余程のことがない限り、

卒業していくのが普通である。

　大学にとって、退学者の増加は経営問題であり、卒業まで、就学するように指導しているが、家庭の事情や学習意欲の減退など、なかなか難しい問題がある。

(4) 大学間格差と財務力・教育力などの格差の問題

　『週刊東洋経済』は、毎年、秋に「本当に強い大学」を特集している。そこでは、財務力、教育力、就職力、そしてそれらを統合した、総合力で「大学評価」を行っている。国立大学は平成16年度（2004度）から国立大学法人として発足しており、2005年には、財務諸表が公開されている。記事の記載に間に合わなかったのか、2005年版には記載されていないので、その関係から一部に比較可能性に欠けるところがあるが、同上の特集の記事から、以下に示した表（2-5）の作成を試みた。

表（2-5）大学総合評価ランキング表

平成17年度版記事			平成18年度版記事			平成19年度版記事		
順位	大学名	総合点	順位	大学名	総合点	順位	大学名	総合点
1	立命館大学	79	1	東京大学	68.2	1	東京大学	68.2
2	早稲田大学	76	2	大阪大学	61.9	2	慶應義塾大学	63.6
3	関西大学	72	3	慶應義塾大学	61.7	3	京都大学	61.8
4	慶應義塾大学	72	4	豊田工業大学	61.2	4	大阪大学	61.7
5	日本大学	70	5	創価大学	59.4	5	早稲田大学	59.0
6	金沢工業大学	68	6	北海道大学	58.8	6	東京工業大学	58.3
6	立教大学	68	7	京都大学	58.7	7	北海道大学	58.2
8	同志社大学	67	8	東北大学	58.5	8	東北大学	57.3
9	龍谷大学	64	9	早稲田大学	58.1	10	筑波大学	57.1
9	明治大学	64	10	北里大学	57.2	11	北里大学	56.3
11	南山大学	62	11	名古屋大学	57.0	13	名古屋大学	56.2
11	東海大学	62	15	神戸大学	56.8	15	豊田工業大学	55.0

13	創 価 大 学	61	17	同志社大学	54.7	17	創 価 大 学	54.8
13	中 央 大 学	61	18	立命館大学	53.9	18	神 戸 大 学	54.7
15	法 政 大 学	60	20	一 橋 大 学	53.8	19	一 橋 大 学	54.6
15	工学院大学	60	30	中 央 大 学	53.6	20	同志社大学	54.5
15	東京理科大学	60	49	立 教 大 学	51.7	21	立命館大学	54.4
18	近 畿 大 学	59	56	明 治 大 学	50.6	25	明 治 大 学	53.5
18	東京電機大学	59	56	津田塾大学	50.0	40	中 央 大 学	51.8
18	北 里 大 学	59	66	法 政 大 学	49.2	76	法 政 大 学	49.5

　表（2－5）「大学総合評価ランキング表」を見て、気が付く特徴は、平成18年度において国立大学が加わったにもかかわらず、同17年度において、28位にいた豊田工業大学が4位に、また創価大学が13位から5位に、そして北里大学が18位から10位に躍進していることである。『週刊東洋経済』によれば、豊田工業大学は「教員1人当たりの学生数」が8.6人と私立大学のトップにあることとトヨタのバックアップによる財政基盤が堅固であることが評価されたとしている。私立大学で8.6人は、経営政策上、無理な数字である。この数字は、北海道大学の8.3人と筑波大学の9.5人の間にある。いずれにしても、技術者養成というトヨタの経営政策があってのことである。また、創価大学は、大学創立35周年の寄付事業で、前年の10倍に近い300億円以上の寄付金収入があったことが高い評価を受けたことによるものである。そこで、寄付金が下がった翌年には17位に後退している。

　明治大学と法政大学は、それぞれ、9位から56位と15位から66位に大きく後退している。なお、明治大学は平成19年度において25位に回復している。学部・学科新設による志願者の増加率の上昇と経常利益率が5.8％から23.5％に改善していることが評価されたようである。平成19年度において突出しているのは、それまで、100位以内に入っていなかった東京工業大学が6位に登場したことである。なお、平成19年度において公立大学が加わっている。首都大学東京は27位で、横浜市立大学は35位、大阪府立大学は71位である。

ただし、順位というものは、一部危険な情報であることを理解しておく必要がある。スポーツの世界で1位と2位との間で、ほんの僅かであっても、順位が確定し、それが当人の評価に直接関係してくる。しかし、大学の場合、ひとつ違いの差にどれだけの意味があるのだろうか、ということである。それともうひとつ、あくまでも重要なことは「学生もしくは卒業後の本人の生き様」にある。一流大学を卒業した学生が、即「人生の成功者」ということを意味しているわけではないからである。

　少子化を迎えるこれからの時代、「大学間の格差」は拡大していく。本当に強い大学だけが生き残っていくことになるであろう。したがって、これらの表に登場してきた100位以内の大学は厳しい競争の世界において、ひとつの生存力のある大学と評価されたという見方ができるのではないだろうか。しかし、競争は国内に限ったものではない。教育研究の世界は国境を越えて、世界に拡大していく。『ニューズウィーク』誌の世界大学ランキングによると、以下の表（2-6）のようになっている。

表（2-6）　『ニューズウィーク』誌の世界大学ランキング

順位	大　学　名	国　名
1	ハーバード大学	アメリカ
2	スタンフォード大学	アメリカ
3	エール大学	アメリカ
4	カリフォルニア工科大学	アメリカ
5	カリフォルニア大学バクレー校	アメリカ
6	ケンブリッジ大学	イギリス
8	オックスフォード大学	イギリス
16	東京大学	日　本
29	京都大学	日　本

（注）出典：『週刊東洋経済』2007年10月13日 特大号 p.43の表を基に作成している。

　この表（2-6）によると、1位から5位までアメリカの大学で、6

位と8位にイギリスの大学が出てくる。要するに英語圏の大学である。欧米を除いた国のなかで、どうにか東京大学が16位に評価されている。日本において、東京大学がダントツの強さを誇っているとしても、世界のなかでは「全く評価されていない」と言われている。それは世界に開放されていないということにある。入学試験が日本語に限定されていていいのかという批判も出てくることになる。

　世界の共通の言語は英語である。どんなに優秀な論文を書いても、日本語である限り、世界の人は読んでくれない。日本の大学が世界に羽ばたくには「世界の共通の言語」で参加していかなければならない。また、世界の優秀な教員と学生が、日本の大学に来てくれるようになっていかなければならないのである。日本人は日本語だけが理由ではないとしても、閉鎖的な国民である。外国語に自信がないことが影響しているのであろうが、海外の人々との対話が下手である。これらの克服も、これからの大学における教育の課題になってきている。

　また、別の「世界の大学ランキング情報」がある。イギリスの国際的な大学情報誌『タイムズ・ハイアー・エデュケーション・サプリメント（ＴＨＥＳ）』と大学就職情報会社ＱＳ社が、平成19年11月に「今年の世界大学ランキング」を発表した。それによると上位200校に日本の大学が11校入ってはいるが、上位10校は、すべてアメリカとイギリスの大学で占められている。評価基準のひとつに「発表論文の重要度」があり、その評価は「他の論文に引用された回数」で行われるというものである。日本人としては、国際語である英語で論文を発表しない限り、引用されることはほとんどないので、必然的に評価が下がってしまう。

　総合1位はアメリカのハーバード大学で、総合2位はイギリスのケンブリッジ大学とオックスフォード大学並びにアメリカのエール大学の3校となっている。今年から、データの提供元をアメリカのトムソン社からオランダのエルゼビア社に変更したことによって非英語圏の大学が全体的に上昇したとされている。（参考・日本経済新聞　平成19年11月18日　朝刊）

　同情報による大学ランキングにおける日本の大学は、次ページに示した表（2－7）のようになっている。

表（2-7） ＴＨＥＳ＆ＱＳ社の世界大学ランキング比較表

前年順位	今年順位	大学名	前年順位	今年順位	大学名
19	17	東京大学	128	136	九州大学
29	25	京都大学	133	151	北海道大学
70	46	大阪大学	120	161	慶應義塾大学
118	90	東京工業大学	158	180	早稲田大学
168	102	東北大学	181	197	神戸大学
128	112	名古屋大学			

（注）出典：日本経済新聞 平成19年11月18日 朝刊の資料を基にして作成している。

　表（2-7）に掲載されている大学のうち上位6校（表の左側）は、前年度より、順位を上げている。とくに、東北大学は168位から102位に66校のごぼう抜きと脅威的な躍進を果たしている。他方、上位6校に続く5校（表の右側）は、軒並み順位を落としている。とくに、慶應義塾大学は120位から161位と41校に追い抜かれてしまった。

　最近、日本の「知」が衰えていると言われている。アメリカ物理学会へのアメリカ以外の国からの論文の提出は、これまで、比較的長い間、ドイツが1位で、日本が2位であったが、2005年（平成17年）に中国が1位になっている。数が問題ではなく、あくまでも質であるといっても、数が多くなっているというのは、それだけ裾野が広がっていることを意味している。この事実は、これからの日本の成長を考えると、資源が少なく、知的財産に依存（期待）していかなければ、存立の基盤を失いかねない日本にとって、大いなる脅威を意味している。

　イギリスの『イギリス・タイムズ』誌が発表した大学ランキングによれば、同年からアジアのトップは東京大学から北京大学にとって代わられた。問題は、日本の大学も改革を進めているが、世界の大学が、それよりもアジアの大学が、それ以上に速い進歩で改革を進めていることにある。私の友人のお嬢さんであるが、東京大学大学院博士課程（後期課程）を終えて、アメリカの大学院に留学した人がいる。専攻は数学である。この学生によると、数学の研究では、アメリカのほうがいいと言

う。施設・設備のほか、高度な研究者がいることによって、切磋琢磨する機会に恵まれているからである。そのようなことがあってか、研究仲間の中国の留学生と結婚して、アメリカで研究に没頭することになった。

2　大学間格差と学生の学習意欲格差の問題

(1) 環境格差と生来の素質の問題

　人間の能力には、遺伝やもって生まれた素質があり、また、環境の違いなど、個人の力ではどうすることもできないものがある。子どもの成績を考えた場合、能力に差があることを認識せざるをえない。それは、大学の学生にしても、スポーツの世界にしても、素質（素材の良さ）を抜きにして考えられない。努力だけでは、なしえないものがある。素質と、努力と、好運の組み合わせにより能力は向上するのである。
　つまり、下流社会において意欲が低い人たち、すなわち「努力を放棄した人たち、もしくは、諦めた人たち」を「下流の人」といえるのではないだろうか。努力をした人が報われるのは当然であったとしても、そこには必ず不公平がある。明らかに「ツキ」や「運」がある。交通事故や天災との遭遇においても、そのようなことがいえる。
　少しでも経済的に余裕がある家庭では、受験のために子どもを塾に通わせているが、親に経済力があるのは、その多くの親が高学歴だからであり、高学歴であるがために、高収入を得ているケースが多い。また、高学歴であるのは、学力がある故であると説明されている。高学歴の親は、子どもの教育にも熱心であり、子どももそれに答えている。実際、子どもの通塾率も、高い学歴の親をもつ子どものほうが高くなっている傾向にある。高学歴の親は、自分自身も努力しているし、目標をもった生き方をしている。日頃の生活において、無駄のないあるいは充実した暮らし方をしている。そのような親の生き様を見て育っている子ども

に、大きな影響を与えている。

　ひとつの統計値によると幼稚園から大学までずっと公立だった場合の教育費用は818万円である。小学校以外すべて私立だった場合は1,563万円になる。ざっと２倍の支出が必要になっている。ただし、この数値は、ひとつのアンケート調査の結果にすぎない。祖父母がいる場合、小・中・高校、各々、入学や卒業に際して祝金、お祝いの品（小学生のランドセル、高校生では万年筆など）があったとしても含まれていない。また、アンケート調査の偏在性がありえる。

　大卒以上で高い所得を得た女性は、結婚する相手の所得も高い可能性が大きい。可能性だけでなく現実である。大卒の女性が高卒の男性と結婚しているケースは稀である。表向きはともかく、妻に頭が上がらず、卑屈な家庭生活を送ることを想像すると苦痛と感じる男性が多いのは確かである。収入の面で見ると、大卒の女性の夫の所得は700万円以上の人が46％（２人に１人の割合）いるが、高卒以下の女性の夫では21％（５人に１人の割合）しかいない。学歴社会を前提に考えると、同一レベルの階層で結婚していることを意味している。一方が、高いレベルという組み合わせは、めったにない。

　女性が高学歴化し、高い所得を得る女性が増えると、その結婚相手もそれに相応しい高学歴・高所得の男性になる。むしろ、最近では仕事にやり甲斐もあって、また実家から通勤している女性は家庭生活（炊事・洗濯などは母親任せ）が楽であるため、結婚しないケースが増えている。そのため、結婚できない男性が増加している。

　大学生にも格差社会が歴然として存在している。上位と下位の概念で示すよりも、上流学生と下流学生という表現のほうが格差社会を如実に示していることになるようである。そして、このような外部からの評価よりも重要なことは「本人の意識」であり、優越感もしくは劣等感として現れてくることである。本人の問題として解決することのできない何かがある。会社が、就職に際して、学歴（大学）を問わないと表明していたとしても、結果として、修学しているもしくは卒業した大学によって各個人の価値が評価されてしまうのが、実情である。

(2) 意欲・熱意格差と大学側の姿勢の問題

　個人（学生）が評価されるべき基本的要素は「勉学に対する意欲・熱意」であり、努力した「結果＝実績」の問題であるはずである。いわゆる有名大学の学生の退学率は２％以下である。なお、退学率は入学した学生のうち、卒業しなかった者の入学者数に対する割合を言う。しかも、早いうちの退学者が多く、退学率の高さは大学経営にも重要である。あくまでも個人の問題であるとしても、学校の経営上、重大な影響を及ぼしていることはこれまでにも触れてきたところであるが、定員数を確保するために、入学させても授業内容に追いついていかれない者までも入学させていることに原因がある。

　これは、学生側により問題があるといえる。授業内容についていけるかどうかという以前に、授業に出てこない学生が多いのである。また、出席していても、授業を聴いていないからメモ（ノート）すら取っていない。遅刻はするし、授業中に教室を出たり入ったりしている学生のほか、授業の開始と同時に机に伏せている学生もいる。こうした勉学に対する意欲をもたない学生が下流となる。授業に出席して聴いていない、というよりも聴く意欲がない。聴く気がないからノートさえ取らない。

　ところで、教科書を購入していない学生が多い。最近の傾向として、教科書を持っているのかどうか、端から見て分からない通学風景である。かつてのようなブックバンドで教科書を挟んで通学しているような学生を見かけることはない。もちろん教科書を持っている学生もいるが、ペーパー・テスト（期末試験）に際して「持ち込み可」であっても、教科書も配布資料も持ってこない学生がいる。それも決して珍しいことではないところに、深い問題が内在している。彼らが下流学生となる。これは本人の問題である。少なくとも、大学に入学したからには、また、授業に出席したならば、教員の講義を聴いて、重要なポイントをノートに書き留めるくらいの努力はするべきである。

　他方において、学生が理解できない内容や理解し難い表現（言い回

し）しかできない教員がいることも確かである。政治、経済、経営、会計、租税などの学科であれば、歴史や本質並びに基礎的なことも重要であるが、それ以上に「いま現在の生きている講義内容」が大切なのであるにもかかわらず、昔ながらのノートで講義している教員もいるということである。

　日本経済新聞（平成19年10月27日・朝刊）「ニッポンの教育―全入時代、現場は試行錯誤―」には、学ぶ意欲も目的もないまま、大学に進む学生が増えているとある。従来であれば合格できなかった低学力層が進学し、大学側も「大学とは何か」という概念が希薄化し、目先の学生確保が優先している、と批判している。原因は「大学の急増」で、「入試という競争の劣化」にある。四年制私立大学の40％が、定員割れしている現況において、経営環境が悪化するばかりであるため、大学はなりふり構わず学生集めに走っている。そこでは、「人を育てる」という教育が置き去りにされている。

　ここには、国の政策の誤りがあった。大学を増やして、学習の機会を拡大してきたことは、それなりに評価することができる。国民の教育・知識の高さが、これまでの日本経済の成長の源になっていた。そこには、強い意思と目的をもった国民がいた。しかし、事態（教育環境）が変わってきた。大学に入学してきた学生のなかには「とくに大学に入りたかったわけではない」と言う者がいる。聞くと、専門学校に落ちたからきたという。そのような学生に「目的」を聞くほうに無理がある。

　日本の大学を立て直し「学生の質の向上」を図るためには「質の低い大学の淘汰」を促し、競争の世界を作らないと、意欲がなく、目的意識も希薄な学生が増えていくことになる。将来の日本のためにも、また、個人のためにも、このような学生（意欲・姿勢）の状況を改善していかなければならない。一流大学に入るためには、いまでも相当に厳しい競争の世界があり、そこを目指す学生は「成功・出世」を夢見て、日々、頑張っている。しかし、三流大学の学生は、勉強をしないし、努力の仕方も学ばないから、大学を出た学生は、社会に出ても、大きな活躍をしようとしないし、努力するチャンスからも見放されてしまう。そして、

格差は拡大するばかりである。

　日本の社会では「成功・出世」（名誉ある社会的地位への就任もしくは富裕層社会への仲間入り）の鍵が教育、そのなかでも高等教育に依拠している。そのため大学への進学率が極めて高くなっている。とくに如実に現れているのが、東京大学法学部である。ここは「高級官僚養成学校」になっている。

　国の省庁は縦割り社会だと言われている。しかも、ひとつの省庁のなかでも縦割りの行政が、これまでも行われてきた。そして、省庁の再編が行われてから、その「縦割りの行政」が強くなったという。旧来の省庁における権力争いがそのまま温存しているだけでなく、かつての省庁時代の権力争い（予算獲得と主要ポストの争奪）が、当初の出身母体を中心にして繰り広げられている。しかし、東京大学法学部の「同期の仲間意識」は強力な紐で結ばれている。同期の者が、いま、どこにいて、何をしているのか、どのような苦労をしているのか、ほとんどの者が知っている。そして、官界並びに政府において「何が起きているのか」寸時に、横のつながりで、伝達されている。

　東京大学法学部は日本においては最高学府という立場にあるため、少子化を迎え、全入時代になったといっても、入学することが大変難しいことに変わりはない。これ以外の大学もしくは学部においても「偏差値による難易度」があり、受験者の人気が高い大学があるため、入学が難しい上位校と定員を充足できない下位校に二極化していくことになる。ただし、中位校が存在することも確かである。私立大学の上位校は、近年、「規模拡大戦略」をとっており、学生が２万人以上の大学は、結果的に「偏差値の上昇」を確保している。

(3) 大学間格差と科学研究費補助金の多寡の競争

　先に参考とした『週刊東洋経済』「日本のトップ100」の評価基準のひとつに「教育力」がある。この基準はさらに、教育研究充実度（％）、

ＧＰなど採択件数、科学研究費補助金および、教員１人当たり学生数（人）に分類されている。とくに問題にしたいひとつが、教員１人当たり学生数による比較である。この比較では、国公立大学と私立大学では、比較の公平性に欠ける。私立大学は、明らかに不利である。

　なぜなら、私立大学は、補助金が少なく、学生が納付する授業料などが大学運営の基礎的収入であるのに対して、国公立大学における大学運営の基礎的収入は運営費交付金であるからである。学生が納付する授業料などは補助的収入にすぎない。このような後ろ盾を調整しないと公平な比較ができないと考える。むしろ、後ろ盾があればこそ「存続の安全性が担保されている」という評価ができるという言い方も可能である。

　清成忠男元法政大学総長は『21世紀　私立大学の挑戦』(p.116)のなかで「私立大学においては、収入のうえで学費依存が大きいから、支出面でも研究より教育を重視せざるをえない。＜中略＞不公平は研究資金の配分だけではない。寄付金の受け入れや受託研究のうえでも、税制面で私立大学は不利をこうむっている。」と批判している。

　ところで、農業問題であるが、農作物の競争では、世界が市場になっていて、ＥＵはアメリカの補助金（とくに直接交付補助金）の抑制を訴えている。アメリカの農家は、補助金によって、低価格の供給が可能になっていると批判している。このように、補助金の在り方によっては、公平な競争を阻害していることがある。なお、公平な競争の阻害要因としては、多くの国が関税政策を採用していることにある。農業問題と大学事業の共通の問題は、いずれも「補助金」がないとやっていけないということと「国家の重要政策」になっているということである。

　そこで「科学研究費補助金」を取り上げてみたい。『週刊東洋経済』「日本のトップ100」におけるベスト10は、次ページに示した表（2-8）のようになっている。

表（2-8）科学研究費補助金ランキングベスト10　　　（単位：億円）

順位	大学名 (2006年版)	金額	順位	大学名 (2007年版)	金額
1	東京大学	185	1	東京大学	196
2	京都大学	123	2	京都大学	135
3	東北大学	93	3	大阪大学	97
4	大阪大学	83	4	東北大学	98
5	名古屋大学	62	5	名古屋大学	63
6	九州大学	56	6	九州大学	59
7	北海道大学	55	7	北海道大学	58
8	筑波大学	30	8	東京工業大学	46
9	神戸大学	24	9	筑波大学	34
10	広島大学	23	10	神戸大学	29

（注）　出典：『週刊東洋経済』2006年10月14日　特大号 p.31および2007年10月13日　特大号 p.39の表を基に作成している。

　科学研究費補助金ランキングを見ると旧帝国大学系の国立大学が、断然、強いことがはっきりしている。また、研究費が相対的に高い工学部と医学部を設置している大学が多額の補助金を受けているのは当然のことで、その意味では、国立大学においても、文科系とくに教育系の大学は不利になる。その結果、大規模な工学部と医学部を設置している旧帝国大学系の国立大学が上位を占めている。2007年版の特徴としては、8位に東京工業大学が登場したことと、大阪大学が83億円から97億円へと14億円（16.9％）もアップさせて4位から3位に上昇したことにある。私立大学は補助金はもともと小額になっている。

　科学研究費補助金の受入額（総額）ランキングでは、大規模大学（一流大学）が大きくなるのは、教員も優秀な人材をそろえていることもあって、当然のことで、大規模大学であって受入額が小額であるようでは、大学運営上、問題である。教員の員数による規模では、東京大学が3,994人で1位、京都大学が3,070人で2位、そして東北大学が2,554人で3位になっている。私立大学で一番大きいとされている日本大学が2,015人で、国立大学の筑波大学の2,197人もしくは北海道大学の2,126

人に相当する位置にある。人員数は平成17年度末である。

　首都大学東京では、医学部を設置していない中規模大学のなかで「教員1人当たり科学研究費補助金の受入額トップ」を目指した目標を掲げている。ただし、目標というのも、ひとつの通過点である。補助金を受け入れて「どのような成果に結びつくのか」（研究の成果・評価）ということが大切なことであって、大学・教員・学生の質の向上を図ることを目標にしている。成果物としては、特許の数や企業との提携による産業界に対する貢献などが考えられる。

　首都大学東京が比較考証している中規模大学の比較は、以下に示した表（2-9）のようになっている。

表（2-9）科学研究費補助金等外部資金受入額比較一覧表

大学名	教員数（人）	科研費（百万円）	外部資金（百万円）	合計（百万円）	1人当たり（千円）	順位
岩手大学	503	250	806	1,056	2,099	7
茨城大学	666	404	734	1,115	1,674	11
埼玉大学	560	354	619	965	1,723	10
お茶の水女子大学	240	255	551	798	3,325	1
横浜国立大学	733	691	1,363	2,005	2,735	3
静岡大学	868	662	1,735	2,355	2,713	4
奈良女子大学	288	243	469	696	2,417	6
首都大学東京	702	942	822	1,729	2,463	5
大阪府立大学	817	655	1,772	2,417	2,958	2
北九州市立大学	245	65	428	493	2,012	8
早稲田大学	1,557	1,409	9,195	10,491	6,738	-
日本大学	2,015	582	6,525	7,087	3,517	-
明治大学	818	160	731	887	1,084	-
同志社大学	651	209	1,125	1,324	2,034	-
立命館大学	867	490	2,503	2,968	3,423	-

（注）1　外部資金は、産学連携等研究費収入＋寄付金収入等の合計額である。
　　　2　科学研究費に含まれている「間接費補助金」は、二重計算になるので、合計額から控除している。そのために科学研究費補助金（科研費）＋外部資金の金額と合計額は一致していない。
　　　3　私立大学の場合、外部資金のなかに、附属高校に関連するものが含まれてい

たり、外部資金のなかに一部他の寄付金が含まれていたりするので、順位表のなかでは含めていない。
　4　表（2－9）は、首都大学東京・経営企画室が作成した資料「17年度決算比較（外部資金研究費）」のなかから一部を抜粋して作成している。したがって、順位はこの表のなかだけのものではない。

　この表を見て特徴的なのは、工学部を設置していないお茶の水女子大学と奈良女子大学で、教員1人当たり科学研究費補助金等外部資金の受入額が大きいことである。平成18年度においても、お茶の水女子大学は357万2,000円（同一の比較で1位）確保しており、アップしている。他方、奈良女子大学は240万円（同7位）と多少ダウンしているが、一定の金額を維持している。2位は大阪府立大学の311万8,000円である。首都大学東京は、246万3,000円から309万6,000円へと63万3,000円、率にして25.7％アップさせて、5位から3位に浮上している。

　ところで、首都大学東京としては、ここ数年で、お茶の水女子大学を抑えて、400万円の大台を達成することに、当面の目標があるのではないのだろうか。重要なことは、教員のすべてが、研究費補助金を平均的に獲得しているということではなく、特定の少数の教員が多額の外部資金を獲得していることである。そして、他方にほとんど関係していない教員がいる。とくに、文科系などの教員の多くの研究は、ほとんど外部資金の獲得に関係していない。通常、あっても少額である。そこで、そのような事実を踏まえて、大学としてバックアップできる体制を整備することが必要であり、多くの大学で経営政策の一環として位置付けるようになってきている。

(4) 大学間競争と出世力格差の現況

　大学へ入学するのは、教養を身に付け、社会に貢献できる人間になるためなどと高邁な理想を掲げたところで、所詮「高学歴高収入」を求めていることに変わりはない。高収入（経済的価値一般の受け取りを含む）の関係からいえば、金融・証券関係の業界のほうが、いわゆるメー

カーよりも報酬（収入）が高い。まして付帯収入があるので、その差は大きい。たとえば、都市銀行では、バブル経済崩壊後のしばらくの間まで、支店長に車1台とお抱えの運転手がついていた。すべてが事業関連行為に限って利用されていたわけではない。私的と判断されるゴルフにも使われていた。これなども、高学歴に対応する高収入の範囲であった。経済的資源の不効率的消費であることが理解されたのは、そのずっと後のことで、多くの銀行で、この制度が廃止された。とくに、都市銀行が公的資金の導入による外科的手術を施されたことから考えれば、当然のことであった。

　いずれにしても、大学を目指す受験生にとって「高学歴高収入」は大きな魅力に違いない。そこで、『週刊ダイヤモンド』の「出世できる大学」が特集している記事に触れておきたい。その関係は、以下に示した表（2-10）のようになっている。144ページの表（2-11）における「出世力指数」は、役員数、平均年齢および、役員＋管理職数からなっている。

表（2-10）大学出世ランキングおよび上場企業役員大学別ランキング

順位	大学名	出世力指数	順位	大学名	収載人員
1	一橋大学	307	1	慶應義塾大学	4,870
2	東京大学	222	2	早稲田大学	4,818
3	京都大学	153	3	東京大学	3,358
4	慶應義塾大学	124	4	日本大学	2,533
5	兵庫県立大学	107	5	中央大学	2,374
6	東京工業大学	102	6	京都大学	2,364
6	名古屋大学	102	7	明治大学	2,048
8	小樽商科大学	100	8	同志社大学	1,618
9	神戸大学	97	9	大阪大学	1,459
10	大阪大学	92	10	関西学院大学	1,319
12	東北大学	74	11	東北大学	1,232
14	大阪府立大学	67	12	法政大学	1,198
17	早稲田大学	66	13	九州大学	1,147

22	横浜国立大学	53	16	一 橋 大 学	1,047
33	首都大学東京	43	17	名 古 屋 大 学	994
36	同 志 社 大 学	41	18	立 命 館 大 学	949
54	明 治 大 学	30	21	東京工業大学	685
54	立 命 館 大 学	30	26	横浜国立大学	544
81	法 政 大 学	20	32	大 阪 府 立 大 学	461
81	北九州市立大学	20	58	首 都 大 学 東 京	270

(注) 1 『週刊ダイヤモンド』2005・10・15特大号「出世できる大学」p.34〜35の表を基にして作成している。
2 出世力指数は、出典では、たとえば、一橋大学の場合0.307で、明治大学では0.030という表示のされ方をしているが、ここでは、いずれも307、30という絶対値で表記している。
3 上場企業役員大学別ランキングは、上記の特大号p.40の表を基にして作成している。
4 収載人員は役員数+管理職数の合計人員数である。
5 平成17年度の数字である。

　この資料による「ランキング解説」では、以下のように概要を説明している。出世力は、同級生の数が分母になっており、総合大学は相対的に不利になっている。卒業後の進路は、企業への就職ばかりではない。医師、教員、研究者や公務員になっている者もいる。同様に、高級官僚を多く輩出している東京大学と京都大学が上位を占めているのは、出世力の高さは偏差値が高いというブランドだけではないということを示している。しかし、「偏差値の高さ」が、全体的な分野に通ずる優秀な学生を集めていることを意味していることは確かなのである。
　続けて「大学が伝統の助けを借りながら優秀な人材を生み出せるかどうかは、優秀な学生を集め、良質の教育を施すという2つの条件が満たされていることで決まる。〈中略〉たとえばホームページで自校の歴史をきちんと紹介していない大学があったら、精神がかなり弛緩していると言わざるをえない。」と評している。
　また、以下のようにも言及している。
　「工学部が充実している旧帝国大学はどこも集中度が高い。明治法律学校として1881年に設立された明治大学は法曹界の印象が強いが、じつは1904年に日本で最初に商学部を設置している。そうした伝統から金融

業界に強いというのが売り物だ。」(『週刊ダイヤモンド』前掲特大号 p.37～38) 現実に、明治大学は商学部がひとつの看板になっているが、明治時代においては、いまで言う司法試験の合格者は明治大学の学生が一番多かった。大正時代になって、その地位を他の大学に譲り、その後、奪還するにいたっていない。

　ところで「高学歴高収入」をテーマにした場合、上場会社役員や管理職員だけを取り上げているだけでは一面的である。医師、弁護士、公認会計士などの専門職従事者は、相対的にいって、一般的な給与所得者に比較して、報酬（給与所得もしくは事業所得）が高いといえる。そして、社会的ステータスもあり、定年がないため、元気でいられるなら、70歳代でも収入があるので、ゆとりある生活を営むことができる。この関係値が「出世できる大学」には取り入れられていない。

(5) 偏差値格差と就職力格差の問題

　2007年発行の旬刊誌『PRESIDENT』の「学歴格差大図鑑」は、「得する大学・学部、損する大学・学部」として、対談形式で問題点を浮き彫りにしているので、その要約を試みたい。

① 需要と供給の関係
　売り手市場と言われるが、本当に欲しい学生は限られている。会社として欲しい人数からいえば、競争率は3～4倍である。
② 質の問題
　大学生と大学院生の質的レベルからすると、上の20%が激しい争奪戦の対象になっているが、下の20%はとても就職できそうにない。
　社会生活に適応できそうにないという雰囲気を感じさせる学生がボトムの層にいる。
③ 大学のブランド化
　質の高い学生を採用することにしているが、圧倒的にブランド校

の学生のほうがたくさん内定をもらっている。内定辞退者もブランド校の学生のほうが多い。
④　ブランドと実力の発揮
　　社会人としての実力に関係がなく、ブランド校の人気は厳然としてある。
　　ただし、会社に入ったら、学歴はほとんど関係がない。
⑤　偏差値の妥当性
　　二流、三流と言われる大学から採用しても、結果として一流大学の人間が出世していく確立が高い。
⑥　耐性限界の低下
　　３年以内で辞めていく人間に「とりあえず嫌だから辞める」と言う人がいる。
　　確固たる目的もしくは方向性をもっている者ならいざ知らず、なんとなく辞めていく人がいる。入社して２～３年で退職した人間を採用するのはリスクがある。
⑦　協調性の欠落者の問題
　　幾ら優秀でも、周りの人間の協力なしでは、成果を出すことができないので、協調性などの人間性が大切である。
　（旬刊誌『PRESIDENT』2007・10・15号 p.58～61）

　旬刊誌『PRESIDENT』の「学歴格差大図鑑」が、「就職力・出世力・年収力」（大学・学部別ランキング）および「上場会社の役員になりやすいランキング」を特集しているので、参考として、その要約を、次ページに示した表（2－11）のようにまとめてみた。

表（2-11）就職力・出世力・年収力および上場会社役員ランキング表

就職力・出世力・年収力ランキング				上場会社の役員になりやすいランキング			
順位	大学・学部	人数	偏差値	順位	大学・学部	人数	偏差値
1	慶應・経済	115	66	1	慶應・経済	650	66
2	慶應・法学	83	67	2	東大・法学	479	69
3	慶應・商学	66	66	3	慶應・法学	469	67
4	東大・法学	65	69	4	慶應・商学	361	66
5	東大・経済	47	67	5	早稲田・商学	348	64
6	早稲田・商学	42	64	6	早稲田・政経	336	66
7	早稲田・政経	41	66	7	東大・経済	287	67
8	早稲田・理工	40	64	8	早稲田・法学	271	66
9	東大・工学	35	67	9	早稲田・理工	239	64
10	慶應・理工	26	65	10	東大・工学	220	67
13	日本・理工	24	48	11	中央・法学	219	63
14	京都・経済	22	64	13	京都・法学	168	68
14	京都・工学	22	64	14	京都・経済	166	64
16	中央・法学	21	63	14	明治・商学	166	60
21	明治・商学	18	60	17	一橋・経済	148	65
22	同志社・経済	17	62	20	関西学院・経済	128	59
24	一橋・商学	15	65	20	同志社・経済	128	62
31	法政・経済	13	56	31	明治・政経	100	61
39	関西・経済	12	57	33	法政・経済	94	56
50	東大・文学	10	67	45	関西・工学	83	55

（注）　出典：旬刊誌『PRESIDENT』2007・10・15号「学歴格差大図鑑」p.35と39の表を基に必要と考えた部分を抜粋して作成している。

　表（2-11）の「ランキング」であるが、上場会社といっても、売上高ひとつとっても50億円以下の会社から10兆円以上の会社があるので、単純に数字（人数）だけ比較して、どれほどの意味をもっているのか、不確かなことではあるが、大学間格差・偏差値格差にほぼ連動しているものと理解することが可能なようである。

　就職力・出世力・年収力ランキングで、1位から3位までを慶應義塾大学が、4位と5位に東京大学が占めているが、東京大学・法学部は高

級官僚養成大学の性格をもっているので、省庁の局長クラス並びに関連団体の理事長や理事職を加えると、また、大きく変わってくるものと思われる。たとえば、平成18年4月1日現在、独立行政法人の役員の約30％が中央省庁のからの天下りである。国土交通省関係が最も多くて42人となっている。いまは、分割・民営化した、かつての道路公団の総裁は、国土交通省（旧建設省）から長年その椅子を温めてきた。このように、上場していない団体・機関の長に国立大学とくに東京大学卒が、多数、存在している。

　ところで「学歴格差大図鑑」（p.62～64）によれば、大手商社の採用担当者の声として「東は法政大学、西は関西大学が採用のぎりぎりの許容ライン。それ以下の大学の卒業生は無理に採用する必要はない。」という意見を掲げている。このように、一流企業の採用担当者には、厳然として「大学のランクによる採用ライン」がある。上場企業、一流企業に就職するためには、少なくとも偏差値55以上の大学を卒業している必要があり、法政大学、立命館アジア太平洋大学などの偏差値55前後の大学が、上場企業に就職できるかどうかの分水嶺になっているという。

　また、同図鑑よる偏差値指数は、次ページに示した表（2－12）ようになっている。

表（2-12）偏差値指数別大学一覧表

区分	指数	主 要 な 大 学 名
1	68	東京
2	65	京都、慶應義塾、一橋
3	63	大阪、早稲田
4	61	東京工業、名古屋、津田塾、上智、立命館
5	60	北海道、東北、神戸、中央、同志社、
6	59	筑波、明治、立教、金沢、千葉
7	58	大阪府立、青山学院、学習院、関西学院
8	57	埼玉、広島、南山、明治学院
9	56	大阪市立、関西、日本女子、法政
10	55	横浜国立、成蹊、東京理科、成城、
11	54	首都大学東京、新潟、立命館アジア太平洋
12	53	東京農業、静岡、甲南、龍谷
13	52	専修、國學院、近畿、京都産業
14	51	東京海洋、帝京、松山
15	50	東海、亜細亜、神奈川、駒澤

（注） 1 旬刊誌『PRESIDENT』2007・10・15号「学歴格差大図鑑」p.63の図表を基にして参考になると考えた大学を抜粋して作成している。
    2 東京という名の付いた大学は幾つもあるが、東京はいわゆる東京大学である。また、京都も京都大学である。

　表（2-12）において、東の法政大学と西の関西大学は偏差値指数が56となっている。この線が採用のぎりぎりの許容ラインだとすると、それ以下の偏差値指数ゾーンに属する大学の卒業生は無理に採用する必要はない学生とみなされることになる。ごく普通に就職するつもりの学生にとって、大変重要なことである。問題は大学そのものではなく、あくまでも「個人の問題」であるとしても、ブランドで評価されてしまうところにある。

　なお、この表において、私なりに問題（疑問）があると思われる点がある。首都大学東京が54、横浜国立大学が55で、明治大学の59や法政大学の56より低い指数になっていることである。前者のほうが、後者よりも明らかに上だと思っているからである。首都大学東京の関係者に

言わせると、4つの大学が統合されて1つの大学になった関係で、平均値としての偏差値指数が低下したのではないかということである。そうであれば、3つの大学が統合されて1つの大学になった大阪府立大学が58で、首都大学東京の54よりも、4つも高いことの説明がつかない。いずれにしても、首都大学東京の母体が都立大学であることを考えると、54という偏差値指数は低すぎると思われる。

(6) 学習意欲格差問題と日本経済発展の憂い

　平成19年の春に実施された「全国学力テスト」(全国学力・学習状況調査)の結果が、発表の範囲、区分などその可否が問われながらも、同年10月24日、発表された。予備調査などを含め78億円の経費がかかっている。このテストは、昭和31年にサンプル調査として始まり、昭和36年に中学2～3年生を対象とする全員調査になった。しかし、競争が過熱するという批判が出て、昭和39年に中断した。今回のテストは、中学校では43年ぶり、小学校では初の全員調査である。

　全国学力テストの結果、基礎知識の定着に対して「知識活用力の弱さ」が浮き彫りになった。これまで、文部科学省は「ゆとり教育を通して思考力が付く」と主張してきた。しかし、何回となく、指摘されてきた弱点が克服されていないことが明らかになった。「読解力や応用力の弱さ」は、経済協力開発機構(OECD)の学習到達度調査などで、繰り返し指摘されてきたことであり、「知識の活用力に課題がある」ことがはっきりした、ということが大方の見方である。しかし、筆者は「学習意欲の低下に問題がある」と考えている。そのためには、学校教育において「学びの楽しさ」を、知識が身に付くことによって「生きる楽しさ」を教えていく必要があり、それがうまく根付けば、自然に、より多くの児童・生徒が学習姿勢を高めるものと考えている。

　神門善久は『日本の食と農』(p.18)のなかで、「多くの大学生に接しているが、中学・高校の数学はおろか、九九や分数の計算ができない大学生を見つけることは、けっして珍しくなくなった。＜中略＞大学に基

礎学力対策が要望されるのは、＜中略＞中学・高校での勉強がないがしろにされ、危機的なまでに基礎学力が崩壊」しているからであると、説明している。

　そのような背景もあって、大学生活を円滑に進められるようにと、全大学の70％が新入生に対して、基礎的学習方法を教えているという課外教育を実施している始末である。

　平成２年度に507校であった四年制大学が、17年後の平成19年度には756校と、249大学（49％）も増加している。また、既存大学の学部新設などがあるので、定員数は大幅に増加していることになる。18歳人口が減少するなかで、進学率も24.6％から47.2％に、ほぼ倍増している。このように、大学の経営環境は明らかに悪化している。そのため、学ぶ意欲もない、目的ももっていない、学力も低い、そのような学生をなりふり構わず、集めている大学がある。当然、日々の授業についていかれない学生が生まれてくることになる。

　教育再生会議委員の葛西敬之（よしゆき）ＪＲ東海会長は、日本経済新聞『非効率是正が急務』（経済教室）のなかで「初中等教育の根本は基礎中の基礎である読み・書き・算数を必要十分で効率的に学ばせること、それが世界の常識である。」として、全国学力テストの結果に関連して、授業時間などに関する国際比較などをしている。文部科学省は、ゆとり教育による学力低下の反省から、主要科目の授業時間数を増加させているが、主要国との比較において、まだまだ不足していると批判している。一例として、以下に示した表（2－13）を掲げた。

表（2－13）年間総必修時間と国語の時間数の比較表

	年間総必修時間		国　語		算　数		その他	
	時間数	差異	時間数	差異	時間数	差異	時間数	差異
イギリス	889	180	251	104	207	94	269	△41
フランス	830	121	237	90	169	56	297	△13
日　　本	709	－	147	－	113	－	310	－
日本新要領	735	26	149	2	131	18	－	－

(注)　1　年間総必修時間は、1年間の総必修時間と国語、算数等主要教科科目の時間である。
　　　2　日本新要領は、ゆとり教育の見直しによる新しい予定時間数である。
　　　3　差異は、これまでの日本の教育時間数との時間差異である。
　　　4　その他は、主要科目（国語、算数、理科、社会）以外の授業時間数で、改定以後の時間数も従来とほとんど変化がないとされている。
　　　5　日本経済新聞「経済教室」（平成19年11月9日　朝刊）の記事のなかから関係のあるものを抜粋して作成している。

　年間総必修時間を対比すると、イギリスよりも180時間、フランスよりも121時間少ない。イギリスとフランスにおいて、塾学習がどのようになっているか不明であるが、日本の一部の児童や生徒は塾で学習しているので、その時間に配慮した年間総学習時間を対比した場合どのようになっているのかが重要になってきている。塾学習は、学校教育の不足を補っているという点で、重要な役割を果たしているが、単に年間学習時間の問題だけでなく、経済格差という親の所得格差の問題を浮き彫りにしている。貧困家庭では、学習塾への支払い能力がなく、学習機会を失わせているからである。
　国語の時間を対比すると、イギリスよりも104時間、フランスよりも90時間少ない。母国語は極めて大切であり、単にしゃべれるということだけでなく、言葉や漢字の意味を十分に理解していないと、書物に書かれている深い意味を理解することができないようになってしまう。また、社会や歴史など関連科目の理解も低いものになってしまう。算数の時間を対比すると、イギリスよりも94時間、フランスよりも56時間少ない。算数は計算の基礎であり、脳の活発な働きに影響するものであり、やはり国語の時間と同様、もっと多くの時間を割いて、基礎的知識の向上を図る必要があると思われる。葛西敬之ＪＲ東海会長は、この『非効率是正が急務』のなかで、ゆとり教育の弊害として「子どもたちの社会性や自発性の欠落という学力以外に及んでいる。」とし、また「長時間学校に拘束されるのに十分な基礎知識を与えられない子どもたちはその不足を塾で補わなければならず、自由な時間を奪われている。」と批判している。
　ところで、ゆとり教育からの脱皮を意図する「新学習指導要領」の実

施に当たって、文部科学省は教員の定員増加と待遇改善を求めている。1クラス30人の教育などがその骨子になっている。これに対して、葛西敬之は「ことの本質は教員の定員問題ではなく、教員の質の向上、教育行政の近代化と学校運営の効率化」であり、教員の定員問題の「第一の鍵は教員1人当たりの年間授業時間にある。」と、問題提起している。改善すべき事項（効率化の向上など）の事例として、以下に示した表（2-14）および158ページに示した表（2-15）の問題がある。（参考・日本経済新聞 平成19年11月9日 朝刊）

表（2-14）主要5ヵ国平均と日本の実態比較表

	教員1人当たりの年間授業時間			教員1人当たりの生徒数		
	5ヵ国平均	日本	差異	5ヵ国平均	日本	差異
小学校	846時間	578時間	268時間	18.6人	19.4人	0.8人
中学校	746時間	505時間	241時間	15.8人	15.2人	0.6人

(注)　1　日本経済新聞「経済教室」（平成19年11月9日 朝刊）の記事のなかから関係のあるものを抜粋して作成している。
　　　2　主要5ヵ国は、日本、イギリス、フランス、ドイツおよびアメリカである。

　教員1人当たりの年間授業時間は、主要5ヵ国平均値と比較して大きな差異がある。日本を除いた4ヵ国の平均値と比較するとその差異はもっと大きくなる。なお、教員1人当たりの生徒数にはそれほどの差はない。したがって、ひとつの方策としては、行政の求める報告書の作成などの授業時間外労働時間を見直して、授業時間を増やすようにすることが、定員増加を図るよりも先に検討すべき課題といえる。

　現在、幾つか実施されている各種の調査によれば、日本の小・中学校の生徒は「努力すれば報われる」と思っている割合が、欧米やアジアの一部の国の小・中学校の生徒よりもだいぶ低いという結果が出ている。同様に、いわゆる三流大学と呼ばれている大学のなかにおいても、ここに在籍している学生のなかには、すでに競争心を捨てている者が多い。そのため、学習意欲が低く、勉強に精を出したがらない学生になってい

る。授業外に、勉強する時間が1日当たりゼロと回答する学生が多くいても、驚くに当らないのが実情であるという嘆かわしい報告がある。

ところで、最近の傾向としては、大学院の修士課程に進学する院生が増加している傾向がある。したがって、大学院の平均的レベルは低下する。いまの大学院は、昔の大学のレベルであり、いまの大学はかつての高校のレベルであると揶揄されている。それは、昭和30年代と比較すれば、数字的に明らかである。昭和30年代の初期では、高等学校に進むのは50％程度であったことを考えれば、いまの大学に進学する学生が高卒の50％程度であることからも、そのような揶揄が的を射ていることになる。重要なことは、全体的な視点から見て、国民の平均的レベルが上がっていかないことにある。

3 格差社会の発生と拡大

(1) 所得格差―中流意識の台頭と消滅―

昭和50年代後半から60年代にかけての、いわゆる「バブル経済」の時期、日本の多くの国民が「自分たちは中流に属する」と意識し、生活をエンジョイしていた。土地が値上りし、賃貸用マンションを購入して、所得税法上の「損益通算」で還付金をもらっては喜んでいた。また、株価の値上りによる「資産効果」で、消費購買力が高まり、海外旅行やブランド品の購入が流行し、国家経済の成長を高めていった。

所得税法上、10種類の所得がある。そして、損益通算とは以下のことである。たとえば、給与所得者（サラリーマン）がもらっている給与は「給与所得」となり、また、アパートやマンションを貸していれば「不動産所得」となる。そして、そのアパートやマンションを全額借入金で購入すれば、減価償却費と支払利息で、ほとんどのケースが赤字となり、このマイナスの不動産所得と給与所得を合算すれば、合計所得金額は小さくなる。この合計することを「損益通算」と言う。その結果、

給与で天引されている源泉所得税の一部が還付されるという仕組みである。この制度を利用して、多くの人が不動産投資に走った。

通常の金融機関（主として銀行）は、購入価格の80％程度までしか融資しなかったが、他の金融機関（預金業務のないもの、いわゆるノン・バンクなど）では、購入価格そのものまで、場合によってはオーバーローンといって、購入価額以上の融資を行っていたところがあった。それらはリスクが高いので金利も高かった。一例では8％以上、ときには10％台もあり、融資利用者はこの支払利息を経費に算入できたのである。また、通常、不動産会社のローン審査では、年収の5倍までを融資枠の限度として設定していた。しかし、それ以上融資した金融機関もあり、そのようなところで、多額の不良債権を発生させていた。

ところで、バブル経済抑制策の一環として、税制が改正され「土地部分に係る支払利息は赤字になった時点で損金に算入しない」ことにされた。購入時点で認められていた制度を変えてしまったのである。税法の改正は、通常は、将来に向かって適用するものであるが、本件改正は過去に遡及して適用させるというもので、一種の悪法で、確かに遡及させることによって抑制効果は上がったのであるが、問題ある改正であった。バブル経済崩壊後、融資利用者は塗炭の苦しみを背負うことになったが、税の再改正はなかった。

また、資産効果とは、以下のことを言う。たとえば、株式を保有していたとする。昭和63年末には、日経ダウ平均が4万円近くまで暴騰していた。不動産とくにマンションは、買えば値上りする。その担保価値の高騰により、さらに借金してマンションを購入しているケースが幾らもあった。それにしても、株価や不動産の値上りによって「懐(ふところ)具合に余裕ができた」ということで、キャッシュとして実現（入手）してはいないが、金持ちになった気分で、消費（購買）に金銭を向けていた。リッチな気持ちで買い物をし、旅行に出かけたりしていた。この時期、1泊5万円、8万円もする旅館が予約でいっぱいということをよく耳にした。このお金は手にしていないが、金持ち（資産価値の値上り）になった気分による消費の高まりを「資産効果」と呼んでいた。多くの人々

が、人生を謳歌し、誰もが「中流意識」で、経済の崩壊など夢想すらしていない時代であった。

この当時、大手都市銀行が一般のサラリーマンに「金を貸すからゴルフ会員権（券）を買わないか」と、系列関係のゴルフ運営会社のゴルフ会員権の販売（勧誘）を積極的に行っていたくらいである。ゴルフ運営会社に融資して、ゴルフ場を造成させ、ゴルフ会員権を販売して資金を回収していたという構図である。そこでは、日本では「貧富の差がなく、皆、中流である」という常識が蔓延していた。しかし、バブル経済が崩壊して15年以上が経過したその間、個人の経済事情は回復せず、むしろ、高齢化社会になって、貧富の格差が拡大している。人はこれを「失われた15年」と呼んでいる。もうじき20年が経過しようとしている。

中流意識をもっていたほとんどの人たちが、いまでは「中流ではない」あるいは「中の下」であると意識するようになっている。それだけ大きく変化しているということである。この非中流意識あるいは貧富格差の拡大が、学校経営に大きな影響を与えている。学費負担能力が低下しているからである。

現在、さまざまな格差が拡大している。それは、まず「所得格差の拡大」という形で現れている。小泉元首相が国会で「格差はどの社会にもあり、格差が出ることは悪いことではない」と答弁している。その意味するところを誤解しないことが大切である。努力の効果や能力の発揮には、個人差がある。そのようなことを無視して、すべてに平等、公平というのは、かえって不平等、不公平を意味しているからである。努力してもしなくとも、業績を上げなくとも、平等に給与が支給されるならば、努力などしないようになってしまう。したがって、格差があってしかるべきなのであるが、次に「格差の程度」が問題になってくる。あまり大きな格差は、かえって不平等、不公平に映るからである。しかし、現在、格差は明らかに拡大している。

かつては主として富裕家の児童・生徒だけが私立の中学・高校に通っていたが、いまでは、ごく普通のサラリーマン家庭の児童・生徒も通っ

ているのが常識になっている。昭和30年代の前半では、高校に進学する者は半分程度であったが、昭和50年代以降では、ほとんどの生徒が高校に進学している。この時期、たとえば、神奈川県の事情を見ると、身障者などの一部の者を除くと、ほぼ100％が高校に進学している。したがって、学業についていけず退学していく生徒が少なからずいた。一部のケースでは、公立高校に入れない者が私立高校に入学している。

　しかし、昭和の終わりに近い時期から平成の時代になると様子が多少違ってくる。公立の中学・高校の環境・教育・知的水準が低下してきたことにより、私立の中学・高校に通わせる親が増えてきた。有名公立高校に入学させても、一流大学に入学できるとは限らない。有名私立高校の評価が高まっていることもあって、私立志向が強くなっている。すると、水準の高い生徒と低い生徒が私立に集まってくる。ところが、中学から大学まで私立に通わせるとすると、子ども1人で、ざっと1,500万円の負担になるという試算がある。2人で3,000万円である。中流階級が減少している現在、その下の階級にとって、この教育費の大きさは大きな負担になっている。

　中流階級の激減は、給与の減少に現れている。国税庁が、平成19年9月28日、発表した全国の民間企業従事者の「民間給与実態統計調査」では、年間収入が9年連続して減少している。平成18年の平均年間収入は435万円で、9年前に比較して33万円弱の減少である。平成19年11月以降、ガソリン、ビール、タクシー、ティッシュペーパーなど諸種の生活用品の価格が上昇し始めた。一層、生活が苦しくなっていく気配を示している。

　平成18年中に支払った給与総額は200兆346億円で、対前年比1兆5,456億円の減少となっている。他方、所得税額は9兆9,321億円で、逆に、対前年比8,957億円の増額となっている。これは定率減税廃止の影響と考えられるが、結果として、より一層、可処分所得が小さくなっていることを意味する。（参考・週刊『税務通信』平成19年10月8日号　p.11）

　このような経済的・社会的な環境を十分に考慮しておかないと、学力低下学生の退学および授業料支払い能力不足による退学者が出てくるこ

とによって、在籍学生数の減少を生み、大学経営に大きな影響を与えることになる。

(2) 資産格差―富裕階層と貧困階層の拡大―

これから高齢化社会を迎えていくときに、大きな問題が発生している。それは「無貯蓄世帯の増加」である。金融広報中央委員会の「家計の金融資産に関する世論調査」（平成18年）によると、全体の世帯に占める無貯蓄世帯の割合が22.9％になっている。4世帯のうち1世帯が無貯蓄世帯である。無貯蓄世帯が最も多いのが、年収300万円以下（収入なしを含む）の世帯である。しかし、驚かされるのは、年収1,000万円以上の世帯のなかにも16.1％いるという事実にある。

主たる原因は「多重債務化」である。さらに、その原因を辿ると、平成2年では「遊興・飲食・交際」が43.0％でトップに、2位が「贅沢品などの購入」となっていたが、15年後の平成17年では「生活費」が36.5％でトップ、2位に「収入減少・失業・倒産」となっている。平成2年当時は、まだ、バブル経済の余韻が残っていたときであり、ゴルフ場などでも、社用族が横行していた。金融の総量規制が施行される前のことであり、バブル経済の崩壊が認識されるにいたっていない頃で、まだ「皆中流意識」が根強かった。自業自得といえる。

しかし、平成17年の「生活費」は深刻である。年収200万円以下の低所得者層が1,000万人を突破し、300万円以下を含めると、全体の38.8％にも達している。それが、9年連続の減収に現れている。他方で、年間所得2,000万円を超える高所得者が、男性で20万3,000人、女性で2万人となっていて、平成2年当時の2倍以上になっている。このように、収入と所得の面において二極化が進んでいる。高所得者は、高額住宅を購入するなどして「住宅取得による税額控除」を受けるなど、税制面での恩恵を受けることができる。ところが、低所得者層は住宅も購入できないなど、保有資産の格差が次第に拡大している。（参考・『PRESIDENT』2007・5・14号、同7・2号）

日本銀行が、平成19年3月23日、発表した平成18年12月31日現在の「資金循環統計」（速報）による「家計が保有する金融資産」は1,540兆8,000億円で、1年前に比較して、1％増加している。金融資産のうち現金預金は、778兆6,000億円で、0.5％の減少となっているが、いまだに全金融資産の50.5％を占めている。また、その半年後の平成19年6月30日現在、日本銀行が、平成19年9月18日に、発表した「資金循環統計」（速報）による金融資産は1,555兆4,000億円で、14兆6,000億円の増、年率にして、約2％の増加となっている。
　そして、国民1人当たり、もしくは1世帯当たり「幾ら」になるかという計算をしている機関がある。しかし、それはあまり意味がない。「平均値の誤り」があるからであるが、ともかく、日本銀行が主要5ヵ国間で比較したところによると、国民1人当たり金融資産は、アメリカが1,500万円で1位になっているのに対して、日本は1,400万円で2位になっている。（参考・日本経済新聞 平成19年9月18日 夕刊、平成19年1月1日 朝刊）
　「家計が保有する金融資産」という括りで説明されているが、このなかには、学校法人、宗教法人および協同組合などが含まれているという。したがって、純家計の保有部分は50％強と計算されている。しかも、100億円以上保有している個人が数千人以上いる。また、50億円以上100億円未満の金融資産を保有している個人が数万人単位でいるという。これらの個人は、金融資産だけでなく、不動産などの他の財産も多く保有している。上記に示したように無貯蓄世帯が増加している傾向のなか、圧倒的な財産保有者がいる。したがって、極一部の大金持ちを除くと多数の小金持ちがいるという図式になる。このように、財産の保有格差が拡大している。
　世帯ごとの所得のバラツキを示す指標である「ジニ係数」が、平成17年に0.5263と過去最高になった。この指標は、ゼロから1までの数値で示し「1に近いほど、所得格差が大きい」ことを示している。総務省が、平成18年11月13日に発表した「全国消費実態調査」によると平成16年のジニ係数は0.278であった。調査時点が相違するものの、日本

の数値は、ドイツやスウェーデンよりも所得格差が大きいが、アメリカやイギリスよりも小さい。経済協力開発機構（ＯＥＣＤ）加盟国のうち比較可能な24ヵ国のなかで、12番目でフランスと同順位であった。

　ＯＥＣＤが、平成18年6月26日に開催した「対日経済審査会合」において、同機構事務局が「国際比較で見ると、日本はもはや平等な国ではない」とし、さらに、所得格差を示す「相対貧困率」や「ジニ係数」などの指標から「ＯＥＣＤの平均よりも格差が大きい国になった」と、主張している。（参考・日本経済新聞　平成18年11月13日　朝刊・平成18年6月27日　夕刊）

(3) 進学格差―階層格差と大学進学率の問題―

　格差が拡大しているなかで、日本経済において、家計部門が頑張っている。家計が保有する総資産から負債を差し引いた純資産が、平成17年12月31日現在、2,166兆円になっている。純資産が増加している傾向にあるが、とくに株価の上昇による影響が大きい。そのような経済環境のなかで、厚生労働省の調査によると「貧しくなった層」が82％に達しているのに対して、「豊かになった層」は18％しかない。しかし、これはフローの世界のことであって、実際には、ストックの財産が重要な役割をしている。たとえば、金融資産を持っている家庭は、配当所得も多いのが実際である。

　そのような背景の下「家計の所得格差」が、進学に大きな影響を与えている。家計に占める教育費が重要な要因になっている。東京大学助教授小林雅之は、日本経済新聞「教育」（女子の私大進学高所得50％、低所得20％）によると、高等教育全体（大学、短期大学、専門学校）への進学率をみる限り、所得1,000万円超の高所得層と400万円以下の低所得層との間の差は小さく、私立大学進学率では、差が現れていて、とくに短期大学と専門学校では、中低所得層で高い数値を示しているという。その関係は、次ページの表（2－15）に示しているような関係にある。

表（2-15）所得層別進学格差の比較表

	所得層別の区分	男　性	女　性
高等教育全体	高所得層	72.5%	87.6%
	低所得層	62.4%	69.0%
私立大学進学	高所得層	48.1%	49.7%
	低所得層	31.2%	20.8%

（注）　出典：日本経済新聞「教育」（平成18年10月23日　朝刊）の記事のなかから関係のあるものを抜粋して作成している。

　日本の進学格差は、アメリカやイギリスに比較して小さい。その要因は、子どものために教育費を親が負担している家庭の存在にある。基本的要因は、宗教とか「個人の存在価値の意識の相違」にある。たとえば、アメリカでは、特定の個人が成功して、その企業（ビジネス）を子に引き継がせることがあったとしても、人によっては、それ自体に価値があるうちに売ってしまおうと考える人がいる。しかし、日本的風土では、多くの人たちが、何とか、子に承継させたいと考えている。また、イギリスでは、18歳を過ぎると、一般的に独立する。親元を離れて生活することが多い。日本では、30歳代（独身者）になっても、親の家に住んでいるケースは、決して珍しい現象ではない。日本ではこのようなことからも、親の子に対する（丸）抱えの生活環境がある。

　日本では、無理してまでも、親が教育費を負担していることが、低所得層の大学進学を可能にしている。それが、一層、生活格差を拡大させている。ところで、イギリスでは、基本的に大学は国立であり、授業料が安いので、親の支援に依存しない進学を可能にしている。また、スウェーデンでは、授業料は無償で、生活費の約30％を公的な給付奨学金で賄うことができる。なお、それでも不足する分は、親の支援かアルバイトで賄うことになる。日本では、教育費の捻出に無理する家庭の存在が、大学進学の所得階層別格差を顕在化させていないということにもなっている。（参考・日本経済新聞　平成18年10月23日「教育」朝刊）

　しかし、進学そのものではなく、一流大学への進学を問題にしたとき、実際には、所得階層別格差が大学進学格差に如実に現れている。ま

た、前記の「教育」のなかでは、所得1,000万円超の高所得層と400万円以下の低所得層と2つに分けている。しかし、実感的発想からいえば、高所得層といえるのは、一定規模の住居（ローンがないかほとんど返済負担のない家庭）を持っていて、所得（課税所得）で2,000万円超もしくは収入で3,000万円超の層ではないのだろうか。低所得層が400万円以下ということについては、特段の問題意識はない。そして、この2つの間に挟まる中間層が、いわゆる「中流階層」に相当するのではないかと考える。この中流階層の大学進学の状況が問題になる。というのは、この中流階層に属する家庭が、人口分布上、一番多いからである。

(4) 生活環境格差―所得格差の発生と拡大―

日本の所得格差は、明らかに拡大している。その根底に教育の問題と本人の向上心（高い意欲）の有無がある。そして、格差は統計的にはっきりしているし、拡大していく傾向にある。この傾向の原因に人口の高齢化がある。また、若年層における所得格差も拡大している。それはフリーターやニートの存在とその継続化に原因があり、現在、政治問題化している。なお、フリーターやニートが原因であるというよりも、むしろ結果であって、そのような社会的現象が生まれてきた、原因を究明して、その解消に向けた対策を講じなければならないのである。

日本でいま起きている所得格差の発生理由としては、以下のことが考えられている。

① 単身世帯の増加

単身世帯（ひとり暮らし）といっても、ここでは大学生のように親元を離れて生活している者たちは考慮していない。大学を卒業して単身で生活している独身者（若い男性のほかOLを含む）が多くなっている。これらの人たちは、月給が20万円台として（多くても30万円台）、家賃や水道光熱費、食費、衣料費などの固定費を差し引くと、

決して楽な生活を送っていられるというわけではない。会社関係者の話しによると、最近の若い者は、飲み会に出てこないし、ゴルフもマージャンもやらない。1回2万円もするゴルフを月1回プレーする余裕などないという。

若くなくとも、単身赴任者が多くなってきている。これらの人たちは、かつては家族で転勤していたが、子どもの学校問題などで単身赴任となり、生活費が嵩むことになる。2つの生活拠点を維持していくのは、結果として、余計な費用が掛かるのである。最近の経済統計において、輸出産業を始めとして、企業業績が好調であると発表されているが、国内経済はあまり活況を呈していない。国内総生産（GDP）の60％を占める個人消費の実態が読みにくいという事情がある。そこには「家庭調査の有効性」がかかわってくる。最大の問題はサンプル数が約8,000世帯と少ない点にある。また、全世帯の約30％を占める単身世帯を含めていないことにある。この世帯の生活力が問題なのである。

とくに重要なことは、高齢の単身者に貧困者が多いことと貧困度が高まっていることである。統計上、1人身の者のほうが貧困度が増している。老夫婦は年金生活者であり、年金だけが頼りの生活では、満足な生活は困難である。1人身になった場合、話し相手もなく生活の楽しみが低下しているという。

平成21年1月10日、70歳の老婦人が電気を止められ、ローソクの生活をしていて火事を起こしたケースが報じられている。生活保護の申請直前の事件である。

また、数年前に起きた事件であるが、金がないため食糧を買えず、1週間、水だけ飲んでいた高齢の姉妹が餓死するということがあった。また、金がないため健康保険に入れず、体調を崩しても診療代（自費）を払えず、病院に行けずに死んでしまったという事件もあった。このいずれもが、条件的には生活保護が受けられたのであるが、拒否されていた。世界でもまれにみる豊かな国、日本において起きてしまった痛ましい事件である。

いずれにしても、未婚化や晩婚化、離婚率の上昇など、単身世帯が増加している。総務省の平成17年の国勢調査では、全国の単身世帯の割合が29.5％と、この20年間で8.7％上昇している。都道府県別では、東京都の42.5％が一番高い。東京の場合、大学を卒業してそのまま就職し、単身世帯となることが多い。このように、雇用機会の多い都市部は若い労働力を引き付けるが、他方において、晩婚化による単身者も多い。(参考・日本経済新聞 平成19年10月5日 朝刊)

　国立社会保障・人口問題研究所によると「65歳以上の単身世帯」は、平成17年で386万世帯であったものが、20年後には、680万世帯となり、全世帯の14％近くになると予想している。

② 所得配分の不平等度（賃金格差の拡大）

　もうひとつの問題として賃金格差の拡大がある。昭和50年代、第二次オイルショック以降、日本では、所得の分配の不平等化が拡大していった。バブル経済期において、一層、拡大が早まった。

　とくに問題にしなければならないことは、バブル経済の最中、株式や土地を保有する者はより富み、つまりバブルの恩恵を受けていた。そして、持たざる者はその恵みを享受することがなかった。不保有者には「資産拡大効果」がなかった。その意味では、経済成長は不平等な結果をもたらしていた。ところが、バブルが弾けると、あまねく国民に平等に影響をもたらしていった。つまり、長期の不況下において、賃金カットや就労機会の減少、企業倒産による離職など、持つ者、持たざる物、すべての範囲に拡散して影響を及ぼしていったのである。ここに所得格差が拡大したひとつの理由がある。

　さらに、最近問題になっている賃金格差の拡大は、正規採用の職員（従業員）と非正規のパート・アルバイトなどの臨時雇用職員（非正規労働者）の増大である。いわゆるフリーターもこれに分類される。彼らの収入（時間収入）は正規のそれと比較して、半分以下である。たとえば、年間収入300万円以下であったとして、フリーターのケースでは、それでもよい方の部類に属している。生活費を除くとほとん

ど残り（余裕資金）はない。親元に住んでいる場合はよいとしても、両親が死んでしまったらどうするのだろうか。ニートの発生も問題である。ニートは収入がない。よほど遺産がない限り両親が死んだら生活できないことになる。

　格差拡大の一因は、賃金水準の低いパート、アルバイト、派遣・契約社員などの非正規労働者が増加していることにある。総務省の「労働力調査」によると、平成18年春の非正規労働者数は1,647万人で、小泉政権発足前の平成13年2月に比べ287万人も増加している。

このように、日本の所得格差（不平等の程度）は、確実に拡大している。先進諸国のなかでもとくに高まってきている。日本以外で格差の高い国は、イギリスとアメリカである。また、イタリアとポルトガルも格差は高く、一般的には発展途上国ほど格差は広がっているといわれている。

　OECDの調査によると、日本の貧困率は15.3％で、加盟国のなかで第5位である。1位がメキシコの20.3％、2位がアメリカの17.1％である。OECD全体の平均値は10.7％、北欧諸国は4～6％台で、かなり低い貧困率となっている。このように国際的にみて、日本はとくに高い貧困率となっている。これは大きな政治的課題である。これから、他の国々より速いスピードで、高齢化社会（消費者サイド）に向かっている日本にとって、一番高い社会保障費を負担していかなければならないからである。

　供給者サイド（負担する若手勤労者）は少子化で限られているから、社会保障費の負担は大きな問題である。従来の日本の雇用システムが変化していることも、所得格差を生んでいる理由のひとつである。しかも、この変化は急激な変わりようで、それが格差を拡大させている。

　それが先述した正規労働者と非正規労働者であり、バブル崩壊後、多くの企業が早期退職を促し、他方において非正規労働者を多用した。彼らは賃金が安い上に、雇用期間（時間）が短く、雇用条件が不安定である。

　平成17年の国民所得のうち家計に回ったものは、対前年比0.4％の上昇になっている。賃金は横ばいであったが、配当所得が51％と急増した。

そして、企業が国際経済を睨(にら)んで、企業価値向上の一環として、増配する企業が増加しているので、さらに平成18年と19年の個人所得に占める配当所得が増加している。このようにして、資産効果が出ているが、それは資産を保有している家庭に富をもたらすもので、持たざる家庭が多いことを考えると所得格差は、一層、拡大していくことを示している。

(5) 生活条件格差―生活保護家庭の増加―

　大学への進学、とくに一流大学への進学率の関係からいえば、家庭環境が大きな影響をもっている。一流大学へ進学する学生の多くの家庭は「所得格差・資産格差の勝ち組」である。お茶の水女子大学教授耳塚寛明は、日本経済新聞「まなび再考」（平成19年12月3日　朝刊）において「私たちの調査によれば、子供の学力は家庭の経済力と保護者の学歴期待によって規定される。」と、また、「まなび再考」（平成18年10月2日朝刊）では「世帯所得と学力にも強い関連がある。＜中略＞家庭の経済力による学力格差の存在にはもはやだれも驚かない。」と記述している。このことは重要なことである。社会的不平等が「生まれたときの環境」によって決定づけられていることを意味しているからである。

　生活保護の受給者は、平成18年度末現在、151万人に達している。そして、年金の不十分な高齢者と母子家庭などの受給者が増加している。生活保護費は、年間約2兆円に上っている。そして、母子家庭を中心とする貧困家庭層の生徒は、大学への進学が閉ざされていることになる。学力格差があるとしても、なかには学習意欲があり、また、一定の学力がある生徒がいることも確かなことである。これらの生徒に、奨学金の交付など、進学の道を開いていくことが、大学事業者（経営責任者）に求められている。これから少子高齢化社会を迎え、労働人口の確保と人材の育成（人財）が緊急の課題になっていることもあり、必要な施策である。

　わが国では、人口の高齢化と世帯規模の縮小、女性雇用機会の拡大、

扶養意識の変化などによる家庭での介護能力の低下により、高齢者を取り巻く状況はその複雑さを増してきている。総人口における65歳以上の高齢者人口の占める割合（高齢者率）は、昭和25年には4.9％であったものが、平成16年には19.5％を占め、今後も大幅な増加が続き、平成27年には26.0％に達するものと推定されている。

　少子高齢化の急速な進行、長期にわたる景気の低迷と厳しい雇用状況、核家族世帯・高齢者世帯の増加など家族構成の変化、女性や高齢者の積極的な社会参加など、市民の健康を取り巻く社会環境は大きく変化してきている。このように変化しつつある社会的環境のなかにあって「生活保護等の制度」は、日本国が実施している行政のなかでも重要な位置を占めている。

　生活保護制度は生活困窮に陥った国民の「最後のよりどころ」として重要な役割を担っている。生活保護の給付は、生活扶助、住宅扶助、教育扶助、介護扶助、医療扶助、出産扶助、生業扶助、葬祭扶助の8種類となっている。平成18年度における都市部での標準3人世帯における基準額は、月額16万2,170円で、平成19年度は月額15万408円となっている。ここで重要なことは、厚生労働省の「生活扶助基準に関する検討会」の報告によると、低所得者の生活費が月額14万8,781円で、生活保護家庭のほうが、低所得の勤労家庭よりも1,647円高くなっていることにあるという。これでは「働かないほうがいい」ということになってしまう。

　川崎市の場合、同市の包括外部監査報告書（平成18年度版）によると「川崎市の被保護人員は、平成4年度の8,922人を底として、その後は上昇に転じ、平成17年12月には2万3,833人となり、保護率（人口1,000人に対する被保護者数の割合）も平成4年度の0.75％を最低値として、平成17年12月には1.79％に上昇している。」となっている。

　生活困難に陥る原因は、少子高齢化に伴う高齢者世帯の増加、失業による収入の減少、離婚の増加に伴う母子世帯の増加、そして、これらの要因の複合など、複雑化している。

① 生活保護の目的について

日本国憲法（昭和21年11月3日　施行日昭和22年5月3日）は、第25条で「すべて国民は、健康で文化的な最低限度の生活を営む権利を有する。」と定めている。それを実現するための具体的な法律として、生活保護法（昭和25年5月4日　法律第144号、以下「法」という）があり、本法により諸施策が推進されている。

法第1条では、「この法律は、日本国憲法第25条に規定する理念に基き、国が生活に困窮するすべての国民に対し、その困窮の程度に応じ、必要な保護を行い、その最低限度の生活を保障するとともに、その自立を助長することを目的とする。」と規定している。この定めは、（ア）「最低限度の生活を保障する」とともに、（イ）「自分で生活できるように援助する」ことが目的となっている。

② 生活保護の種類について

生活保護の種類とその主な内容は、次ページに示した表（2－16）のとおりである。

表（2-16）生活保護の種類とその主な内容一覧表

給付の種類	主　な　内　容
生活扶助	食費、衣料、光熱水費などの基本生活費、被服費、家具什器費、移送費、入学準備金
住宅扶助	家賃や地代、敷金や権利金など
教育扶助	中学卒業までの学用品、通学費、給食費など
介護扶助	介護費（居宅介護・福祉用具・住宅改修・施設介護）、移送費
医療扶助	医療費（診療・薬剤・入院費）、治療材料費、施術料、移送費など
出産扶助	出産の費用（児童福祉法の助産扶助を利用するためほとんど利用なし）、衛生材料費
生業扶助	生業費、生業に必要な技能修得費、高校就学の費用、就職支度費用
葬祭扶助	火葬または埋葬、納骨その他葬祭に必要な費用

　生活保護基準は、全国を6区分（1-1・2、2-1・2、3-1・2）に分けて具体的に定められており、たとえば、川崎市は1級地の1となっている。現在は、民間最終消費支出の伸び率を基礎に、一般国民の消費水準との調整を行い、改定率を定める水準均衡方式により決められており、昭和59年度以降の保護水準は、一般勤労者世帯の70％弱の格差を保っているとされている。

　③　保護の動向について
　全国的な保護の動向について触れると、昭和26年の制度発足直後の生活保護受給状況は、66万9,662世帯、204万6,646人、保護率2.42％であったが、神武景気、岩戸景気、オリンピック景気、イザナギ景気などを経て、昭和45年には65万8,277世帯、134万4,306人、1.30％にまで減少し、第一次および第二次の石油危機を経て、若干、上昇する時期があった。しかし、平成景気を経て平成7年には、60万1,925世帯、88万2,229人、0.7％と減少となった。その後、再び、増加傾向となり、平成

18年2月には105万5,326世帯、149万3,760人、1.17％となっている。川崎市においても、平成景気の影響で、平成4年度には6,279世帯、8,922人、0.75％まで減少したが、その後、増加を続け、平成18年6月では1万7,021世帯、2万3,940人、1.79％となっている。そして、その3ヵ月後の平成18年9月には1万7,080世帯、2万3,986人、1.88％に増加している。

④ 川崎市の状況について

川崎市におけるこれまでの5年間の歳出は、以下に示した表（2－17）のようになっている。全国的な傾向と同様に、川崎市においても、毎年、生活保護歳出金額が増加していく傾向にある。

表（2－17）生活保護歳出趨勢表　　　　　　　（単位：百万円）

給付の種類	平成13年度	平成14年度	平成15年度	平成16年度	平成17年度
生活扶助	12,060	13,564	14,763	14,994	15,015
住宅扶助	6,060	6,902	7,731	8,184	8,556
教育扶助	123	140	159	187	200
介護扶助	172	314	399	512	570
医療扶助	15,012	15,907	16,980	17,807	18,088
出産扶助		1			
生業扶助	2	2	4	7	100
葬祭扶助	78	86	91	109	115
小　計	33,507	36,916	40,127	41,800	42,645
施設事務費	180	183	186	184	200
合　計	33,687	37,099	40,313	41,984	42,845

（注）川崎市の生活保護費としては、上記生活保護扶助費の他に、事業実施に伴う事務経費および市単独事業費が含まれることになるが、ここには含まれていない。

生活保護家庭には、母子家庭が比較的多い。離婚、交通遺児、父親の逃亡など理由はさまざまであるが、厚生労働省が5年に1度実施している調査によると、平成15年時点の母子家庭は約122万世帯に達している。この数字は5年前から30％増加している。母子家庭が直面してい

る現実はとても厳しい。母子家庭の84.5％が就業しているが、そのほとんどがパートなどの非正規労働者である。母子家庭の平均年収は213万円である。しかも、この金額のなかには、手当や養育費が含まれているので、就業収入は171万円でしかない。このような環境の下で、パートなどの非正規労働者を、何年続けていても、貧困から抜け出すことはできない。

　現在の社会において、進学には、塾への通学が欠かせない。とくに、都心部では、20％以上の小学生が、進学志向の私立中学校に行くようになっていて、ほとんど塾に通っている。しかも、6年生からではすでに遅く、4年生から塾通いが始まっているという。貧困家庭では、塾へ行くことができず、能力と意欲があっても、一段上の学校に進学することが不可能になっている。このような人たちに救いの手を差し延べることが大切な施策であると考えるが、国家政策として、労働人口が縮小していくことが、確実に見込まれているなか、極めて困難な課題となっている。しかし、手をこまねいているだけでは手遅れになる。これからは、人材の育成だけでなく、「人財の蓄積」が、とくに必要になってくるからである。

(6) 向上意欲格差—ニートとフリーターの問題—

　先ほど示した日本経済新聞（平成19年12月3日　朝刊）によれば「生活保護の受給者は、平成18年度末現在、151万人に達している。」（厚生労働省「生活扶助基準に関する検討会」）ことになっているが、同新聞（平成19年9月29日　朝刊）によれば、平成18年度の生活保護世帯（月平均）が、前年度より3.3％増加して107万5,820世帯（厚生労働省「社会福祉行政業務報告」）になり、過去最高を更新したと記載している。統計上の数字に、なぜ、これほどの大きな差があるのか、不明であるが、このような差が発生しているということは、必ずしも正確な数字を把握していないということであって、福祉対策上、効果的かつ効率的な対策を打つことができないと考える。

また、もうひとつ問題が発生している。収入があるにもかかわらず申告しないなど、不正受給者が横行していることである。平成18年度の不正に受給された生活保護費は約90億円（１万4,600件）に達している。これは発覚したものであって、発覚しないものが埋もれている。その金額を信頼できる数字で推定することができていない。そして、他方において、受給資格があるにもかかわらず、認定されないことによって、死亡するなどの被害を受けている人たちがいる。さらに、働くことができるにもかかわらず、勤労に就いていない者がいるという事実があることである。これは、個人の意欲の問題であるとしても、その根底に教育の問題が潜んでいるものと考える。

　日本では「労働力人口」が明らかに減少している。目立つ傾向は若年男性の労働離れにある。とくに「ニート」に代表される「無業の若者」の増加である。「ニート」については、平成17年にいろいろな角度から取り上げられている。東京大学助教授玄田有史は、日本経済新聞「経済教室」（平成17年４月13日 朝刊）のなかで、ニートが生まれるのは「経済的に苦しい家庭であるという傾向が強まりつつある。」とし、また「自分の能力への自信の欠如が、ニートの特徴である。」という。

　就職や進学もせず、働く意思もないニートが増加している背景に「生きていくためには、お金が掛かるという厳しさを知らない。」という指摘がある。ニートは、親と同居している。生活費を稼いでいないから、同居せずには生きてはいかれない。当然のことである。かつては、生きるために仕事をした。職業の内容（選別）は、二の次でさえあった。収入を求めて、職を捜した。ところが、彼らには、生活する基盤（親の健在）があるから、仕事（収入）をしなくとも、生きていくことができる。

　そして、時代が流れ、家庭環境が変化していく。親の年金を当てに生きていくことしかできないニートが生まれているのである。頼りにしていた親が高齢者になって、体力を失っていくと、その親をないがしろにする者が現れている。高齢者への虐待の事例も、新聞などで報じられている。

　日本経済新聞（平成19年４月６日 夕刊）は、厚生労働省によると、平成18年で、ニート人口が約62万人いるという。そのうち、25歳未満の

若年層が43％である。そして、彼らは、そのまま歳をとっていくので、これから高年齢のニートが増えていくことを意味している。他方、日本経済新聞（平成17年3月23日　朝刊）は、内閣府「青少年の就労に関する研究会」の調査（平成14年実施）によると、ニートは約85万人に達し、10年前の約67万人に対して、27％増加していると報じている。なお、後者には「家事手伝い」も含まれている。ここにも統計の差異が起きている。

　また、フリーターの存在も問題である。フリーターのうち親と同居している「パラサイト・フリーター」が、全体の80％を占めている。フリーターは、年収が低いので、独り立ちの生活は困難である。そして、ある調査によると、子どもをもつ50代と60代の親に対する質問「30歳を過ぎたフリーターの子どもを養い続けるか」に、「養わない」と答えた親が77％いた。また、平成19年に話題になった言葉に「ネットカフェ難民」がある。彼らは、定職に就かず、定住することなく、長い時間をカフェで過ごしている。フリーターは「はたして、生きていけるのだろうか」、回答は困難としか言いようがない。

　ここで、大学事業の関連であるが、ニートとフリーターに対する教育の在り方が問題になってくる。根底に、日本のおかれた病状がある。日本私立大学連盟の「私立大学学生生活白書」（平成19年度版）によると、大学生の50％が「大学進学は学歴のため」と答えているとし、学生が「無理のない現実的な選択」をしていると分析している。また、日本、中国および韓国の小学生を対象にした調査で、「将来のために、いま、頑張りたい」と考えている小学生の割合が、中国と韓国では70％を超えているのに、日本では50％以下であり、向上心の低さが現れている。ここに、将来の日本を考えたとき、大きな問題が内在している。

　労働人口が減少していくなかにあって、ニートとフリーターなど、労働市場に参加していない者を、如何に「労働力として発揮させるか」という大きな課題がある。「人財」が眠っているからである。これは、第一次的に政府の政策の問題であるとしても、実際に関与するのは、高等教育関係者であるから、大学などの教育の出番と考える。本件の改革

は、第一番に本人の生活環境の改善に役立つことであり、次いで、国家経済の発展に寄与することにある。

4 新社会体制に向けた課題

(1) 日本の競争力と技術力など向上の問題点

これまで、日本の社会的・経済的成長の基盤を支えてきた技術立国日本の立場が危うくなっている。日本経済新聞が以下の表（2－18）に示したように幾つかの機関が発表した評価結果を掲載している。

表（2－18）日本の競争力比較表

①世界競争力順位			②情報技術競争力順位			③世界競争力順位		
	06年	05年		07年	06年		07年	06年
スイス	1	4	デンマーク	1	3	アメリカ	1	1
フィンランド	2	2	スウェーデン	2	8	シンガポール	2	3
スウェーデン	3	7	シンガポール	3	2	香港	3	2
デンマーク	4	3	フィンランド	4	5	ルクセンブルク	4	9
シンガポール	5	5	スイス	5	9	デンマーク	5	5
アメリカ	6	1	オランダ	6	12	スイス	6	8
日本	7	10	アメリカ	7	1	アイスランド	7	4
ドイツ	8	6	アイスランド	8	4	オランダ	8	15
オランダ	9	11	イギリス	9	10	スウェーデン	9	14
イギリス	10	9	ノルウェー	10	13	カナダ	10	7
香港	11	14	香港	12	11	中国	15	18
台湾	13	8	台湾	13	7	ドイツ	16	25
韓国	24	19	日本	14	16	台湾	18	17
インド	43	45	インド	44	40	イギリス	20	20
中国	54	48	中国	59	50	日本	24	16

(注) 1 ① 世界経済フォーラム「2006年世界競争力報告」18.9.27
　　　 ② 同　　上　　　　「2007年版世界IT報告」19.3.29

③　スイスの経営開発国際研究所「2007年世界競争力年鑑」19.5.10
　　　　　　　　　　　　　　　※日付は新聞掲載日である（いずれも朝刊）
　2　上記記載日付の各新聞資料を参考にして、比較可能性をもたせるように作成している。
　3　世界経済フォーラムは、各国の政治指導者や企業経営者を集めて開催する「ダボス会議」を主催する団体である。
　4　スイスの有力ビジネススクールである経営開発国際研究所の評価は、マクロ経済、政府の効率性、ビジネスの効率性およびインフラの4分野、計323項目に関する統計や調査の結果を総合して評価したものである。

① 世界競争力ランキング

　日本は、表（2－18）の ① で示すとおり、世界競争力ランキングで、2005年の第10位から翌年には7位に躍進したが、これは「民間企業の技術力と経営力」が評価されたものとしている。一方、国の「財政赤字と政府債務」で厳しい評価を受けている。後者は、国会議員と高級官僚に「強い改善意欲がない」ので低く評価されたものである。そして、現実を見る限り、その改善はきわめて難しい課題であると言わざるをえない。国会議員は、財政赤字の改善どころか、平成19年7月の参議院選挙の影響を受けて、与党が逆に「バラマキ」を意図した動きをしていることから見ても財政の改善は難しい。ところで、アメリカが2005年の第1位から、翌年には6位に降格しているのが目立っている。

② 情報技術競争力

　表（2－18）の ② によると「日本の情報技術競争力」は、2007年は第14位で、前年の16位から少し上昇したものの、先進諸国のなかではかなり低い位置にある。「利用環境と準備態勢」で評価されたものの、その他の項目で低い評価となっている。ＩＴ大国を自負する日本としては、不甲斐ない評価となっており、「日本の低調」が明らかになっている。同年、スウェーデンが第8位から2位に、そしてオランダが第12位から6位に躍進している。他方、アメリカが第1位から7位に、大きく転落している。

③ 世界競争力の評価

　表（2－18）の ③ に見るスイスの経営開発国際研究所の手になる

「2007年世界競争力年鑑」によると、日本の評価が2006年の16位から翌年には24位に下がっている。マクロ経済、政府の効率性、ビジネスの効率性およびインフラの4分野のすべてにおいて、順位が後退している。法人税率で55位、政府債務で54位と低く、また、民間企業の分野では「企業家精神」が53位とかなり低い評価となっている。他方、中国が4分野のすべてにおいて順位を上げている。

④　その他の評価

第39回技能五輪国際大会が静岡県沼津市で開催された。この大会は、22年ぶりの日本での開催で、平成19年11月21日に幕を閉じた。日本はこの大会で、16種目で金メダルを獲得し、第1位となり、前回大会よりも5個多い金メダルとなっている。日本は「精密な機械の加工と組立」(ポリメカニクスと呼ばれる種目) で、8連覇を達成している。2位は韓国の11個で、3位はフランスの5個であった。(参考・日本経済新聞　平成19年11月22日　朝刊)

このように、工業関係の技術的な面では、大きな評価を受けている近年の日本ではあるが、その裾野の広さと技術の伝承などの面において、日本の現状は大きな問題を抱えおり、ＩＴ分野における開発と利用並びに化学分野における発明と応用など、世界で発揮している競争力は、まだまだという感じを受ける。

いま、日本の大学教育において、幾つかの問題が発生している。そのなかでも、日本の経済成長を担ってきた大学の理工学部への入学者が減少していることは、憂慮すべき事態である。平成19年春の入試での工学部志願者は26万8,000人で、ピーク時 (昭和60年代) の60万人に比べると、半分以下になっている。そのため、学力の低い学生でも、かつての難関大学の工学部に受かるようになった。

また、社会経済学系に比較して、理科や数学が嫌いな生徒・学生が増えてきたといえる。基本的には、本人の問題であるとしても、教育の面で反省する必要がある面がある。教え方も問題で、子どものうちから、

理科や数学が好きな理由が、「面白さの理解」になるような教育が必要とされる。また、社会・実業の世界において、理工学部の出身者がもっと日の目を見るようなこと（出世・高い待遇）になれば、理工学部を目指す学生が増えてくるだろう。バブル経済の全盛期に、工学部の学生が大挙して、金融機関に就職していたことがあり、技術系の学生が、工業界で不足したということがあった。

工学部離れがはっきりしているのは、私立大学の工学部の45％が定員割れとなっていることでも明らかである。メーカーの関係者に言わせると、入社のときに、8対2で、理工系の卒業生が多かったにもかかわらず、役員になるときには5対5になっているという。理工系の人材の処遇（評価）が低いことにも一因があるという。ただし、研究所などに勤務する人のなかには、役員になって、会議につぐ会議に追われるよりも「研究に没頭できるほうがいい」として、常用研究員に従事している人がいる。そして、会社によっては、彼らに対して、高給で処遇しているところがある。身分や地位（肩書）より、実質で応えているところもあるということである。

(2) 技術の伝承に関連する問題点

工学部志願者がピーク時の半分以下になり、学力の低い学生でも、難関大学の工学部に受かるようになったことによって、卒業生の基礎的知識と技術力が低下している。その一方、社会が求めている技術は高度化・精密化しているので、人材に対する需給関係の乖離が拡大している。したがって、大学における教育の重要性が、ますます、高まってきているが、必ずしも対応できていないのが実情である。しかし、社会は待ってくれない。

三菱重工業やキヤノンなど製造業大手が、主に大学や大学院を「卒業したばかりの技術者の教育制度」の導入に動き出した。少子化や理工学部離れの結果、技術者の道を志す層が薄くなって、十分な知識をもつ新卒者の確保が難しくなってきていることが、その背景にある。別な見方

をすれば、大学が十分に教育した学生を世の中に送り出すことができなくなってきているからである。「団塊の世代」が定年退職を迎えていること、また、新卒技術者が少なくなっていること、これに対して、実社会の要望（質と数の両面）が増加していることなどにより、各社の危機感が高まっている。たとえば、三菱重工業では「大学工学部の基礎の復習と会社の設計業務で必要な実践的な知識」を身に付けさせることにしているという。（参考・日本経済新聞 平成19年8月15日 朝刊）

　かつて大学院生が少数であった時代、教員と院生の間が身近なものであった。一緒に飲みに行くことも多かった。課外活動も比較的頻繁に行われていた。ともかく、対話が存在した。しかし、現在は、院生が多くなったことが、その大きな要因であると思われるが、対話が不在であることが多い。授業に限った対面接触が中心で、相互のコミュニケーションが少ない。悩みや不十分な理解にとどまらず、さらに一歩進んで、質問をするなど、一層の対話があってしかるべきであると考える。

　もっと重要なことがある。「技術の伝承」の不具合である。労働政策研究・研修機構の調査によると、団塊の世代の30％が「技術の伝承が必要である」と考えているが、後の世代に「技術を十分に伝えられていない」し、また、中小企業を中心に、多くの人が「人員不足で、そもそも伝える相手がいない」と答えている。この結果「後継者不足」が深刻になっている。伝える相手がいないということについては、いまの若い層は、結果を早急に求めすぎる傾向があり、長い期間、修行に耐えることに弱いため、腕に技をつけて、育っていく者が少なくなっていると考えられる。

　とくに、いわゆる「老舗」といわれる業種業態で、まず、息子が親の後を継がないという現象が現れて久しく、その改善が進んでいない。親方という人のもっている「職人技能」を継ぐ人がいない。建設業界は、昭和50年代において、既に「型枠工や鉄筋工」などの職種で、人手不足が叫ばれていた。彼らの平均年齢が、当時、40歳代後半から50歳代前半になっていて、若い層の流入が極めて減少していた。このような仕事は、50歳代後半になると、身体的につらい作業になるので、作業効

率が低下する。若い層の進出が望まれるところであるが、いわゆる「3K」(危険、きたない、きつい)の職種に相当することから、若い層が嫌がって入ってこないからである。

　日本の金型技術は、世界のトップ水準にあり、世界を驚かせる「日本の最先端技術の源泉」となっている。金型といっても、多種多様で、プレス機に据え付ける単純なものから、極めて高度なものまである。たとえば、自動車事業で使用される縦横高さ50cmから60cm程度の大きさのもので、1基700万円から1,000万円もするものがある。このような金型を使った高度の加工技術が、まだ日本に存在し、それが日本の産業を支えている。

　日本の金型産業は、ざっと7,000社が犇めいていて、そこで働く従事者は約10万人いる。その中核は団塊世代の人たちであるが、あと数年で、世代が交代する。たとえ65歳まで、何らかの形で仕事をすることができるとしても、多くの人たちが「老後はゆったり暮らしたい」からと、現場から離れていくことになれば、大変なことである。そこで、団塊世代の定年期を迎えて、整備士の不足が眼に見えている航空会社が「若手整備士の育成」に力を入れ始めた。経験豊富な経験者が激減する前に、後継者を育てておかなければならないと迫られているからである。しかし、他方においてコスト・ダウンの要請から海外で整備(委託・外注)することが多くなって、逆にトラブルが発生しやすくなっている。羽田の第4滑走路の完成による飛行回数の増加だけでなく、整備頻度に関する充実の必要性はより高まる。そのようなときに、最近発生している整備ミスによるトラブルの続発という現象に、どのように対応していくのかという課題が残されている。

　このような事情が背景にあってか、文部科学省は平成19年度から「大学の最先端研究に利用される高度な模擬実験の産業利用」を促すために、企業の技術者を対象にした「専門家の育成事業」に乗り出した。企業には、専門ソフトを使いこなせる人がいても「必要とする専門ソフト」を設計し、作り上げる人材が少ないというのが実態であり、そ

のようなことも背景にある。

　しかし、解決し難い大きな問題がある。平成18年から19年にかけた現象であるが、若手の採用に当たってのこと、内定を多数もらっている学生がいるために、内定を出しても辞退してくる者が多いということと、春まで決定しないことにある。平成19年春の大学求人倍率は、前年の1.6倍から1.9倍に急増している。もうひとつの問題は、応募してくる「学生の質の低下」にある。困ったことに、本人がそれを自覚していない。会社側の担当者に言わせれば「とにかく意欲が感じられない」という。とすれば、仕事をどこまで任せていいのか心配になると憂いている。しかし、環境は激変した。平成20年秋には、不動産、建設業界を中心に雇用抑制から「内定取り消し」が相次いでいる。本人に技術があれば就職に困らないが、多くの者は学生時代に技術を身につけていない。社会が求める技能を有している学生が少ない。

　技術の習得に力を入れるなどの努力をしている大学もあるが、現状では、その効果が現れていない。そのようななかにあって、単科の国立大学である愛知県の豊橋技術科学大学と新潟県の長岡技術科学大学とが提携した。優秀な教員が少ないことから、より多くの学生に、優秀な教員の授業を受けさせられるようにという配慮により、授業の相互利用などによる学科の単位取得の承認などを行うことにしている。しかし、距離が遠いこともあって、なかなか思ったようには、機能していないということである。

　首都大学東京の産業技術大学院大学は、主として、社会人を中心とする再学習を志す学生に「自立と技術の向上」のための講座を開設している。また、平成20年からは、都立の工業高等専門学校を併合した一貫教育を開始した。工業高等専門学校は5年制で、高等学校と短期大学に相当する教育を担っている。したがって、大学院に進学するには、あと2年の課程が必要になり、その部分（旧来の大学における専門課程）に相当する課程を設置することにした。

　このように、技能ある者を育てていこうとする機関が設置されていくことは、将来における日本経済の活性化にとって大切なことである。し

かし、産業技術大学院大学の学長が心配するように、この学校だけの一貫教育が教育として、効率的かつ効果的であったとしても、高校から大学院までの９年間、ここだけしか知らないということは問題である。職業人の世界で「他人の飯を食え」という言葉があるように、他の大学などに一度入って、また、戻ることができるようにしていくことも必要であると考える。

　ＪＦＥスチール東日本製鉄所は、約4,000人の技能や知識・素養を数値化し、将来の教育の計画や実行に役立てることにしたという。同社は、50歳代の技術系社員の比率が高く、彼らが一斉に定年を迎える前に、いかに彼らのもっている技能・技術を後に続く社員に伝承していくのかということが課題になっていることからの取り組みである。（参考・日本経済新聞　平成18年12月21日　朝刊）

(3) 科学研究費の不正使途と問題点

　ここ数年「科学研究費の不正問題」が続発している。平成18年３月27日に、京都大学大学院の医学研究科の教授が大学の承認を得ないで、大阪府内の医療用機械卸会社から3,500万円と兵庫県の医療機器開発会社から1,000万円、合計4,500万円を研究開発費や借金などの名目で受け取っていたことが発覚した。

　また、早稲田大学理工学術院化学科の女性教授が、国の研究費を不正に受給していたことが発覚した。文部科学省は、平成18年６月26日、早稲田大学本部に立入調査を実施するとともに、平成18年度に交付する予定であった科学技術振興調査費約13億円の全額を、具体的な再発防止策が提示されるまで凍結することにした、としている。さらに、後日、文部科学省は「今回の不正問題に対する再発防止策が不十分であったために、研究費の交付手続きを見合わせることにした。」と通知している。（参考・日本経済新聞　平成18年６月27日　朝刊）

　平成18年７月13日、早稲田大学は、同教授による「研究費不正受給問題」に関して、新たに2,484万円の不正受給の可能性があるという調

査報告を発表している。平成18年8月31日の日本経済新聞「研究費集中こそ不正の温床」(社説)は、「不正一掃には研究助成の制度、体制の見直しが不可欠」だとし、そこには「根深い問題」があるという。政府の研究助成の制度が、各省に分散されていて、その数は約30ある。そのため、研究者としては、どこでもよいから、もらえればいいという姿勢で、複数の窓口に申請することがよくある。ひとつのテーマで、ひとつの研究費しかもらえないにもかかわらず、複数から承認されることがあり、結果として、複数から受給してしまうことがある。同社説は「特定研究者への偏向がおごりや不正を助長した」と記している。

　研究費は余った金額は、返金することになっているが、改めて申請することが手間(面倒)なために、使用や購入しないものにまで、使途した処理をすることがある。翌年の利用を可能にするための苦肉の策でもある。上記の早稲田大学のケースでは、架空アルバイト料を利用して、当該金額を投資信託で運用していたと報道されている。また、早稲田大学は、平成18年12月20日、理工学術院の男性教授が、文部科学省の補助金を含む研究費150万円の不正使用があったと発表している。また、平成18年12月、同大学では、他の教授が知的財産の分野で「人材育成に関するポスター製作」に携わっていたが、製作をせずに金銭を受領していたことが判明している。

　文部科学省は、平成18年8月8日、論文の捏造や改竄などの不正行為を行った研究者への対応指針をまとめたと発表している。そこでは「不正行為のあった研究者の応募資格を最大10年間停止するなどの制裁措置を科す」ことなどが、骨子となっている。また、この指針では、不正行為を発見するため、大学などに内部告発を受け付ける窓口の設置をも求めている。(参考・日本経済新聞　平成18年8月9日　朝刊)

　平成20年7月11日には、東京大学医科学研究所の教授(分子療法分野)らが、同研究所の倫理審査委員会の承認を得ないままに論文発表を繰り返していたことが判明している。論文の発表には患者の同意と同委員会の承認を得たと記載して発表していた。

　平成18年12月20日には、大阪大学大学院生命機能研究科の教授が、

7月に「実験データを捏造・改竄した論文をアメリカの専門誌に発表した」として、懲戒解雇処分を受けている。また、同月27日、東京大学は「遺伝子研究に関する研究論文で不正をした」と疑いをもたれていた工学系研究科の教授と助手を懲戒解雇処分にしたと発表している。さらに、平成19年3月2日には、立命館大学が、同大学理工学部都市システム工学科の教授が「国の研究費約2,000万円を流用していた」と発表した。一部の資金は架空発注をして、私的に使っていたという。さらに、同月19日、中央大学は、同大学の文学部教授が「国の科学研究費と大学の経費合わせて420万円を不正に使用していた」として、停職1ヵ月の処分をしたと発表している。なお、当該教授は、同月末に退職届を出して、受理されている。（参考・平成19年3月20日　日本経済新聞　朝刊）

　平成19年5月23日、慶應義塾大学の医学部長を中心とする研究グループが、厚生労働省の科学研究費補助金（3年間の総額約1億5,000万円）を受け取っていながら、文部科学省所管の財団法人ワックスマンからも助成金（約4億3,000万円）を受け取っていたことが、厚生労働省などの調査で発覚した、と報じられている。この研究は、アスピリンに心筋梗塞や脳梗塞の発症予防効果があるかどうかの臨床研究であった。さらに、平成19年11月10日には、獨協医科大学で、平成18年までの9年間で、総額約1億7,000万円にわたる国の科学研究費補助金不正受給問題が発覚している。（参考・平成19年5月24日　日本経済新聞　夕刊）

　このような不正行為の続発を背景として、文部科学省は、平成19年2月15日（文部科学大臣決定）、「研究機関における公的研究費の管理・監査のガイドライン（実施基準）」を発表した。このガイドラインの大前提（考え方）には、以下の2つがある（要約）。

① 　競争的資金などには、研究機関に交付されるものと、個々の研究者の研究遂行のために交付されるものがあるが、その原資が国民の税金である以上、競争的資金などの管理は研究機関の責任において行うべきである。

②　競争的資金などの管理を委ねられた機関の責任者は、研究費の不正な使用が行われる可能性が常にあるという前提の下で、抑止機能のあるような環境・体制の構築を図らなくてはならない。

　なお「具体的にどのような制度を構築するか」は、個々の研究機関の判断に委ねており、文部科学省または文部科学省が所管する独立行政法人から競争的資金などの配分を受ける限り、企業、財団法人、ＮＰＯ、外国の研究機関なども本ガイドラインの適応対象となるとしている。また「機関」とは、一般的に大学である。

機関全体を統括し、競争的資金などの運営・管理について最終の責任を負う者が「最高管理責任者」であり、大学では理事長もしくは学長がこれに当たり、職名を公開することになっている。最高管理責任者は、第三者的立場にある者の監視や内部告発の仕組みなどを含む抑止機能を備えた環境・体制の構築を図らなくてはならない。その上で「職務権限の明確化」としては、競争的資金などの事務処理に関する研究者と事務職員の権限と責任について、機関内で合意を形成し、明確に定めて理解を共有するものとしている。また「関係者の意識向上」としては、研究者個人の発意で提案され、採択された研究課題であったとしても、研究費は公的資金によるものであり、「機関による管理が必要である」という原則とその精神を研究者に浸透させるものとしている。

大学などの研究機関における多くの不正は、教員・研究者に対して、他の教員・研究者は不可侵が常態で、資金の収入と支払いも、各個人の裁量に任されていることに大きな理由がある。教員・研究者が移動すると研究テーマも移動し、資金も同時に移動するのが原則であった。したがって、これまで大学などの組織は関与してこなかった。しかし、不正に使用された資金は、主として公的資金であり、その使途の透明性が求められている。また、不適切な論文の発表などが発覚することがある。いずれも大学などの不名誉になるので、十分に抑止機能を備えた環境・体制を構築し、効果的に運用していかなければならないのは当然である。

研究機関における公的研究費の管理・監査のガイドラインについては、各機関は、その構築の状況並びに内部監査の結果を、文部科学省に文書で報告しなければならないことになっている。

(4) 法科大学院と大学院格差の問題点

　法科大学院（日本版ロースクール）が教育と経営の２つの面で問題になっている。法科大学院は平成16年に発足し、平成18年に既修生（主として四年制大学の法学部卒業生）の第１期生（二年制）が修了し、平成19年春には、未修生（三年制）が修了している。第１期生の修了認定者数は2,176人で、受験者数は2,125人と見込まれていた。この時点の合格率が40％から50％と見られていた。そして、実際の合格者数（9月）は1,009人（48％）であった。第１期生のうち、在学中に現行司法試験に約130人が合格し、うち約90人が中退している。
　ここに幾つかの問題が発生している。

　① 法科大学院の存在意義と問題点
　　修了しないで中退するということは「修了することに価値を認めていない」ということである。単に、受験勉強してきただけでなく、ある程度の実務に関する基礎的知識を習得して、実社会に出てほしいという、当初の意図が生きていない。そのためにこそ、一定の実務家教員を教科に組み込んでいるのであるが、試験に合格してしまえば「用はないという意思表示」は、法科大学院と旧来の予備校との差別化ができていないことを示している。その結果、法科大学院の「実務的素養の育成」の面が失われていくことになる。また、平成19年の試験においては、未修生の修了者が受験することになるわけであるが、法科大学院74校のうち68校しか受けていない。せっかく法科大学院を設置しても、受験者がいない、いても極めて少数ということは問題である。

② 教学と経営の視点からの問題点

　法科大学院は、平成16年、17年に合計74校が開校したが、新制度の第1回目の試験であった平成18年の試験においては、58校の修了生が受験している。第2回目の平成19年では、74校のうち68校の修了生が受験している。この2年間で、受験者がいない法科大学院があるということである。また、第1回目では、受験者はいたが合格者を出していない大学として、京都産業大学、神戸学院大学、東海大学、姫路独協大学の4校がある。

　前述の法科大学院を設置したが、受験者がいないもしくは合格者がいないという大学のその背景には、時流に乗り遅れまいとして無理に作ったということがある。これは大学の経営上、問題になってくる。事業として、成り立たないということで、優秀な教員と院生を集められないことを意味しているからである。平成19年9月18日の朝日新聞「法科大学院─乱立のつけが回ってきた─」（社説）は、未修組の合格率は受験した68校平均で32％、既修組は46％であったとし、「大学院間の競争も激しく、上位校と下位校との格差も目立つ。＜中略＞今後、合格の実績を上げられない大学院が脱落していくのは避けられない。」と記述している。

　なお、平均値はある意味でまやかしであり、あくまでも個人の問題である。実務的素養を高めていくことにしているとしても、あくまでも、試験はペーパー・テストであり、この試験に合格しなければ始まらない。上記の合格者数、合格率には明確に大学院格差が現れている。平成19年の発表で、100名以上の合格者を出している大学院が5校あるのに対して、未修生の合格率が10％を下回っている大学院が8校、合格者0％が2校あった。

　合格者数、合格率が高ければ、自分が入れる可能性が高い。そのために、とくに意欲があってかつ優秀な受験生は、合格者数、合格率の高い大学院に向かうことになる。下位校は、その下のレベルの学生もしくは社会人を受け入れざるをえない。その結果、優秀な教員をつなげておくことができない。受かりそうもない受験生に教育する教員

は大変苦労するのである。教員の立場から見れば、教えても聞いていない、まず、自分から進んで勉強している様子がないのでは、気が削がれてしまう。受験生のほうは、しっかりした教育が施されていないと、不満が出るなどにより、法科大学院としての全体的な条件が劣化していくなど、下位校は存続可能性のリスクが高まっていく。必要にして十分な教員と受験生を確保していくことのできない大学院は撤退していかざるをえない状況に追い込まれていくことは確かである。

③ 合格者と合格率の問題点

新司法試験の合格者数ランキングは、以下に示した表（2－19）のようになっている。

表（2－19）新司法試験の合格者数ランキング

（単位：人）

\multicolumn{3}{c	}{平成18年}	\multicolumn{4}{c	}{平成19年}	\multicolumn{4}{c}{平成20年}
順位	大学院名	合格者数	順位	大学院名	合格者数	合格率	順位	大学院名	合格者数	合格率
1	中央大学	131	1	東京大学	179	59%	1	東京大学	200	55%
2	東京大学	120	2	慶應義塾大学	173	64%	2	中央大学	196	56%
3	慶應義塾大学	104	3	中央大学	153	52%	3	慶應義塾大学	165	57%
4	京都大学	87	4	京都大学	135	64%	4	早稲田大学	130	38%
5	一橋大学	44	5	早稲田大学	115	52%	5	京都大学	100	42%
6	明治大学	43	6	明治大学	80	40%	6	明治大学	84	32%
7	神戸大学	40	7	立命館大学	62	37%	7	一橋大学	78	61%
8	同志社大学	35	8	一橋大学	61	64%	8	神戸大学	70	55%
9	関西学院大学	28	9	同志社大学	57	35%	9	東北大学	59	47%
10	立命館大学	27	10	北海道大学	48	49%	9	立命館大学	59	29%
11	北海道大学	26	11	東北大学	47	49%	9	同志社大学	59	28%
12	法政大学	23	12	神戸大学	46	51%	12	関西学院大学	51	30%
13	東北大学	20	13	名古屋大学	41	63%	13	上智大学	50	42%
14	関西大学	18	14	上智大学	40	43%	14	大阪大学	49	39%
14	大阪市立大学	18	14	千葉大学	40	65%	15	首都大学東京	39	49%

16	首都大学東京	17	21	首都大学東京	28	41%	16	九州大学	38	36%
			22	法政大学	24	19%	16	関西大学	38	20%
41	近畿大学	3	37	関東学院大学	9	39%	21	法政大学	32	24%
48	熊本大学	1	37	桐蔭横浜大学	9	26%	21	名古屋大学	32	33%
48	久留米大学	1	41	近畿大学	2	12%	-			
55	東海大学	0	67	久留米大学	1	3%	-	姫路独協大学	0	0%
55	姫路独協大学	0	67	姫路独協大学	1	5%	-	愛知学院大学	0	0%
							-	信州大学	0	0%
	合計	1,009			1,851				2,065	33%

(注) 1 日本経済新聞（平成19年9月14日　朝刊）に記載されているランキング表を基にして、必要に応じて、比較できるように作成している。
2 「平成20年」の数値は、首都大学東京の合格率順位表並びにZAITEN（2000年12月1日号）p.29を基に作成している。

④　合格大学院の状況と問題点

目立つ事項としては、以下のものがある。

ア　早稲田大学

　　早稲田大学の院生は、主として未修生であったために、第1期は受験者数が少なくて、第2期が本格的な受験であったから、平成19年に115人の合格者を出して5位に浮上している。ただし、平成20年では、前年の反動からか、合格率を52％から38％に低下させている。

イ　法政大学

　　全国の合格者数が1,009人から1,851人に増加したにもかかわらず、23人から24人へわずか1人増えただけであったため、12位から22位に後退している。一層の努力が必要である。そして、平成20年では32人に着実に増加させてはいるが、合格率は低いままで、あまり改善されていない。

ウ　明治大学

　　明治大学は、合格者数を43人から80人に、ほぼ倍増させているが、シェアを42.6％から43.2％に上げたに過ぎない。それが合

格率40％に現れている。平均合格率40％に等しく、上位6校中最低の合格率になっている。上位校（50％以上）を追い上げていくには大変な努力が必要である。平成20年には84人で、合格者数では6位をキープしているが、合格率では32％へと大きく低下させている。ただし、平均合格率も33％に低下しているので、ほぼ平均的な合格率であるといえる。

エ　関東学院大学

前年1人であったものが、今回9人とし、48位から37位に躍進している。

オ　その他

関東学院大学と同様、前年1人の合格者であった大学院で、複数の合格者を出しているものが6校（エを含む）あるが、久留米大学は今回も1人であった。

平成20年度の旧司法試験の合格者数、合格率が平成20年11月13日に発表された。同試験の最終合格者数は144人で、前年度比104人の減少となっている。また、合格率では0.79％で、昨年より0.27％低下している。新司法試験と合わせて合格者数は2,209人で、昨年より110人の増加となっている。

最高裁判所は、平成19年12月18日、法科大学院修了後に新司法試験に合格して、1年間の司法修習を終えた者が986人いると発表した。司法制度改革の柱として、創設された法科大学院の修了者から初めて判事、検事、弁護士が誕生することになる。しかし、新たな問題も発生している。司法修習修了者のうち59人（5.6％）もの多数が不合格となった。また、旧司法試験合格者のうちの過去の不合格者69人が再試験を受けたが、17人が再度不合格となり、合わせて76人（7.2％）が不合格となっている。不合格率が予想を超えた高さになったのは「実務を重視した法科大学院の効果が出ていない」という強い批判がある。他方において「法科大学院で学ぶはずの実務を知らない修習生も多かった」とい

う声も聞こえてくる。(参考・日本経済新聞 平成19年12月19日 朝刊)

　実務を重視し、一定のレベルの実務を習得したとしても、新司法試験においては、あくまでも試験は試験であって、ペーパー・テストに合格しなければ始まらない。これは、自動車免許取得試験でどんなにうまい運転ができても、ペーパー試験に合格しなければ、運転免許証はもらえないことと同じである。なお、試験に合格したからといって、一人前になれるというものでもない。たとえば、税理士試験において、試験に合格したからといって、申告書などの税務書類を満足に書けるわけではない。他方、税務事務所に長い間勤務している職員が効率よく有用な税務書類を作成することができたとしても、試験にはなかなか受からないのが現状である。

　法科大学院の設立趣旨と新司法試験制度との関係において「実務を重視した法科大学院」を謳い文句にするならば、試験の内容が「どの程度の実務水準であるか」を判断できる形式の試験（面接や討論形式を含めて）にすべきである。

(5) 法科大学院における教学と経営の視点からの問題点

　法曹界並びに法科大学院は、いま、幾つかの解決しがたい重大な問題を抱えている。村上正博が『法科大学院』（まえがき）のなかで「法曹人口の増大、さらには法科大学院での教育を受けた質の高い法曹の確保が求められている背景としては、まず、日本社会全体が、自己責任に基づく自立した市民社会の建設のために、法の支配の貫徹した司法優位の時代に向かいつつあることが挙げられる。＜中略＞今回の司法改革では、質の高い弁護士・法曹の確保を理念として、長期的には法科大学院を中核的な法曹養成機関とすることを選択した。」という。

　しかし、現在、理想どおりには進んでいない。

　法科大学院修了生の合格者を待つまでもなく、現在、弁護士過剰問題が起きている。かつては「イソ弁」（居候弁護士）といって、先輩弁護士の下で、給与をもらいながら修行したものである。そして、何年間か

の経験を積んだ後、欧米の弁護士事務所で、数年勤務（見習い経験）して、ハク「肩書」を付けて帰ってくる。この海外経験は、現在、重要である。特許侵害や企業法、国を超えた会社の買収や合併などに、絶対必要な要素だからである。

ところで、現在、弁護士が1人もしくはゼロの無弁護士地区（ゼロワン地区）がある一方で、弁護士が余っているために、仕事がない弁護士が増えている。試験に受かっても、就職ができない。そのため、ノキ弁あるいはタク弁が増えている。ノキ弁は、先輩弁護士の事務所で、机や事務機を使用させてもらえるが、給与はない。他方、タク弁は自宅で登録（開業登録）しているため、すべての経費が自己負担であるばかりか、先輩から教えてもらえる機会がない。ましてや、収入の道が閉ざされている。

そこに新しい制度の試験合格者が、これまでの合格者の倍増という形で参入してくる。いずれ3,000人の合格者が出てくる。日本経済新聞（平成19年11月23日　朝刊「大機小機」）は「法科大学院―露呈する設計ミス」のなかで、以下のように記述している。「近時増員された『合格者の質の低下』を憂える声が大きい。司法研修所の卒業試験に相当する2回試験の不合格者が増加している。いまやロースクールは高級予備校化した。日本の社会の隅々に法的センスあふれる人材を供給すべき法学部が弱体化し、研究者養成が犠牲になっている。そうした大きな犠牲を強いるに値する中身のある3,000人なのだろうか。」（要約）と苦い批評をしている。

この3,000人という数字は、平成11年から13年の「司法制度改革審議会」の意見書に基づくものである。平成30年までに、法曹人口を比較的日本に近いと見做したフランス並みの5万人にするということが目標とされ、その逆算から年間合格者の数字がはじき出された。ただし、実際の需要見込みとフランスの人口が日本の半分程度の約6,000万人であることが考量されていない。

法科大学院は、いま、いずれの大学院においても、合格者数・合格率

を競っている。そして、184ページの表（2－19）に示した「新司法試験の合格者数ランキング」のように、雑誌を始めとして報道機関が、これを煽るような記事を掲載している。そのようなことも影響して、各法科大学院は、優秀な受験生の募集と受験に対する支援（指導）を積極的に行っている。そこには、生存競争に打ち勝つための大学間の激しい競争がある。そして、合格者数・合格率が高い法科大学院に優秀な受験生と教員が集まり、さらに、合格者数・合格率が高くなるという循環が作用してくる。そのようなことから、実務を重視した授業よりも、むしろ試験の合格を重視した授業に向かっていくことになる。その例が、慶應義塾大学における新司法試験の考査委員による同大学院院生に対する「答案練習問題会」事件である。

　中央教育審議会の法科大学院特別委員会は、平成19年12月18日、法科大学院による新司法試験の受験対策について「試験を過度に意識した技術的教育が法科大学院の理念にかなわないことは明らかである」という報告書を提出している。なお、文部科学省は、この事件を受けて実施した調査の結果、54の法科大学院で延べ711件の受験対策が行われており、しかも467人の大学教員が関与していたことが判明したという。（参考・前掲資料）

　従来の試験制度においても「受験に対する支援（指導）」はあったはずであるから、どのような形式で行っているのか、何に逸脱しているのか、していないのかの判別は難しいところである。実務に関する教育も、何らかの形で、試験に関係していると考えられるからである。そのためには、試験制度の在り方と修習（実践能力の向上など）の充実化を図ることを検討すべきではないかと考える。

　このような背景を基に、法科大学院の改革策を検討している中央教育審議会の法科大学院特別委員は、平成20年9月30日、実績が伸び悩んでいる法科大学院に対して「定員の削減」や「他校との統合」などを求める中間報告（案）をまとめ、発表している。司法試験の合格率が改善されない（平成19年は40％、平成20年は33％）ために、制度の見直しが必要とされたことが大きな要因となっている。

(6) 会計大学院の問題点

① 使命・目的および教育目標に関連して

　会計大学院の「使命・目的および教育目標」は明確に定められている。第一に公認会計士を目指している者に対して、適切な教育を施し、試験に合格するよう支援（指導）するとともに、実務的要素を身につけて修了するように教育していくことにある。さらに、合格した後において、実社会に出た若き会計士が「高い使命感をもって、実務に従事し、社会の発展に寄与できる」ように教育していくことを目標としている。

　また、税理士を希望している院生に対しては、試験の合格への支援（指導）はもとより、試験科目の免除に必要となる国税庁に提出する論文の作成についても、積極的に指導していく大学院もある。その上に、一般的な会社に就職することを望んでいる者に対しては、この動きの早い経済社会にあって「役に立つ実学」をモットーとした経営、会計、税務、監査その他の分野において、実践的な知識（有用性のある知識）を習得するように教育している。

　ところで、会計大学院は、第一に公認会計士の養成を目指している。しかし、当初は、公認会計士を目指していた院生のうち一部の者が、比較的早いうちに、方向転換していく傾向にある。そのため「大学院としての建学の精神」を基礎とした教育が、必ずしも適切でないことになっている。また、当初から税理士を希望する学生が応募してくる傾向にあり、「大学院としての建学の精神」とは必ずしも合致していないところがある。さらに「役に立つ実学」としての実践的な知識の習得に意欲の低い院生（履修単位未取得者）がおり、その意欲の向上（履修単位取得による大学院修了可能性の確保）に苦労している。

② 教育内容・方法・成果などに関連して

　教育においては、研究家教員と実務家教員がいて、第一に研究家教

員が、理論的側面において深く、かつ、幅の広い教育を実施し、その上に、実務家教員が、実社会における問題点並びにその対応などを含めた内容を教育のなかに取り込んで実施している。

　とくに、研究家教員と実務家教員との共同による「財務会計演習」などにおいては、諸種の会計上の課題（会計基準など）について理論的探究と実践的対応を含めた教育を実施しているなど、幅広い範囲の知識の習得と応用（解釈の範囲と容認の問題など）を可能にしている。

　ところが、ここで幾つかの問題が発生している。

　公認会計士になるためには、まず、試験に合格しなければならない。その限りにおいては、ペーパー・テストが重要になっているが、上記の演習や修士論文（リサーチ・ペーパー）の作成は、試験に直結するものではないので、合格することだけから見れば、重荷になっている。しかし、会計大学院は、受験予備校ではない。あくまでも大学院としての教育は「人間としての素養の充実」を意図しているので、ペーパー・テストの合格の成功性に対しては、一定の限界がある。

　授業は、講義方式を中心としており、それぞれの専門家が、各分野の得意とする内容について、平均的に知識を与えることが可能である。一定数を超えた多数の受講生を相手にした場合、この講義方式は有効である。ただし、院生同士もしくは教員と院生との間の意見交換・質疑応答はなかなかできていないのが、実情のようである。院生の間からもそのような意見が出てはいるが、そうしたことを改善するために、受講生が多人数の場合には、ペーパー・ベースによる意見交換・質疑応答を実施するなど、ペーパー・ベースによる意見交換・質疑応答の内容について、広く受講生の間に行き渡るようにすることなどを検討していくことも必要ではないかと考えている。

③　教員組織と支援・指導体制の確立に関連して

　実務家教員は、会計、監査、税務、司法などの世界で、長期間実務に従事してきた者たちであり、その知識と経験を勘案すれば、一定の力量を保持している。しかも「得意な分野における第一人者である」

と自負している者たちであり、院生に対して「十分な教え」を与えることができるものと思われる。公認会計士受験予定者を中心にして、それだけのために実施しているわけではないが、受験も念頭において、講義もしくは教育を行っている。したがって、とくに試験科目に関係する科目については、折に触れ、過去の試験問題を参考にして、授業を進めているという話である。

　ところで、受験生にとって、試験に直接関係がない科目もしくは講義に対しては、どこまで真剣に受講しているのか判断がつかないというのである。会計大学院の受験者のなかには、すでに税理士試験の簿記論と財務諸表論もしくはそのいずれかひとつの科目合格者がいて、税理士試験の合格を最終目標としている者がいる。そして、このような受験者が増加している傾向にあるため、「単位さえ取れればよい」という考え方をしている院生もいるのである。

　近年、我武者羅に勉強している者を見かけることがないのは上記に要因があるともいえる。大学院であるから、授業に欠席して、受験勉強に没頭しているわけにはいかないが、傍目を気にせず受験勉強している者がどれだけいるのだろうか。公認会計士試験においては、計算問題がとくに重要である。計算問題である限り、100点満点をとることも可能であり、そのために、計算問題の修練に多くの時間を割かなければならないのであるが、それにもかかわらず、この計算問題を苦手としている受験生が多いようである。

④　会計大学院と定員並びに入学者数に関連して

　会計大学院における募集定員数と実際の入学者数は、次ページに示した表（2－20）のようになっている。

表（2-20）会計大学院における定員数と入学者数の趨勢比較表

(単位：員数)

	大学院名	平成17年度 定員	平成17年度 入学者数	平成18年度 定員	平成18年度 入学者数	平成19年度 定員	平成19年度 入学者数	平成20年度 定員	平成20年度 入学者数
1	早稲田大学	100	115	100	107	100	118	100	112
2	関西学院大学	100	81	100	78	100	101	100	80
3	明治大学	80	78	80	83	80	81	80	93
4	中央大学	100	114	100	80	80	62	80	―
5	青山学院大学	80	82	80	107	80	81	80	84
6	千葉商科大学	70	48	70	35	70	45	70	39
7	関西大学			70	70	70	77	60	60
8	ＬＥＣ大学	60	22	60	37	60	25	60	16
9	法政大学	50	24	50	39	50	61	50	35
10	立命館大学			100	79	45	34	30	18
11	東北大学	40	36	40	35	40	―	40	
12	兵庫県立大学					40	42	40	40
13	愛知大学			35	38	35	29	35	37
14	愛知淑徳大学					30	3	30	4
15	甲南大学			30	33	30	21	30	38
16	大原大学院大学			30	30	30	―	30	―
17	北海道大学	20	21	20	22	20	24	20	21
	合計	700	621	965	873	960	804	935	677
	入学者率		88.7%		90.5%		90.3%		72.4%

(注) 1 法政大学・会計大学院事務局の調査資料を基にして作成している。
2 ―は、非公開を示している。
3 平成17年度に記載がないものは、平成18年度の開校であり、平成17・18年度に記載がないものは、平成19年度の開校である。
4 入学者率は、定員に対する入学者の割合である。非公開の数字を定員数から控除して計算している。

　表（2-20）で示すとおり、会計大学院全体で、4年連続して定員割れを起こしている。法科大学院よりもずっと少数の会計大学院設置数でありながら、募集定員に対する入学者の割合が、当初の3年間はほぼ90％しか達成していない。とくに平成20年にいたっては全体で72.4

第一部　大学経営の危機　193

％という際立って低い定員充足率となっている。定員を確保したとしても、途中で退院（退学）する者が出てくるので、修了する院生が入学院生全員ではない。推定であるが、入学した者のうち５％程度の中途退院者がいるものと思われる。

　元々定員数の少ない会計大学院は、定員を確保できたとしても、経営上で苦境にある。したがって、定員を大幅に下回っている会計大学院は、大学事業として経営的観点で課題を抱えていることになる。とくに定員充足率の低い（80％以下）ところは、改善が急務である。

　だからといって、定員を満たすために誰でも入学させればいいというわけにはいかない。一定レベルの水準に達していて、勉強意欲の見られる学生を合格させることにしているので、定員割れを起こすのである。しかし、定員割れの現状から、必ずしもその水準に達していない者であっても、合格させているところも多く、彼らの多くが途中で、公認会計士試験の受験を諦めてしまう。

　平成19年の公認会計士試験が、新制度になった、会計大学院修了生の第１回目の試験であった。しかし、早稲田大学を除いて、大きな成果は得られなかった。試練を迎えているということである。会計大学院を修了するよりも、従来どおり、予備校に通っていたほうが合格に近いというならば、そして受験生がそれを求めているとするならば、明らかに、会計大学院の専門職大学院としての存在意義が問われていることになる。

　会計大学院の場合、法科大学院とは別の制度上の大きな問題がある。司法試験はいずれ、すべて法科大学院の修了が受験必須資格となっていく。しかし、会計大学院の場合、そのような条件設定が設けられていない。そのため、試験合格だけを考えれば、会計大学院に行くよりも予備校へ通ったほうが近道と考えている者が多く、あえて会計大学院への道を選ばないということである。

　会計大学院の専門性・教育は、ペーペー・テストという大きな壁を越えていかなければならない。

(7) 教職大学院の問題点

　そのような社会環境のなかにあって、平成20年度から専門職大学院として「教職大学院」が開校した。平成19年11月27日、国立大学15校と私立大学4校、合計19校が、文部科学省から設置の認可が下りた。これから少子化を迎えていくというのに、平成20年春に、新たに新設が認められた大学が10校あり、大学数は765校と、史上最多になる。教職大学院の場合、修了した後の処遇（見返り）がはっきりしていないために、あえて大学院での修学を希望する者が少ない。重い足取りの出発となってしまった。休職して2年間の修学を修了した後の受け入れ態勢（身分保障）が重要であるにもかかわらず、はっきりしていないため、大きなリスクとなっていて、進学する者が少ないのである。夜間の大学院でも、大変苦労することになる。

　ところで、文部科学省が、平成20年10月18日に発表した資料によると「指導力不足教員」が、前年度371人に達し、また責任感などに押し潰されたなどの理由で「降格申請者」が106人に達したことになっている。そこには、力量不足の教育が生まれていることを示している。モンスターペアレントなどの重圧に耐えられず、ストレスを抱えている教員もいる。教職大学院を出ても、これらに打ち勝つ精神力がつくわけではない。そのようなことも教職大学院の存在意義が問われている。

　文部科学省が、平成19年9月に発表した専門職大学院の実態調査によると、平成18年9月時点で、全140校のうち60校（42.9％）が定員割れを起こしている。格差社会と言われるこの時代、一部の有名校に人気が集まる二極化の傾向が強まっている。重要なことは、いまの高校生が勉強したがらないことにある。勉強をしなくとも食っていけるからである。そのため、比較的多くの生徒に向学心がなく、出世意欲も感じられないという。大学に進学する高校生の20％が、高校三年生のときに、家でほとんど勉強をせず、また、50％は勉強時間が2時間以内というように、全入時代を迎えて高校生の勉強不足が深刻になっている。（参考・日本経済新聞　平成19年9月22日　朝刊）

第一部　参考文献（原則参考順）

(1) 世界の歴史3『中世のヨーロッパ』堀米庸三責任編集　中公文庫　中央公論社　昭和53年1月20日　6版
(2) 甲斐慶司『アレクサンドロス大王と経営戦略―その戦史に見る情報活用術と戦略―』東洋出版　平成18年4月18日　第1刷発行
(3) 大沢忍『パピルスの秘密』みすず書房　昭和53年5月30日　発行
(4) ギャヴィン・メンジーズ著　松本剛史訳『1421中国が新大陸を発見した年』ソニー・マガジンズ　平成15年12月20日　初版第1刷
(5) 金谷治『孔子』講談社学術文庫935　講談社　平成18年1月20日　第25刷発行
(6) 岡田英弘、神田信夫、松村潤『紫禁城の栄光』講談社学術文庫1784　講談社　平成18年10月10日　第1刷発行
(7) 阿部悦生『ケンブリッジのカレッジ・ライフ―大学の町に生きる人々―』中公新書 1350　中央公論社　平成9年3月25日　発行
(8) 高田里恵子『学歴・階級・軍隊―高学歴兵士たちの憂鬱な日常―』中公新書1955　中央公論社　平成20年7月25日発行
(9) 中井浩一『大学「法人化」以降―競争激化と格差の拡大』中公新書ラクレ　中央公論新社　平成20年8月10日発行
(10) 潮木守一『世界の大学危機―新しい大学像を求めて―』中公新書 1764　中央公論新社　平成17年3月5日　再版
(11) 門脇厚司『子供の社会力』岩波新書 648　平成18年1月16日　第15刷発行
(12) 森田ゆり『子どもが出会う犯罪と暴力―防犯対策の幻想―』生活人新書 191　平成18年9月10日　第1刷発行
(13) ＮＨＫ放送文化研究所世論調査部［篇］『崩食と放食―ＮＨＫ日本人の食生活調査から』生活人新書205　ＮＨＫ出版　平成18年12月10日　第1刷発行
(14) 三浦展『格差が遺伝する！―子どもの下流化を防ぐには』宝島社新書231　宝島社　平成19年6月2日　第1刷発行
(15) 三浦展編著『下流同盟―格差社会とファスト風土―』朝日新書　朝日新聞社　平成18年12月30日　第1刷発行
(16) 和田秀樹『「新中流」の誕生―ポスト階層分化社会を探る―』中公新書　中央公論社　平成18年9月10日　発行
(17) 岡崎勝『学校際発見―子どもの生活の場をつくる―』岩波書店　平成18年8月30日　第1刷発行
(18) 大渕寛『少子化時代の日本経済』ＮＨＫBOOKS［797］日本放送出版協会　平成9年6月25日　第1刷発行
(19) 喜多村和之『大学は生まれ変われるか―国際化する大学評価のなかで―』中公新書1631　中央公論社　平成14年3月25日　発行
(20) 山岸俊男『安心社会から信頼社会へ―日本型システムの行方―』中公新書1479　中央公論社　平成18年8月30日　5版
(21) 諸星裕『消える大学　残る大学―全入時代の生き残り戦略―』集英社　平成20年7月30日　第1刷発行
(22) 清成忠男『大淘汰時代の大学　自立・活性化戦略』東洋経済新報社　平成15年6月19日発行

(23) 清成忠男『21世紀　私立大学の挑戦』法政大学出版局　平成13年9月20日
　　　初版第1刷発行
(24) 中村忠一『大学倒産―定員割れ、飛び級、独立行政法人化―』東洋経済新報社
　　　平成12年6月7日　第2刷発行
(25) 学術研究フォーラム編　阿部博之代表幹事『大学はなぜ必要か』ＮＴＴ出版
　　　平成20年3月25日　初版第1刷発行
(26) 市川伸一『学力低下論争』ちくま新書359　筑摩書房　平成16年8月20日
　　　第5刷発行
(27) 斉藤孝『子どもたちはなぜキレるのか』ちくま新書211　筑摩書房
　　　平成15年7月30日　第9刷発行
(28) 法政大学『学内ニュース』NO263　2007年8月10日
(29) 『週刊東洋経済』「本当に強い大学」東洋経済新報社
　　　2005年10月15日特大号
　　　2006年10月14日特大号
　　　2007年10月13日特大号
(30) 三浦展『下流社会―新たな階層集団の出現』光文社新書221　光文社
　　　平成18年2月20日　14刷発行
(31) 清成忠男『21世紀　私立大学の挑戦』法政大学出版局　平成13年9月20日
　　　初版第1刷発行
(31) 『週刊ダイヤモンド』2005・10・15特大号『出世できる大学』ダイヤモンド社
(32) 旬刊誌『PRESIDENT（プレジデント）』　プレジデント社
　　　2007・5・14号『給料格差大図鑑』
　　　2007・7・2号『「金持ち」家族、「貧乏」家族』
　　　2007・10・15号『学歴格差大図鑑』
　　　2007・12・3号『日本人の給料』
(33) 神門善久『日本の食と農―危機の本質―』日本の<現代>8
　　　ＮＴＴ出版　平成18年12月13日　初版第4刷発行
(34) 文春新書編集部偏『論争　格差社会』文春新書　522　文藝春秋
　　　平成18年10月25日　第4刷発行
(35) 守屋俊晴『平成18年度　包括外部監査報告書―川崎市―』平成19年1月
(36) 橘木俊詔『格差社会―何が問題か―』岩波新書1033　岩波書店
　　　平成18年9月20日　第1刷発行
(37) 水月昭道『高学歴ワーキングプア「フリーター生産工場」としての大学院』
　　　光文社新書322　光文社　平成19年10月20日　初版1刷発行
(38) 村上正博『法科大学院―弁護士が増える、社会が変わる―』中公新書1721
　　　中央公論社　平成16年1月20日　3版
(39) 尾木直樹『教師格差―ダメ教師はなぜ増えるのか―』角川oneテーマ21
　　　角川書店　平成19年6月10日　初版発行
(40) 松谷明彦・藤正巌『人口減少社会の設計―幸福な未来への経済学―』中公新書
　　　1646　中央公論社　平成18年2月15日　8版

⑷1 プロ教師の会「編著」（諏訪哲二ほか）『教育大混乱』洋泉社Ｙ780
　　平成19年4月21日　初版発行
⑷2 刈谷剛彦『大衆教育社会のゆくえ―学歴主義と平等神話の戦後史―』中公新書
　　1249　中央公論社　平成18年6月15日　16版
⑷3 暉峻淑子『豊かさとは何か』岩波新書85　平成16年1月15日　第53刷発行
⑷4 三浦展『団塊格差』文春新書559　平成19年3月20日　第1刷発行
⑷5 林信吾『ネオ階級社会―"イギリス化"する日本の格差―』平凡社新書
　　平成18年2月1日　初版第6刷
⑷6 橋本健二『階級社会―現代日本の格差を問う―』講談社選書メチエ371
　　平成18年9月10日　第1刷発行
⑷7 山田昌弘『新平等社会―「希望格差」を超えて―』平成18年9月15日
　　第1刷発行

第二部　大学の会計と経営

効率性・有効性・経済性・有用性を求めた
運営の在り方について

第二部 大地の発達と変動

第1章
学校会計の不整合性と問題点

　学校会計は、企業会計と比較して極めて特徴ある会計方法（仕組み）を有している。とくに私立の学校法人（ここでは大学法人を想定している）と国公立の大学法人では、設立の趣旨並びに国や地方公共団体の対応の相違もさることながら、会計方法の重要なところにおいて大きな隔たり（会計上の相違）があるために、比較可能性が欠落している。同一の学校事業（ここでは原則として大学法人について触れている）を行っている限り、同一の会計基準を策定し、それに準拠して会計を行うべきである。さもないと学校法人が作成する財務に関する資料（計算書類）の有用性（比較可能性）がなく、管理会計の視点からの利用価値が阻害されてしまうのである。

1　私学会計の特徴と問題点

(1) 私学会計の特徴―計算書類の体系に関連して―

①　貸借対照表と損益計算書などの意義・内容について

　企業会計において、貸借対照表と損益計算書は、財務諸表のなかの二大財務表である。貸借対照表は、一定の時点の財政状態（資産および負債と純資産の状況）を示しており、他方、損益計算書は、一定の会計期間の経営成績（収益と費用の対比による企業業績の状況）を示している。

　貸借対照表は、ある会計期間の事業の開始（期首日）と終期（期末日）の財政状態を比較検証することが重要なことであり、また、損益計算書は、当該会計期間の経営成績（財政状態の変動状況もしくはそ

の原因）を示しているものである。したがって、両者は、あえて言及すれば車の両輪のように相互に深い関係を有しており、いずれかがより重要な財務表であるということにはならない。いずれも重要な財務表である。

　損益計算書は、発生主義に基づいて作成されるものであり、資金の裏付けを必要としていない。そのために、別の形で資金の流れ、いわゆる「資金繰り」を必要とする。その役割を果たすのがキャッシュ・フロー計算書である。これも重要な財務表として位置付けられている。

② 企業会計と私学会計の計算書類について

　会社会計（企業会計）を規制する会社法（平成17年7月26日 法律第86号）の定める計算書類（第435条第2項）は、以下のものとしている。

　ア　貸借対照表
　イ　損益計算書
　ウ　株主資本等変動計算書（会社計算規則第91条）

　また「財務諸表の用語、様式及び作成方法に関する規則」などにおいて、上記の財務表に続いて、以下のものを作成することとしている。

　エ　キャッシュ・フロー計算書

　株主資本等変動計算書は、平成18年5月1日に施行された会社法において初めて作成することになったものである。従来の利益処分案（欠損金処理案）あるいは利益処分計算書（欠損金処理計算書）が廃止されて、代わりに株主資本等変動計算書を作成することになった。本件内容は、学校会計（私学会計と国公立学校会計を当面このように呼称する）には関係がないので、これ以上立ち入らない。また、同様に学校会計には、連結財務諸表の作成が求められていないので、ここでは個別財務諸表を基にして触れている。

　私学会計を規制するものに「学校法人会計基準」（文部省令第18号）があり、同基準第4条において「学校法人が作成しなければならない

計算書類」として、次のものが掲げられている。
　ア　貸借対照表
　イ　資金収支計算書
　ウ　消費収支計算書
　企業会計に対比して、私学会計においては、この資金収支計算書と消費収支計算書に特徴がある。

③　資金収支の計算と目的について
　学校法人が作成しなければならない計算書類としては、前掲したように以下のものがある。
　ア　資金収支計算書
　イ　消費収支計算書
　ウ　貸借対照表
　なお、これらの計算書類に記載する金額は、総額をもって表示しなければならないものとされている。
　学校法人会計基準第6条（資金収支計算の目的）によれば「学校法人は、毎会計年度、当該会計年度の諸活動に対するすべての収入及び支出の内容並びに当該会計年度における支払資金の収入及び支出のてん末を明らかにするため、資金収支計算を行うものとする。」としている。このように資金収支を計算する目的は、学校法人における総収入と総支出の内容とその結果（残余）を明確にすることにある。
　なお、同基準第6条によれば、資金収支計算の対象となる資金を「支払資金」と呼称している。その内容は「現金及びいつでも引き出すことができる預貯金」である。したがって、短期運用資産は含まれない。
　しかし、学校法人には、3月に入学金のほか4月以降の授業料などが納入されているが、支払いは、たとえば、夏の賞与のように支払いに時間的なズレがあって、その期間、資金に余裕が発生している。この低金利時代である、少しでも安全で有利な資金運用を図るというのが、財務の担当者の務めであるとすれば、預貯金以外で運用するこ

第二部　大学の会計と経営　203

とも考えるであろう。著者としては、このような一時的な運用資産も「支払資金」に含めても良いのではないかと考えている。

なお、資金収入は、以下の3つの項目から構成されている。

ア　当該会計年度における支払資金の収入

イ　当該会計年度の諸活動に対応する収入で、前会計年度以前の会計年度において支払資金の収入となった資金

　「前期末前受金」

　（資金の収入はあったが当該期の収入（収益）とはならないもの）

ウ　当該会計年度の諸活動に対応する収入で、翌会計年度以後の会計年度において支払資金の収入となるべき資金

　「期末未収入金」

　（資金の収入はなかったものの、当該期の収入（収益）とされるもの）

また、資金支出は、以下の3つの項目から構成されている。

ア　当該会計年度における支払資金の支出

イ　当該会計年度の諸活動に対応する支出で、前会計年度以前の会計年度において支払資金の支出となった資金

　「前期末前払金」

　（資金の支出はあったものの、当該期の支出（費用）とはならないもの）

ウ　当該会計年度の諸活動に対応する支出で、翌会計年度以後の会計年度において支払資金の支出となるべき資金

　「期末未払金」

　（資金の支出はなかったものの、当該期の支出（費用）とされるもの）

※　会計基準の表現は難解であるので、カッコ書きで注釈を附しておいた。

④　消費収支の計算と目的について

次に、消費収支計算であるが、学校法人会計基準第15条（消費収支計算の目的）によれば、「学校法人は、毎会計年度、当該会計年度の消費収入及び消費支出の内容及び均衡の状態を明らかにするため、消費収支計算を行うものとする。」としている。このように、消費収支を計算する目的は、消費収入と消費支出を対比（差引計算）することによって、消費収入がどの程度消費支出を補償しえているかを示すことにあるということであり、これがマイナスになると、企業会計でいう「赤字決算」(同一でなく、あくまでも類似) を意味しているので、学校経営上、重要になってくる。

また、消費収入は、当該会計年度の帰属収入（学校法人の負債とならない収入）を計算し、当該帰属収入の額から当該会計年度において基本金に組み入れる額を控除して計算する。その残余金額が、財務上の健全性を維持した上で消費支出として使用することができる範囲を示している。なお、消費支出は、当該会計年度において消費する資産の取得価額および当該会計年度における用役の対価に基づいて計算するものとし、消費収支計算書は、消費収入と消費支出を対照して作成する。

この消費収支計算書は、企業会計の損益計算書に相当するもので、現金の収支を計算する資金収支計算書の数値を発生主義会計に戻すものである。両者の大きな違いは、資金収支のない引当金の繰り入れと戻し入れ並びに減価償却費などの計上があることである。そのほかに資金収支計算書は、当該会計年度に帰属しない未収入金や未払金の計上と決済があるので、これを調整することになる。

そのため当該会計年度の消費収入超過額が当期純利益に、そして当該会計年度の消費支出超過額が当期純損失に相当するもの、もしくはそれに近いものになる。

(2) **資金収支計算書の内容と機能**

巷間に「勘定合って銭足らず」という言葉がある。企業経営に当ては

まる言葉であるが、学校経営においても同じことがいえる。学校経営においても、利益（経済的効果、学校では学生の満足度その他）を求めて事業活動を行い、そのために費用（経済的犠牲）を投下している。費用の発生（犠牲）を越える成果が果実（利益）である。それは発生主義会計に基づいた計算上の利益であって、それだけ手許現金が増加したということではない。

　企業経営では「黒字倒産」という言葉がある。実際「儲かっているが、経営は苦しい」ということがある。売上高の急激な増加は債権（未回収金）を増加させるだけで、その回収が長期化し、その結果、資金繰りを悪化させてしまう。そのような状況を早めに把握して、対策を打つために、キャッシュ・フロー計算書を作成している。学校法人会計では、これに相当するものが資金収支計算書である。

　学校法人会計は、基本的に企業会計を採用しているので、発生主義会計を行っている。それゆえに「資金の収支」を埋没させてしまうことにもなる。そのために、学校経営上重要な「資金繰り」を取り扱うものとして資金収支計算を行っている。

　学校経営においては、経営の努力で短期的に売上（事業収入）を増加させることはできない。入学時に当該会計年度に納める学生の学費（授業料などの収入）で決まってしまうので「支出予算の管理」が重要である。そのため事業遂行上「資金繰り」は、とくに事業計画において重要であり、不足する場合には新たに資金の調達をしなければならないし、逆に超過する場合には、効率的な資金の運用を検討していくことになる。

　ここにいう「資金」とは一般的には、「当座資産」に近い概念であるが、基本的なところにおいて差異がある。「資金」とは、支払い手段となりえるものをいうので、現金・預金（拘束性予金・長期性予金を除く）、未収入金のうち短期的に回収できるもの並びに一時的に運用している短期運用資産を指している。ここにいう資金は、学校法人会計基準でいう支払資金より、範囲が広い概念としている。

学校法人の収入のほとんどが、学生・生徒が納める授業料など（入学金、施設拡充資金などを含む）および国もしくは地方公共団体の補助金である。企業のように経済的犠牲（原価、費用の負担）を払って、経済的成果（収益の獲得）を得ようとするものではない。企業は、経営上、幾ら費用をかけても、それに見合う収益が見込めるならば（費用補償計算の確保）問題はない。

　他方、私学経営は入学している学生・生徒の員数によって収入は確定されているので、その範囲で支出を行わなければならない経営構造になっている。収入予算は、退学などによる減収があっても、途中入学などは原則としてありえないので、増収（追加的収入）は、期待できないのが現実である。その意味では、各会計年度における予算資金収支計算がとくに重要な財務活動になっている。

　そのため、学校法人会計では、一方で発生主義会計を採用しているが、他方において現金主義会計による収支管理が重要なのである。「資金収支計算書」は、この現金主義会計によって計算された収入と支出の財務表である。この収入には、借入金による資金の調達並びに有価証券や固定資産の売却などによる収入が含まれているし、他方、支出には借入金の返済と利息の支払い並びに有価証券の購入なども含まれてくる。

　なお、収入については「資金収支計算書は、収益事業会計以外のすべての活動に関する資金の収入支出の状況を示すものであり、特定の収入支出について別会計で経理しているなどの理由でこれを資金収支計算書の記載から除いてはならない。」（私学通知Ⅱ2）としている。したがって、すべての収入と支出を示すものでなければならない。

　資金収支計算書の構造は、次ページに示した図表（1－1）のようになっている。

図表（1-1） 資金収支計算書の構造一覧表

支 出 の 部		収 入 の 部	
資金支出		資金収入	
人件費支出	×××	学生生徒等納付金収入	×××
教育研究経費支出	×××	補助金収入	×××
管理経費支出	×××	事業収入	×××
設備関係支出	×××	－－－－	×××
－－－－	×××		
資金支出調整勘定		資金収入調整勘定	
期末未払金	△×××	期末未収入金	△×××
前期末前払金	△×××	前期末前受金	△×××
次年度繰越支払資金	×,×××	前年度繰越支払資金	×,×××
支出の部合計	××,×××	収入の部合計	××,×××

　上記の資金収支計算書の構造一覧表を見て分かるように資金収支計算書は、一会計年度におけるすべての収入（支払資金の収入）と支出（支払資金の支出）を網羅的に記載しているものではない。

　まず、収入の部の合計額と支出の部の合計額を合致（均衡）させるために、収入の部に前年度から繰り越されてきた支払資金を含めることとし、支出の部に次年度へ繰り越していく支払資金を加算している。前年度繰越支払資金は当該会計年度の収入ではないし、次年度繰越支払資金も決して資金の支出になっているものではない。あくまでも制度上の仕組みなのである。

　資金支出調整勘定と資金収入調整勘定の２つの調整勘定も学校法人会計の特徴である。発生主義会計の下で収入とされたものから、現金主義（資金収支会計）による収入の額を算出するために、期末未収入金と前期末前受金を控除する。また、発生主義会計の下で支出とされたものから、現金主義（資金収支会計）による支出の額を算出するために、期末未払金と前期末前払金を控除するなど、一定の調整を必要としている。

(3) 消費収支計算書の内容と機能

　消費収支計算書は、現金主義ベースの資金収支計算書を発生主義ベースに置き換えた表で、企業会計の損益計算書に相当する財務表である。したがって、資金収支計算書には、土地建物などの有形固定資産の購入あるいは資金の借入もしくは返済が記載されるが、資金の収支に関係のない取引、たとえば、減価償却費や退職給与引当金繰入額の計上などは記載されない。

　他方、消費収支計算書には資金の収支そのものの取引、たとえば、資金の借入もしくは返済並びに資産の増減および負債の増減取引は記載されない。消費収入および消費支出に関する取引だけが計上されてくる。

　学校法人の会計は、財務会計システム（学校法人会計システム）を採用して実施している。これは発生主義会計を基礎としている。したがって、システムから作成されるのは、貸借対照表と消費収支計算書である。その結果、資金収支計算書を作成するためには、既述した調整勘定のような組替整理（伝票の起票を要しないもの）を行う必要がある。財務会計システム上対応できるようにしておけば、以下に示すような組み替え整理（仕訳起票）その他の必要な仕訳を入力すれば、消費収支計算書（発生主義ベースの会計）の数字から資金収支計算書を作成するが可能になる。

　　　　（借方）　　　　　　　　　　（貸方）
　　前　受　金　　×××　　学生生徒等納付金収入　×××
　　（前期末前受金の振替）　　　　（入学金収入に計上）

　前期末前受金は、発生主義会計の下においては、当該会計年度に学生生徒等納付金収入（収益）として処理されている。しかし、入金したのは前会計年度であり、当該会計期間の収入ではないため、期末前受金は資金収支計算書上、資金収入調整勘定として△（マイナス）で表示する。△で表示するのは、消費収支計算書の学生生徒等納付金と資金収支計算書の学生生徒等納付金収入を合致させておくためである。

このような調整が必要になるとしても、中小規模の学校法人にあっては、財務会計システム上必ずしも対応できていない場合がある。たとえば、高等学校の例をとれば、修学旅行預り金やＰＴＡ預り金あるいは給与から控除した預り金（源泉所得税・住民税など）である。都道府県の指導に従えば、これらについても、会計年度を通して全体の預り金収入の額と預り金支出の額を記載するものとされているからである。

　学校事業を適切かつ健全に運営していくためには経済的犠牲（消費支出）を必要とする。消費収支計算書における消費収入が、この支出を補償するものであって、十分な消費収入が確保されていないと、健全な学校の運営に支障をきたすことになる。
　なお、消費収支計算書は、収益事業会計以外のすべての活動にかかる消費収支計算の結果を表示するものであり、「特定の消費収入消費支出について別会計で経理している等の理由でこれを消費収支計算書の記載から除いてはならない。」（私学通知Ⅲ２）としている。これは「総額主義の原則」を採用すべし、ということを意味している。
　また、消費収支計算書は、企業会計の損益計算書に相当する計算書になっている財務表であるから、前年前から引き継がれている前年度繰越消費収入超過額（または前年度繰越消費支出超過額）に、当年度の消費収支差額を加減調整して、次年度に繰り越す翌年度繰越消費収入超過額（または翌年度繰越消費支出超過額）を計算し、表示することになっている。貸借対照表にも同一のものが表示される。この構図によって、同科目が、消費収支計算書と貸借対照表との連結環になっている。従来（会社法制定前）の企業会計における当期未処分利益（もしくは当期未処理損失）に相当し、ここにおいても、貸借対照表との連結環になっている。ただし、この部分は、平成18年に施行された会社法によって資本の部が「純資産の部」になったなど、企業会計の変革によって変更されている。

(4) 入学金などの会計処理の問題認識

　発生主義会計は、発生という事実の認識に基礎をおいている。発生主義会計は企業会計全体を指しているが、一般的に発生主義は「費用の認識」に強く作用し、収益の認識には実現基準が一定の抑制機能を有している。企業会計原則は「売上高は、実現主義の原則に従い、商品などの販売又は役務の給付によって実現したものに限る。」としている。学校法人会計においても、消費収入の認識では、この「実現主義の原則」（実現基準）に基礎をおいている。ここに実現基準における実現とは、財貨または役務の提供の対価として、現金・預貯金・受取手形・売掛金等貨幣同等物を受け取ることをいう。

　通常、その具体的な現れは販売行為（学校法人会計においては役務の提供）であり、実現基準は「役務の提供」という事実をもって消費収入を認識する尺度としている。役務を提供する前の段階では「未実現の状態である」として消費収入を認識しない。

　ところで「入学金の会計処理」については、その収入を認識すべき時点について、私学会計と国公立学校会計の間では、大きな相違がある。なお、ここで使用している私学会計と学校法人会計という用語の使い方は、意義・内容において、特段の相違はない。国公立学校法人会計に対して、あえて比較の明瞭化の視点から私学会計と称しているだけのことである。

　入学金の納入があったときに、次のように会計処理が行われている。

① 私学会計
　　　（借方）　　　　　　　　（貸方）
　　現金預金　　　×××　　　前　受　金　×××
　　　　　　　　　　　　　　（入学前受金「細目」）

　私学会計では、入金があった時点では、前受金として処理しておき、当該学生が入学した会計年度の収入として会計処理が行われてい

る。入学金の収入時期と入学者の入学の時期が合致しているため、これ自体、適切な会計処理として認められている。一部、問題があるとしても、比較的、当然のことと考える。

　国公立大学では、入学手続きの対価と考え、入学手続きを行った年度の収入として処理している。しかし、入学金を学校法人が行っている「入学に関する事務手続き」だけの対価として考えて妥当なのであろうか。大学を念頭に考察すれば、学生のうち、多少、退学者が出てくるとしても、多くの学生が卒業していくものと思われる。そして卒業するまでの間、諸々の事務手続きが、職員によって行われている。授業料があくまでも、授業（教育費用・教員報酬および教育に関連する職員経費）に対する対価であるとするならば、入学金は在籍に対する権利を意味するものと考えることが相当であるという理屈になる。したがって、卒業するまでの４年間（四年制大学の場合）で処理すべき長期前受金（営業循環基準であるため流動負債）が妥当なのではないのかと考える。

　別の視点から検討してみたい。企業が、第三者からマンションなどを賃借して、社宅として利用することがある。その場合、慣行として礼金や更新料の支払いがある。とくに関西地方においては「敷引」という慣行がある。退出時に敷金のうちの一部を引いて残余を返還するというものである。企業は営利法人で、法人税法の課税事業者であるため、税法上の規制を受けている。

　そこで更新が２年ごとに行われる場合には、礼金や更新料は２年間で、また、敷引相当額は一般的には５年間で償却している。税法（所得税法を含む）の考え方は、礼金や更新料は２年間の賃借に対する権利であるから、その期間に割り振って損金に認容するというものである。ただし、家主の方は、一度受け取った礼金や更新料並びに敷引相当額は、返す必要のないものであるから負債として認識はせず、受け取った時点の益金として処理すべきものとしている。税法固有の「債権債務確定主義」の適用である。このように借家人と家主との間では、課税の取り扱い（益金と損金の認容）に相違が発生している。

さらに、重要なことがある。卒業式の費用を、どの入学時の納付収入、もしくはどの会計年度の収入に対応させるべきか、ということである。現実は、卒業する学生の卒業式など一切の費用は、当該会計年度の全体の収入で負担している。卒業式費用として、学生から納付を受けていないならば、上記の繰延経理とは別にして、せめて入学金の相当額を卒業式費用充当用に、前受け処理すべきものと考える。入学金は入学金として会計処理をしたいのであれば、卒業式の費用について、入学時から引き当てをしていく必要がある。しかし、残念なことに、現在の私学会計および国公立会計、いずれもこれに対して適切な会計基準を設けていない。理論上「卒業式の費用」は引当計算をすべきである。

　なお、私学会計においても、入学金を入学手続き時（前年度）に収入計上したことがある。1度きりの変更である。翌年度には戻しているので、翌年度は入学金収入がないことになる。消費税が導入された平成元年（4月1日施行）のことである。入学金も課税対象とされることになったために、導入前の3月に収入計上したということである。継続性の変更となり、しかも、1度限りということで「みだりな変更」に該当するのであるが、会計監査上は「重要性の原則」によって、重要な変更ではないとして、切り抜けている。

② 国公立学校会計
　国公立学校会計では、入学手続きをした日の属する会計年度に会計処理（経常収益）している。
　「国立大学法人会計基準」および「国立大学法人会計基準注解」並びに「国立大学法人会計基準及び国立大学法人会計基準注解に関する実務指針・Q＆A」のQ16－2によれば「入学金については、入学を許可することの対価であり、あわせて、入学手続に対する収益と考え入学手続完了時に収益として取り扱うこととする。」としている。
　ここに、実務における会計処理上、ひとつの大きな誤りがある。「入学が許可されたのはいつか」ということと「入学手続き完了時は

いつか」という時点の認識にある。というのは、入学式において学長などが挨拶して、その祝辞のなかで「入学を許可する」旨の発言があるように、入学の許可は入学式の日であって、事務上は遡及して４月１日付けで学籍原簿に記入することになっている。たとえ、事務上、３月中に学籍原簿が作成されていたとしても、それまでは、学籍原簿に記載されていない時期である。したがって、３月中に、学生が在籍証明書の作成を申請してきても、出すことはない。

　また、入学手続きの完了する日は入学式が終了して、学生の「入学の意思」を確認した時点である。３月中に入学のための手続きをしたとしても、入学をしない者が現実にいる。そのため「入学金返還請求訴訟」が幾つか起こされている。実際、学校法人によっては、入学してこない学生に対して入学金を返還している事例がある。このケースに当てはまる事例は、極少数であったとしても、入学を認識する重要な要素になっていることは確かである。

　入学手続きをした日の属する会計年度に収入計上するのは、事務職員の事務が入学に関する事務手続きに対する対価であるという考え方に基づいている。しかし、一番気を使い、一番費用がかかるのは入学式である。実際に、事務手続きをしている職員が、そのように説明している。したがって、入学金を３月に収入計上している国公立大学法人の会計処理は決して適切な会計処理であるとはいえない。

2　基本金会計

(1)　基本金の意義と内容

　学校法人会計の「基本金」もしくは「基本金に関する会計」は、きわめて特徴ある会計もしくは勘定科目である。企業会計の資本もしくは資本金（株主拠出金つまり資本準備金を含む）や公的部門の会計などにおける「正味財産」に相当するあるいは類似する用語といえるが、その性

格と内容には大きな相違がある。企業会計と比較した大きな相違は学校法人（私立学校）には、株式会社の株主に相当する出資者（所有者）がいないことにある。つまり、持分を表す株式の発行がない。理事は経営者（取締役、執行役）に相当し、理事長は社長（最高経営責任者）に相当する立場にあるが、持分を有してはいない。なお、社長が必ずしも株主である必要はない。

　学校法人（私立学校）は、私学の経営（大学事業の遂行）上、一定の財産、すなわち、校地、校舎などの施設設備を保有していなければならない。このように、基本的に重要な財産（一般に「基本財産」という）を所有している。このような財産（基準では「資産」という）に対応する貸方科目を学校法人会計は「基本金」と呼んでいる。

　学校法人会計基準第29条は、基本金について「学校法人が、その諸活動の計画に基づき必要な資産を継続的に保持するために維持すべきものとして、その帰属収入のうちから組み入れた金額を基本金とする。」と定めている。資産と基本金との関係は、以下に示した図表（1-2）のように釣り合いが取れているものとしている。

図表（1-2）貸借対照表における基本金関係図表

借　　方	貸　　方
継続的に保持・維持すべき資産	基　本　金

　ところで、償却資産は、毎年、償却していくために、追加投資がなければ、帳簿価額は減少していくが、基本金は変わらない。したがって、両者は決して、合致しているものではなく、また、合致を求められているものでもない。要するに、基本金は、学校法人が、その諸活動の計画（大学事業の遂行）に必要な資産であって、継続的に保持・維持していくべき資産としての一定の大きさ（金額表示）を意味しているものにすぎない。

　学校法人の基本金は「基本金＝資産−（負債＋消費収支差額）」であ

る。この等式は資産－負債＝基本金＋消費収支差額（学校法人会計基準第32条）であり、この等式でみる限り、資産－負債＝資本金＋剰余金（企業会計を「単純化している」）に相当する。

いずれにしても「諸活動の計画に基づき必要な資産」とは、教育・研究に必要な資産であるから、法人本部の施設のほか、教員・職員の厚生施設（保養施設を含む）なども、法人として必要な施設と認識すれば、基本金の組み入れ対象となる。そこで、たとえば、ゴルフ会員権（券）は対象となるのだろうか。学生の体育教育や部活動に必要なものとして、取り入れるならば、基本金の組み入れ対象となる。

また「継続的に保持・維持すべき資産」とは、ある特定の資産が提供するサービス（有用性）の永続的な利用を、法人として、必要としていることをいう。したがって、学校法人会計基準の趣旨として、原則として「基本金の減少」は、規模もしくは施設設備の縮小を意味することになるから認めてはいない。

たとえば、幼稚園での事例であるが、園児の送迎バスが老朽化したために買い換えた。旧来のバスは新車であったために600万円であったが、中古車でも十分間に合うということで、中古車を購入することにした。金額は200万円であった。学校事業を継続していくための資産に実質的変更はないので、維持すべき資産に対応する基本金の額の修正が必要と考えられたところであるが、所轄官庁は、この400万円に相当する基本金の取り崩しを認めなかった。

ところで、「学校法人会計基準の一部改正について（通知）」（平成17年5月13日）が発表され、基本金の取り崩しについて「経営の合理化や将来計画の見直し」を行った場合などにおいて、取り崩すことができることになった。

(2) 基本金の種類と内容

学校法人会計基準第30条は「基本金への組み入れ」を定めており、以下の4つに基本金を区分している。それぞれ「第○号基本金」と呼ん

でいる。

> ① 第1号基本金　学校法人が設立当初に取得した固定資産で教育の用に供されるものの価額または新たな学校の設置もしくは既設の学校の規模の拡大もしくは教育の充実向上のために取得した固定資産の価額
> ② 第2号基本金　学校法人が新たな学校の設置または既設の学校の規模の拡大もしくは教育の充実向上のために将来取得する固定資産の取得に充てる金銭その他の資産の額
> ③ 第3号基本金　基金として継続的に保持し、かつ、運用する金銭その他の資産の額
> ④ 第4号基本金　恒常的に保持すべき資金として別に文部大臣の定める額

　以上掲記した基本金の内容（実態的財産）は、すべて借方の資産であり、学校法人が、健全かつ円滑に私学経営を行っていくために、保有していくべき財産を意味している。つまり、これらの財産は企業会計でいえば本社、工場、研究所並びに必要とされる運転資金などの基本的に必要とする財産であり、自己資本をもって所有していなければならないという「学校法人存続の基本的経営理念」によるものである。

　このように、基本金は、第1号から第4号まで種類によって分けられた基本金によって構成されており、その内容は、性質上、別個のものであって、相互に関連しているものではない。ただし、第2号基本金は、いずれ第1号基本金に振り替えられる性質のものである。

　株式会社の場合、資本金は株式の発行（増資）によって増額し、減資の手続きによって減額するが「学校法人の基本金」は、学校法人の経営上維持していかなければならない「重要な財産の金額的大きさ」を表している。校地の買収を行いあるいは校舎を建築したような場合、固定資産が増加するとともに基本金をも増加させるため、以下のように消費収

入計算（帰属収入）から振り替えることとしている。

　　　　　（借方）　　　　　　　　　　（貸方）
　　基本金組入額　　×××　　　　基　本　金　×××
　　（消費収支計算書）　　　　　　　（貸借対照表）

　基本金組入額は、このように仕訳（振替）をすることになっているが、消費収支計算書上「基本金組入額合計」とされることになった。なお、大規模学校法人の場合、学校別もしくは学部別の会計単位制を採用していることが多いので、その会計単位ごとに会計を行い、その後統合することになる。
　いずれにしても、上記に関連する仕訳は、組入額の内容（内訳）を明瞭に表示するためにも、本来、以下のように実施（表示）すべきである。

　　　　　（借方）　　　　　　　　　　（貸方）
　　第○号基本金組入額　×××　　第○号基本金　×××

　そして、現在の学校法人会計基準による消費収支計算書（第4号様式）では「帰属収入合計」から基本金組入額合計を控除して「消費収入の部合計」を表示する様式になっている。
　学生生徒等納付金（冠項目の項とすれば）は、授業料、入学金、実験実習料、施設設備資金、その他適当な科目（冠項目の目に相当）に区分して記載するものとしている。手数料、寄付金、補助金（いずれも項に相当する科目）も、幾つかの目に相当する科目に区分して記載するものとしている。ところが、基本金組入額は基本金組入額合計一本で表示することになっている。基本金の組み入れは重要な会計処理であり、また「学校経営における経営意思」の結果を反映しているものであるから、区分ごとの組入額（目に相当する科目）を記載し、その下に基本金組入額合計として表示するようにすべきであったと考える。
　基本金の特徴のひとつは、第4号基本金「恒常的に保持すべき資金」

にある。ほかの基本金は原則として、貸借対照表の固定資産に対応するものであるが、この第4号基本金は流動資産それも当座資産に対応するものであるからである。その結果、具体的な「継続的に保持・維持すべき資産の額」と基本金合計額の合致性が維持されることはない。

　学校経営は、ほとんど学生生徒等の納付金収入と国もしくは地方公共団体からの補助金収入によって賄われていて、短期的には経営努力で収入を増加させることができない構造になっていることは前述のとおりである。したがって、資金収支計画とその実行が大切な経営手腕になっている。学生生徒等納付金収入等収入の大部分が3月から4月に入ってくる。しかし、経費支出は1年を通して支払われる。そこで、日々の支出に支障をきたさないように、一定の支払い用資金（運転資金）を確保しておかなければならないという考えから発生してきたものが第4号基本金である。また「別に文部大臣の定める額」とは、前年度における資金支出を伴う経常的経費（支払利息を含む）の1ヵ月相当の額とされている。したがって、毎年度、見直しが行われる性格のものであるが、上下10％以内の金額であれば調整（修正）する必要はないものとされている。

(3) 基本金会計の特徴と問題点

　学校法人会計の特徴は「基本金の会計」にある。学校法人会計基準第29条は、基本金について「帰属収入のうちから組み入れた金額を基本金とする。」と定めている。ここに特徴と同時に問題が潜在している。

　帰属収入とは、法人にとって「債務とはならない収入」で、あえて言い置くとすれば、企業会計の収益に近似するもので、消費収支計算書上の用語である。したがって、資金収支計算書には表示されない。帰属収入から基本金組入額合計を控除して、消費収入を計算し、さらに、この消費収入を持って消費支出を賄う記載様式になっている。消費支出が、学校事業を運営していくための経費（支出）であるとすれば、消費収入は学校を財政的に健全に維持していくための、その限度額を示していることになる。

第二部　大学の会計と経営

新たに学校を設置するために、あるいは新校舎を建設したとして、土地100億円と建物50億円を支払ったとした場合の仕訳を示すと、以下のようになる。

　　　　（借方）　　　　　　　　　　（貸方）
　　土　　地　　　　100億円　　　現金預金　　　　150億円
　　建　　物　　　　 50億円

　これらの資産は「学校事業の諸活動に必要な資産であり、継続的に保持・維持していくべき資産」に相当するものであるから基本金の対象になる。そのため、以下のように基本金に組み入れることになる。

　　　　（借方）　　　　　　　　　　（貸方）
　第１号基本金組入額　　150億円　　第１号基本金　　　150億円

　この仕訳からは読み取ることはできないが、第１号基本金組入額は、消費収支計算書上、帰属収入から「基本金組入額合計」として控除することになる。したがって、消費支出を賄う消費収入の額が小さくなる。土地などの非償却資産の場合は、１度限りの控除であるが、償却資産の場合は２度引くことになっている。
　建物等減価償却資産は、減価償却を行うので、消費支出のなかに減価償却費として計上する。消費収入から消費支出を差し引いて当年度消費収入超過額（マイナスの場合は当年度消費支出超過額）を算出する仕組み（計算構造）になっている。このように、建物等減価償却資産を購入した場合には、帰属収入から控除（貸方・基本金）した上で、減価償却費を改めて帰属収入から控除するという特異な会計処理を行うこととされている。
　これは学校を経営する法人として「財務健全性の維持」もしくは「基本的財産の維持」の要請から「保守主義の精神」もしくは「慎重な学校経営の理念」として行うものと理解される。しかし、この会計処理は、

学校事業が非営利事業であるがゆえに認められるものであって、その枠を外しては構築できるものではない。

　当年度消費収入超過額は、企業会計の当期純利益もしくは法人税法の課税所得に類似するもの、もしくは相当するものとして理解されるところであるが、そうであるとすれば、施設設備（建物等減価償却資産）を増強すればするほど、消費収入の額が小さくなる。そして大規模投資をする学校法人ほど法人税法の課税所得が軽減する（仮説の説明）ということになってくる。ここに学校法人会計の根本的な課題がある。

　さらに、基本金については「帰属収入の額を超えて組み入れてはならない」という明確な規定を置いていないが、「帰属収入のうちから組み入れた金額を基本金とする」と定めていることから、帰属収入の範囲以内で組み入れを行うものと理解される。したがって、たとえば、資金に余裕がある学校法人が、手元資金をもって将来の新校舎用地150億円を購入したと仮定した場合、前述のような会計処理をすることになって、消費収入がマイナスになってしまうことがありえる。そのようなことが起こらないように、組入額の平準化を行っていく必要がある。そこで事前計画が極めて重要になっている。本件については、次項で関連する内容に触れていくことにする。

　土地や建物などの実物資産を購入した場合には「学校事業の諸活動に必要な資産であり、継続的に保持・維持していくべき資産」に相当するものとして、基本金に組み入れることは理解できるとして、最近、いろいろな課題が発生している。とくに専門職大学院が流行(はやり)のように、多数、設置されている。そして、専門職大学院以外の大学院を含めて、多くが都心、しかも、東京の中心地区に設置されているケースが多い。交通の利便性の高い、大手不動産の所有建物を賃借して開校しているケースがある。なかには東京から遠方の、たとえば、東北、関西など地方の大学が東京の中心地区に専門職大学院を開校している。賃借している建物などの施設設備は「学校事業の諸活動に必要な資産であり、継続的に保持・維持していくべき資産に相当する」はずであるから、基本金に組

み入れなければならないことになる。しかし、現実には、賃借しているので基本金の対象にはしていないために新たな問題としている。

ここにも、これまでの学校法人会計基準が想定してこなかった問題が発生している。

(4) 基本金の組み入れと維持・取り崩しの課題点

帰属収入の範囲内で、基本金への組み入れを行うものとされている。しかも、一定の消費収入を確保する必要があるために、一会計年度に一度に多額の組み入れを行うことができない。そのために、将来の新校舎建設（土地の取得を含む）などの大規模な計画においては、長期的な計画が必要とされる。

土地の取得などについては、あらかじめ資金の手当（特定預金を設定する）をしておくとともに、当該金額を基本金に組み入れておくものとする。これを毎期、継続的に計画し、実施していくことにする。本件については、理事会などの決議を要するとともに「第２号基本金の組入れに係る計画表」に必要事項を記載して、計算書類に含めて所轄官庁に提出する。したがって、安易な計画も、その取り消しも行うことはできない。

このような計画に従った資金の手当に伴う会計処理は、以下のように行われる。

(借方)		(貸方)	
新校舎建設特定預金	×××	現金預金	×××
第２号基本金組入額	×××	第２号基本金	×××

たとえば、総事業投資予定額が100億円として、10年計画とすれば、毎年、10億円を新校舎建設特定預金として積み立てていくとともに、同額を基本金に組み入れていくことになる。このように平準化して、特定の会計年度の帰属収入に対する負担を軽減化する。この結果、消費収入が平準化する。

この基本金の問題とすべき点は、基本的に「学校経営上の重要な財産」を維持していくべき資産（借方）を表しているため、その取り崩し（減額）は厳格に規定されている点にある。取り崩しを行う場合には、計画の中止などの正当な理由が必要になる。

　学校法人会計基準第31号（基本金の取崩し）は「学校法人は、次の各号のいずれかに該当する場合には、当該各号に定める額の範囲内で基本金を取り崩すことができる。」と適用可能な範囲が限定されている。

一　その諸活動の一部又は全部を廃止した場合
　　その廃止した諸活動に係る基本金への組入額
二　その経営の合理化により前条第１項第１号に規定する固定資産
　を有する必要がなくなつた場合
　　その固定資産の価額
三　前条第１項第２号に規定する金銭その他の資産を将来取得する
　固定資産の取得に充てる必要がなくなつた場合
　　その金銭その他の資産の額
四　その他やむを得ない事由がある場合
　　その事由に係る基本金への組入額

　その廃止した諸活動に係る基本金への組入額の範囲内で基本金を取り崩すことができる、という場合の「諸活動の全部の廃止」は、通常、学校の閉鎖もしくは学部・学科の廃止である。なお、廃校となれば基本金の存在など問題にならない。全てを清算するからである。

　また、一部の廃止は解釈上、大学でいえば学部の廃止であって、学科の廃止は含まれていない。さらに、次のようなケースもあって、基本金の取り崩しはほとんど発生しない。たとえば、バブル経済に建設した建物を取り壊して新しいものを立て替えたとする。旧建物の取得価額よりも建築費が安くなったからといって、その差額部分の取り崩しができないということである。

備品などを廃棄処分したとしても、新規の購入価額よりも処分等資産の取得価額が大きかった場合にも、その差額の取り崩しを行わない。前者の方が大きければ翌年以降の購入をもって充てていくということになる。

　学校法人（私立学校）は、校地、校舎などの基本的に重要な財産を所有していると同時に、これらの財産に対応するものとして一定の金額を、基本金として貸借対照表に表示している。しかし、償却資産は、毎期、減価償却を実施しているので、帳簿価額は小さくなり、それに相当する金額だけ、基本金額との間に乖離が発生してくる。
　学校法人会計はそこまで求めていないが、公益法人会計では、減価償却累計相当額を「減価償却引当資産」（特定資産）として、たとえば、預金などで積み立てておくことが望ましいものとしている。
　バブル経済崩壊後の長期にわたる低金利時代において、幾ら財務の健全性・安全性の要請があるとしても、預金などによる「引当資産」を積み立てておく必要があるのか疑問である。減価償却を実施して、収入（事業収益）から回収した資金（減価償却費に相当する額）は「自由選択性資金」として、それが投資された先（たとえば、固定資産）の責任（事業収益性）である。そのように経営管理の問題になっているものと理解すべきである。

3　国立大学と公立大学の大学法人会計の問題点

(1)　国立大学法人設置の背景と国際化の問題

　国立大学の法人化の在り方を検討してきた文部科学省の「国立大学等の独立行政法人化に関する調査検討会議」は、平成14年3月26日に最終版の報告書「新しい『国立大学法人』像について（以下「報告書」という）」を発表した。この報告書は、まず「知の時代とも言える21世紀にあって、学問や文化の継承と創造を通じ、人類や国際社会への貢献が

ますます求められている。知の拠点としての大学の責務は、重大である。」と前置きした上で「今後、この報告の内容を踏まえ、早期に国民の期待に応えた国立大学等の改革と新生が図られることを期待する。」と主張している。

　日本の大学は、これまで「国際社会への貢献」および「国民の期待に応えた国立大学」としての機能や役割をほとんど行ってこなかった。それ由にこそ、このような要請（期待）を込めた表現になっているものと理解されるところである。日本は、国家事業として、先進諸国に比較して、比較的多額のもの、たとえば、国連への拠出並びに発展途上国に対する支援を行っている。しかし、はっきりしていることは「政治的優位性がほとんどない」ということである。このように、日本の政治姿勢を見て分かるとおり、日本は世界を舞台にした場合、はっきり言って発展途上国並みの行動（発言を含む）しかとっていない。ただし、最近では、他の先進諸国が拠出額を増加させているのに対して、日本は、逆に、せいぜい維持しているか、もしくは減少させているために、一層、発言力を弱まらせているのが実情である。

　多くの人が認識しているように日本の大学は世界に向けた「門戸開放」に消極的であり、相当程度に閉鎖的である。それは大学だけではない。ここで、教育研究の世界を見ると「留学生の受け入れ」並びに「学業上の成果」の世界に向けた発信においても、そのことがはっきりと言える。留学生の受け入れ体勢について言及すれば「教育費と生活費」が、いずれも世界水準よりかなり高く「支援体制が貧弱である」ことによって、結果として受け入れを拒んでいることになる。

　日本で学んでいる留学生は、平成18年度で、11万7,000人いる。しかし、留学生に対する支援体制は不十分で、大学や留学生会館を利用している私費留学生は40％以下であって、60％以上が民間のアパートに住んでいる。また、留学生用のカリキュラムを80単位以上設定している積極的な大学がある一方で、3分の1の大学が用意していない。少子高齢化社会を迎えていくに当たって、人材と労働力が不足していくことが確実に見込まれている現在、その手当てとして、海外の人材と労働力が

必須となっている。現状における政府の政策を見る限り、そのことを政府が、十分、理解しているとは思えない。

　最近、とくにアジア地区からの留学生が増加しているが、日本における就職の機会が狭められていることから、卒業したら帰国することになる。そして、学生時代における日本人との交流の狭さも手伝って「良い思い出」をもって帰国することが少なく、したがって「日本あるいは日本人嫌いになっている」ことが多いという。これは学校だけの問題ではなく、ひとえに行政の問題でもある。ただし、最近の傾向として、日本で、就職する機会もしくは就職する留学生が多少増加してきているという変化が見られる。

　日本政府は「留学生30万人計画」を打ち出しているが、受け入れ体制が未整備のため増加していない。欧米が戦略的に受け入れてきたのとは差がある。留学生が学生全体に占める割合が、日本では3.8％にすぎないが、イギリスでは24.9％、ドイツは12.3％で、その開きが大きい。
（参考・日本経済新聞　平成20年5月26日　朝刊）

　入国管理局の調査によると平成17年12月末現在で外国人登録をしている留学生は12万9,568人で、対前年比0.2％の減少であり、これは平成9年以来の減少となっている。留学生の国別を見ると中国がもっとも多く、69.0％を占めていて、8万9,374人（対前年比1.5％の減少）となっている。次が韓国の1万6,309人（対前年比0.8％の減少）である。都道府県別では、東京都にもっとも多い4万361人（31.2％）が登録している。全体の60％を締める中国の留学生が欧米志向を強めていることもあって、2年連続して減少している。

　また、日本学生支援機構の調査（平成18年5月1日現在）によると、海外から日本への留学生は、9年ぶりに減少したが、それでも2番目に多い11万7,927人であった。過去最高は前年の12万1,812人であった。留学生が最も多いのは、都道府県別では、東京都で3万9,520人（33.5％）、国別では中国が最も多く7万4,292人（63.0％）となっている。（参考・日本経済新聞　平成18年8月8日　夕刊・同年12月14日　朝刊）　前者と後者の数字の相違は、時点の相違のほか、外務省（入国管理関係）と文部科学

省など管理の相違も影響している。

(2) 学生・生徒の学びの姿勢と問題

　教育（授業）の在り方にしても教官（教員）と学生との間の対話が少なく、教育が教官から学生への一方通行となっている。教員は講義することによって、義務を果たしていると考えている。これは、とくに私立大学のマンモス教育において強く言えることである。また、学生も、すべてというわけではないにしても、往々にして「授業に出席していればよい」という考え方をしている。学習意欲が低下していることも影響しているのか、人を退けても、上位の成績を取りたいという意欲のある学生が相対的に減少してきている。全入時代になれば、この傾向はさらに強くなると考えられる。

　とくに日本においては「学ばない症候群」が増加していることに、関係者が頭を痛めている。神奈川県の調査によれば、県立高校二年生の51％が学校以外で全く勉強をしないし、また、80％以上が1日に1時間の勉強すらしていないという。しかし、重要なことは別なところにある。学校の授業をまじめに聴いているのか、授業の内容をきちんと理解しているのか、ということである。むしろ、授業すら十分に聴いていないのではないかと危惧される。勉学に関心がない、意欲がわかないという生徒・学生が増加している現象は、日本の将来を見据えたとき、大きな問題として浮き上がってくる。また、個人が大人になったときに、自立（生活力）できない可能性がある。

　授業の内容がよく理解できないと、おいていかれるし、一層、理解しきれないまま進んでいくことになる。そうすると、面白くないし、それが勉強嫌いとなり、勉強拒否、そして不登校につながっていくことにもなる。自主性、自律性が欠落していて、深い知識や教養を求めるわけでもなく、漫然と高校と大学を卒業して、社会に出ていったとして、このような若者を多数抱えていくことになると、はたして、これからの日本の社会を託すことができるのか、大きな課題である。このままでは、世

界の競争社会から日本はおいていかれることになる。したがって、日本の大学教育は、一層、重要になっているといえる。とくに国立大学は私立大学ができないところで、果たしていくことが求められている。

　ある生徒のことが新聞に掲載されていた。彼は学校だけの勉強しかしていない。帰宅するとオセロゲームに熱中し、受験勉強などしたことがないという。それで現役で東京大学に合格して、その年にニューヨークで開催されたオセロゲームの世界大会で優勝か、準優勝したということである。彼は、授業を一度聴いたら、それで理解できるし、忘れることはないという。集中力が高いということ、それに関連して理解度と記憶力が高いということなのであろう。このような生徒がいることも確かなことであるが、できる生徒・学生とできない生徒・学生という格差が起きている。このようなことは、従来からあったのであるが、今後は、自立（生活力）できない者が生まれてくるという「社会の歪(ひずみ)」が問題になってくる。

　「学び」からの逃避は、勤労意欲の低下を招き、社会での生存競争力の喪失にもなってくる。これらの現象は、将来の日本を背負う若者の姿として、大きな憂いをもたらしている。また、全国の全日制高校の中退率が1.7％（平成17年度）で、年間約6万1,000人の高校生が一度入学した学校を退学している。

　41ヵ国の15歳を対象とした学習到達度調査（平成15年度）「国際教育到達度評価学会（ＩＥＡ）」によると日本人の「基本的な読解力に危うさの残る最下層の生徒」の割合が3年前に比較して4.8％上昇して、7.4％に達し、参加国の平均値を上回ったと報告されている。また、この調査では「数学の勉強が楽しいか」という中学二年生への質問に対して「強くそう思う」と回答した者はわずかの9％で、平均の29％を大きく下回っている。

　最近の傾向として、文系において経済学部を避けて法学部などを受けている傾向が強くなっているという。受験科目に数学がないことと、経済学部では試験に数学を選択しなかった学生は、入学してから数学を履修しなければならないからである。これらの現象については、生徒自身

の問題でもあるが、教員側にも問題がある。学科の好き嫌いは、時には教員の態度（教育方法や姿勢）に大きく左右されることがあるからである。東京都の教員（高等学校）の30％が50歳台で、生徒と教員の対話がないか、あるいは、少なくて、また、教員同士の学び合いの場が職員室から消えているという。教育という技術の伝承の場が失われていく傾向にある。ある程度、年齢層が近いほうが理解力が高く、相談もし易いが、相手が父親の年代だと、どうしても隔たりが生じてしまう。

また、成績の中クラスの生徒がアルバイトや遊びにエネルギーを費やしていることもあって、学力が崩壊している状況にあるとされている。本書の第一部でも述べたように、東京都内の医学部専門のある予備校では、「医学部の志望理由」を書かせているが、その理由が書けず、訳を訊くと「何で医師になりたいのか分からない」と言う。自分の意志ではなく、親や親戚から薦められて、受験しているだけなのである。

(3) 日本の将来と現代の若者気質

とくに「学力に加えて、高い志と豊かな人間性が求められている」にもかかわらず、気力が低下しているほか「学びの心」が劣化している。また、問題とされていることの重要な要件に「受験の効率的学習方法」がある。平成18年に起きた高等学校の「未履修事件」と同じ要因であるが、試験に関係のない学科を勉強しないために、他の科目の知識が驚くほど足りないのである。

日本青少年研究所が、平成19年4月25日、日本、中国、韓国そしてアメリカの高校生に対してアンケート調査した結果によると「将来偉くなりたいか（出世への意欲の強さ）」という問いに対する回答で「強くそう思う」と答えた状況は、以下のようであった。

① 中国　　　34.4％
② 韓国　　　22.9％
③ アメリカ　22.3％

④　日本　　　10.0％以下

　10.0％以下の日本で「まあまあそう思う」を加えても44.0％にとどまっている。日本の学生は「偉くなると、自由になる時間がなくなる」と回答したものが46.7％もいて、他の3カ国の回答が10～20％だったこととは大きな差となっている。また、「責任が重くなる」と回答したものが78.9％もいる。(参考・日本経済新聞　平成19年4月26日　朝刊)　日本人の若者の上昇意欲が低く「暮らしていかれれば、自由にのんびり生きていたい」という感じが強くなっている。このようなことも、ニートの増加要因と関係があると考える。それよりも問題なのは、日本の将来を背負う若者が、このような生き様であっては、心もとないことこの上ない、ということになる。

　いまは両親がいるからよいものの、将来、両親の生活の面倒を見なくてはならなくなったときに、ニートたちはどうするのであろうか。彼らは考えていない。このあたりにも、家庭の意識教育のほか「学校の生活教育」が大切になってきていることを窺わせている。現在の両親世代の多くは、子どもの面倒は見るが、年老いてから「子どもの世話にはならない」という考え方をもっている。人によっては、子どもへの期待を諦めている。また、かえって煩わしいと感じている高齢者層が増えている。

　日本の学生は、世界でも類をみないほど「教育費と生活費」が親がかりである。その一方で、あまり学業に精を出していない。「入学してしまえば、卒業できる仕組みになっている」ためでもある。子ども（生徒・学生）がどれだけ両親の世話（経済的負担）になっているのか、子ども自身考えてみたことがある人は、極端に少ない。最近は、両親の経済的負担が高まっていて、入学資金の一部を借金で賄っている家庭が増加している。首都圏の私立大学に入学した新入生（平成18年4月）のいる家庭で、子ども（主として大学生）の進学に際し借金をした両親は28％にも上っている。平均借入金額は174万円である。

　ただし、他方において、大学費用の両親依存度離れが生じているという報告もある。それは奨学金制度が少しずつ充実してきたからである。

国の奨学金の利用者は、いまでは大学生の４人に１人が利用できるようになった。この６年間で２倍になっている。ある調査によると、希望する進路を断念する理由の第一が経済的負担で62％と高い数値となっている。しかも、進学率の低い高等学校ほど経済的負担を理由に挙げている傾向にある。進学率が30％未満の高等学校では、89％となっている。これもひとつの格差社会の現れである。国立大学は、私立大学に比較して授業料が安いなど、その設置主旨などを考え合わせて、広く社会に門戸を解放するなど、学生の受け入れを検討していくべきである。

　これらの諸点を含め日本の大学事業は、改善していかなければならない時期にきている。とくに就学機会の均等化は、生徒・学生の学習意欲の向上化とともに、国家の政策として重要なことである。というのは、文部科学省が実施した学習意識調査（対象は中学三年生）の結果によると「勉強が大切、どちらかといえば大切」と回答したものが84.2％と高い数値となっている。これはある意味で当然のことであり、むしろこの数値でも低いと考える。なぜ、90％以上になっていないのか、よく調査・検討すべきである。そして、関係者は改善への努力をすべきである。

　重要なことは「勉強が好き、どちらかといえば好き」という質問に対して、否定的に答えた生徒が70％以上もいたということにある。学校以外での学習時間で、１日に３時間以上要している生徒が23.9％を占めているが、他方において、ほとんどしない生徒が39.3％もいるということである。要するに、勉強する者は十分時間をかけて勉強しているが、勉強をしない者はまったくしていないという二極化していることにある。そのため、ここにも格差社会いわゆる学習格差、教育格差が顕著に現れているということである。

　文部科学省の「ゆとり教育」が失敗したという。それは、ゆとりのなかで「個性豊かな人間」に育っていってもらいたいという意気込みは良かったが、社会と学校に、そのソフトが用意されていなかったために、的確な対応・教育ができなかったからである。勉強する児童・生徒は、ゆとり教育の存在に関係なく、勉強する。他方、勉強しない児童・生徒は、ゆとり教育によって、勉強しない時間を増加させていった。

ここで、大学の話に戻すと、このような社会的背景の下、国立大学法人制度は独立行政法人の制度設計を利用して「大学の自主性、自立性」を尊重した大学事業が実施できるという期待の下に船出した。しかし、実態は必ずしもそのようには運営されていないし、効果の発現も限定的になっている。

(4) 国立大学と運営費交付金の関係

　国立大学法人法（平成15年10月1日施行　法律第112号）は、第2条の第5項および第6項において「中期目標」と「中期計画」について、以下のように触れている。

① 　中期目標とは「国立大学法人が達成すべき業務運営に関する目標であって、第30条第1項の規定により文部科学大臣が定めるものをいう。」とし、第30条第1項では「6年間で達成すべき業務運営に関する目標」であり、公表することとしている。
　　　また、目標の具体的な内容としては、以下の事項が規定されている。
　　ア　教育研究の質の向上に関する事項
　　イ　業務運営の改善および効率化に関する事項
　　ウ　財務内容の改善に関する事項
　　エ　その他

② 　中期計画とは「中期目標を達成するための計画であって、第31条第1項の規定により国立大学法人が作成するものをいう。」とし、第31条第1項の規定によれば「上記の中期目標に基づき、当該中期目標を達成するための計画を中期計画として作成」すべきものとしている。
　　　また目標の具体的な内容としては、以下の事項が規定されてい

る。
　ア　教育研究の質の向上に関する目標を達成するためとるべき措置
　イ　予算、収支計画および資金計画
　ウ　剰余金の使途
　エ　その他

　運営費交付金は、上記に関連して、国立大学法人の運営に深い関係を有している。運営費交付金は、国（文部科学省）から支給される資金であって、国立大学法人の業務運営の財源になるものである。私立大学に対して交付されるものは補助金と呼ばれる。ただし、国立大学という性格（設立の趣旨）からして、私立大学の補助金と必ずしも同質のものではない。私立大学の運営費は授業料などの納付金で賄うのであって補助金で賄っているのではない。他方、国公立大学における授業料などは、制度上、運営費を賄いきれるものではない。

　国立大学法人会計基準「第77　運営費交付金等の会計処理」によれば、次のように規定されている。

---

①　運営費交付金を受領したときは、運営費交付金債務（流動負債）として整理すること
②　運営費交付金債務は、中期目標の期間中は、原則として業務の進行に応じて収益化を行うこと
③　運営費交付金債務は、残余金があったとしても、次の中期目標の期間に繰り越すことはできないこと
④　そのため振替未済残額（残余金）は、中期目標の最後の事業年度に全額収益に振り替えること

これらに関係した仕訳は、以下のように行われる。

　オ　運営費交付金を受領したとき
　　　　　　　（借方）　　　　　　　　　　　（貸方）
　　　　　現金預金　×××　　　　運営費交付金債務　×××

運営費交付金を受領したときには、流動負債に運営費交付金債務として会計処理するものとしている。運営費交付金は、中期目標の期間中は、原則として業務の進行に応じて収益化を行うこととしているので、受領した事業年度の末日から１年を越えて収益化されるものがあったとしても、固定負債として処理しないものとしていることになる。したがって、企業会計の「ワン・イヤー・ルール」の適用がない。

　運営費交付金は収益活動に属する行為に対応する性格のもの、つまり、企業会計でいうところの営業行為の範疇に入っていると理解しているのであろうか。運営費交付金の性格は、あくまでも補助金である。その補助金もしくは補助金を受領すること自体が、主要な行為とはなかなか認識しがたいところである。

カ　運営費交付金債務を業務の進行（期間の進行）に応じて収益化を行うとき

　　　　（借方）　　　　　　　　　　　（貸方）
　　運営費交付金債務　×××　　運営費交付金収益　×××

　ここからは、具体的な事例に即して、展開していくことにする。なお、以下に選択した三大学は、ほぼ同一規模で、医学部がないことなど、比較可能性があると考えたからである。

　国立大学法人横浜国立大学の平成18年3月期（第2期）「自 平成17年4月1日 至 平成18年3月31日」における運営費交付金債務（貸借対照表・流動負債）は4億8,800万円で、運営費交付金収益（損益計算書・経常収益）は85億2,900万円となっている。

　同一の時期における公立大学法人首都大学東京（第1期）では運営費交付金債務はなく、運営費交付金収益は147億500万円となっている。また、大阪府立大学（第1期）における運営費交付金債務は2,000万円で、運営費交付金収益は126億8,400万円となっている。

首都大学東京、横浜国立大学および大阪府立大学の「運営費交付金債務と運営費交付金収益（当期振替額）の明細」（附属明細書）は、次に示した表（1—1）、（1—2）、（1—3）のようになっている。横浜国立大学の運営費交付金は国から交付されるが、首都大学東京は東京都から、大阪府立大学の場合は大阪府から交付されるものである。なお、首都大学東京と大阪府立大学は、平成17年に法人化された第1期であるが、横浜国立大学は、その前年に法人化されているので、平成17年度は第2期になる。

表（1—1）首都大学東京の運営費交付金債務　　　（単位：百万円）

交付年度	期首残高	交付金当期交付額	当期振替額					期末残高
^	^	^	運営費交付金収益	資産見返運営費交付金	建設仮勘定等見返運営費交付金	資本剰余金	小計	^
17年度		15,126	14,705	329	91	0.3	15,126	
合計		15,126	14,705	329	91	0.3	15,126	

表（1—2）横浜国立大学の運営費交付金債務　　　（単位：百万円）

交付年度	期首残高	交付金当期交付額	当期振替額				期末残高
^	^	^	運営費交付金収益	資産見返運営費交付金	資本剰余金	小計	^
16年度	193						193
17年度		8,866	8,529	41		8,571	294
合計	193	8,866	8,529	41		8,571	488

表（1—3）大阪府立大学の運営費交付金債務　　　（単位：百万円）

交付年度	期首残高	交付金当期交付額	当期振替額				期末残高
^	^	^	運営費交付金収益	資産見返運営費交付金	資本剰余金	小　計	^
17年度		12,704	12,684			12,684	20
合　計		12,704	12,684			12,684	20

　首都大学東京の「建設仮勘定等見返運営費交付金」（固定負債）は、固定資産の建設仮勘定（9,100万円）に対応するものである。横浜国立大学の運営費交付金債務（平成16年度繰り越し分）は、平成17年度においても消化されず、平成18年度に繰り越されているが、固定負債とは認識されていない。

　横浜国立大学は国立大学であって、平成16年4月1日から国立大学法人として発足しているが、公立大学は国立大学と違って首長の経営意思決定によって決められることになっている。そのため、秋田県の国際教養大学（新設）並びに兵庫県立大学（神戸商科大学、姫路工業大学、兵庫県立看護大学「統合」）のように平成16年（この年2校のみ）に公立大学法人とした大学があるが、比較的多くの公立大学が平成17年度もしくは平成18年度から公立大学法人化している。

　平成17年度には、横浜市立大学のように1校で公立大学としているほか、公立大学法人首都大学東京のように都立の4大学「東京都立大学、東京都立科学技術大学、東京都立保健科学大学、東京都立短期大学」が統合してひとつの大学として設立している大学がある。大阪府立大学も、大阪女子大学、大阪府立大学、大阪府立看護大学が統合して平成17年度から公立大学法人大阪府立大学として船出している。平成18年度には、福島県では、福島県立医科大学、会津大学および会津大学短期大学のように統合せずに、ひとつひとつが公立大学法人化しているケ

ースがある。

(5) 運営費交付金の意義・性格と事業経営上の問題点

　ここで、首都大学東京並びに他の大学における「運営費交付金の事業経営上の位置付け」について触れておく。運営費交付金は経費（費用）補助である。

　国公立大学の授業料は施設（造営物）の使用料相当額とされている（昭和23年8月18日 自治省自治課長通知）。そのために、大学事業の主要な経費である人件費を学生などが納付する授業料・入学金などで回収（費用補償）することは考慮されていない。それを負担してきたのが国や地方（一般会計）である。新しい制度の下では、これらの経費（運営費）を補助するものを運営費交付金と称している。

　運営費交付金収益の他の関連項目に対する関係（重要性）は、次ページに示した表（1—4）のようになっている。なお、ここでは横浜市立大学を加えて比較している。医学部があるものの公立大学であることも相対的に同一規模の大学と考えたからである。

表（1—4）運営費交付金収益の他の関連項目に対する比較表

(単位：百万円)

	首都大学東京 金額	首都大学東京 割合	横浜国立大学 金額	横浜国立大学 割合	大阪府立大学 金額	大阪府立大学 割合	横浜市立大学 金額	横浜市立大学 割合
運営費交付金収益	14,705		8,529		12,684		13,030	
授業料収入	4,280	① 343.6%	5,232	① 163.0%	3,804	① 333.4%	2,270	① 574.0%
入学金収入	577		827		746		246	
合　　計	4,857	② 302.8%	6,060	② 140.7%	4,551	② 278.7%	2,516	② 517.9%
業務費	16,112	③ 91.3%	15,536	③ 54.9%	17,776	③ 71.4%	47,869	③ 367.4%
うち人件費	11,645	④ 126.3%	11,781	④ 72.4%	12,844	④ 98.8%	24,607	④ 53.0%

(注)　1　①および②の％は、収入の運営費交付金収益（分子）に対する割合である。
　　　2　③および④の％は、費用の運営費交付金収益（分子）に対する割合である。
　　　3　業務費は経常費用のうちの一般管理費と財務費用を除いたものである。

　首都大学東京における運営費交付金収益は「授業料収入と入学金収入の合計額」の3.4倍であり、また、業務費の91.3％を占めている。横浜国立大学における運営費交付金収益は同合計額の1.4倍であり、業務費の過半に相当する54.9％を占めている。大学事業は人的産業であるため人件費が重要な経費になっている。同収益は人件費の72.4％を負担している計算になっている。それだけ地方もしくは国に依存していることになる。

　大阪府立大学の場合は、同収益の同収入合計額に対する割合は2.8倍にもなっている。また、業務費の71.4％に相当する金額であり、同収益は人件費のほぼ100％を負担している計算になっている。それだけ大阪府の財政に依存していることになる。しかも、大阪府立大学の場合、先に見てきたように、横浜国立大学に比較して依存の程度が大きいため、

経済的独立性（自立的存立）がきわめて低いということになる。

とくに、同収入合計額が横浜国立大学の60億6,000万円に対して、大阪府立大学の場合45億5,100万円（75.1％）と小さいにもかかわらず、運営費交付金収益が横浜国立大学の85億2,900万円に対して、126億8,400万円であるから148.7％にもなっている。この数字から見る限り、横浜国立大学に比較して、財政基盤が弱体であることと同時に地方への依存度が高いと判断される。

首都大学東京、大阪府立大学および横浜市立大学の場合、運営費交付金収益が比較的近似的関係にある。ただし、横浜市立大学は附属病院（平成17年度の附属病院収益322億円）を持っているので、業務費のなかの診療経費196億円があり、また、人件費が高くなっているので、ここでの他校との比較検討は避けておくことにした。

大阪府立大学の場合、財務諸表から読み取ることができなかったが、首都大学東京のケースでは、毎年（中期計画の期間中「6年間」）、運営費交付金（人件費を含む経費部分）が2.5％削減されていくことになっている。ただし、それは一般財源に対するものであって、特定財源に対するものは除かれている。たとえば、団塊世代の退職の時期を迎えて大量の退職者が出てくる。この退職金に対するものは特定財源として交付されることになっている。いずれにしても、国公立大学の場合、運営費交付金に依存している割合が高いので、それが削減されていくことは死活問題になっている。

(6) 運営費交付金など補助金交付の問題点

国立大学の場合、中期目標（期間6年）の間、つまり平成22年まで、運営費交付金（人件費を除く経費部分）が1％ずつ削減されていくことになっている。

経済財政諮問会議の民間議員は「国立大学の運営費交付金の配分方法の見直し」を提言している。その民間議員のひとり伊藤隆敏は「創意工夫をあまり評価しない一律削減の原則を続けていけば、国立大学全体が

地盤沈下するのは明白だ。＜中略＞大学は、一番弱い学部を廃止して事態を乗り切る。」と言い、熊本大学長崎元達郎は「法人化後の4年間で、＜中略＞約550億円が削減された。＜中略＞削減は人員削減と教育の質の低下に直結する。」と主張している。（参考・日本経済新聞　平成19年4月2日・23日　朝刊）　競争原理に基礎を置いた配分にすると、運営費交付金の配分額について、増額する大学がある一方で、削減される大学が出てくる。そして、削減される大学のなかから経営破綻する大学が出てくることになる。

　そして、平成19年4月に入って、財務省は、国立大学に対する運営費交付金の配分方法を見直すための検討を始めることにした。研究や教育における成果を求め、実績を上げた大学に交付金を多めに配分することによって「知力の向上を促し、日本の成長力を高めること」を目標としている。

　財務省が平成19年5月21日に発表した「競争原理に基づく配分方法による試算額」によると、東京大学・京都大学・東北大学など13の大学が増額する。東京大学が現在の2.1倍に増える。このように、財務省の見直し案は「研究・開発型の大学」を高く評価することになっている。そのため（増額される大学の反動で）、全国の国立大学の85％（74大学）が減額対象になっている。うち50％以上減額される大学が、福岡教育大学、京都教育大学など50もの大学になる。

　減額幅がもっとも大きいのは兵庫教育大学で平成19年度の予定額の91％の減額と試算されている。（参考・日本経済新聞　平成19年5月22日　朝刊）　理工学部系統に厚く配分し、文科系統に薄く配分することにしている。とくに教育大学系が極端に低く見積もられている。財務省の視点は「教育と教育者の育成」を軽視している表れとも理解されるところである。

　このようなこともあって、平成19年5月22日、この時の伊吹文明文部科学大臣は「研究成果などに応じて分配すると85％が減額となる財務省の試算は危険な発想である」と、批判した。法学、経済、商学、文学関係の研究についても、評価すべきである。大学事業は研究と教育が

二本の柱になっている。しかし、財務省の「競争原理配分方法」は研究に傾斜している。理工学部の発明、発見などがとくに重視され、社会科学においても、論文の発表などの実績を重視している。ところが、教員による「教育の成果に対する評価」が欠落していて、それが教育大学の低評価に現れている。これは、次代を背負う生徒・学生の教育・育成の大切さが理解されていないということである。

　大学への補助としては、国家政策の立場から見ると、日本国の補助は低いために「改善すべきである」という強い要望がある。国内総生産（GDP）の0.5％で、経済協力開発機構（OECD）諸国中の24位である。これを先進諸国並みの１％に倍増すべきであるという。補助が低いということは、政府の人材育成という「国家政策としての大学教育の大切さ」を、国が十分に理解していないことを示している。

　また、私立大学の立場から、慶應義塾大学の塾長安西祐一郎は「私立大学は学生の７割強を抱えるのに、国の助成額は国立大学の３割以下にすぎない。」として、以下の諸点を主張（要点）している。（参考・日本経済新聞 平成19年５月14日　朝刊「教育」）

① 　私学助成を6,000億円増額して、9,000億円に拡充すること
② 　慶應義塾に対する経常費補助は、年間予算の８％にすぎないこと
③ 　日本の近代150年近くの間、大学の役割の多くは私学が支えてきたこと
④ 　私学助成は私学予算の約12％で、毎年、約3,200億円にすぎないこと
⑤ 　国立大学の運営費交付金が、毎年、約１兆2,000億円であること
⑥ 　この差約9,000億円を「どう説明するのか」ということ
⑦ 　今後、日本は活力ある多様な人間の育成と新しい多様な価値の創造を目指すこと

　ただし、要望するだけでなく、受け入れ側の自主的改善が強く求められているのも事実である。教育体制が崩れつつあるという現在の教育環

境の建て直しは急務な課題になっている。

　さらに、中央教育審議会委員である安西祐一郎塾長は、同審議会がまとめた「大学教育の量的拡大と質的向上を目指す提言『大学の転換と確信（2025年に向けた展望）』」について、質問されたことに対して「2025年の将来像と改革内容を具体的に示し、それに必要な予算として公財政支出5兆円を盛り込んだ提言」をまとめたと答えている。「日本は人材立国＜中略＞人材は圧倒的に不足している。」という立場から、現在の約50％の進学率から、勉強する高校生が60％、大学に進学してくるようになれば「日本は相当の国」になるという。そのために必要な予算なのである（参考・日本経済新聞　平成20年2月25日　朝刊「教育」）、という主張である。

　コロンビア大学日本経済経営研究所所長ヒュー・パトリックは「日本の大学改革に関しては、教員の質・生産性の向上を主眼に据えるべき」であるとし、さらに「大学ランキングの決め手は教授陣の質」にあると言い、以下の諸点（要点）を挙げている。（参考・日本経済新聞　平成19年5月25日　朝刊「経済教室」）

① アメリカでは、多数の大学が世界的に高い評価を得ているが、日本ではそうした大学が非常に少ないこと
② アメリカの大学は、国内外で非常に競争的な環境で運営されているが、日本ではそうではないこと
③ アメリカの大学が、高い質を誇るのは、世界の学術機関と常に競争していること
④ 研究志向の強いアメリカの大学では、教授陣の質の高い研究発表に最大の価値があるとされていること
⑤ アメリカでは、専門分野によって報酬に差があり、人文科学系の分野がやや低いこと
⑥ 研究者を奪い合う競争社会が存在するおかげで、研究の生産性に応じた報酬格差が生まれていること
⑦ 世界的な評価を目指す日本の大学は、英語で教える講義や英語で

の研究発表を、どう増やしていくのか、今後の大きな課題になっていること

　日本の現状を鑑みると、大きな課題が横たわっている。研究・教育をする者と授業を受ける者、いずれも改善を必要とする点が、多々、存在している。学者（教授陣）と呼ばれている人たちのなかには、研究・教育をあまりしない者がいる。研究書籍を発刊しないし、関係する学会において研究作品の発表もしない。また、学生についていえば、大学に入学しても、勉強したがらない学生も多い。そのため学習（卒業）条件をきちんとするなど、制度の改善が必要になっている。補助金を高める必要があるとしても、それが無駄もしくは非効率にならないような制度設計が必要である。

　政策研究大学院大学教授福井秀夫は「大学に対する教育・研究資金の配分基準を組織重視から個人重視へ抜本改革するべきである」と主張している。その背景には、全国合計87（第1期の平成16年度は89）の国立大学などに対して約1兆600億円（なお、先のケースでは約1兆2,000億円）の公的助成があり、そのうち旧帝国大学と筑波大学に対して、全体の30％強の4,400億円が交付されている。

　学生1人当たりの助成金は、主要国立大学と他の大学を比較すると、以下のように大きな格差が生じている。

① 　旧帝国大学と筑波大学　　270万円
② 　その他の国立大学　　　　130万円
③ 　私立大学　　　　　　　　14万円

　このように公的助成が偏在しているにもかかわらず、その正当性を明らかにすべき「人材育成や科学技術の発展等にどの程度寄与したかの検証はなされてきていない。」し、「公共事業ですら費用便益分析が常識となっている時代に高等教育や研究について成果を測る基準もない。」と、指摘している。（参考・日本経済新聞　平成19年5月28日　朝刊「教育」）

(7) 剰余金「当期純利益」の会計計算の問題点

　国公立大学の会計には、私立大学の基本金に代わって、資本金がある。両者は類似のものであるが、同一のもの（内容）ではない。もし、共通の性格をあえて求めるとすれば、いずれも「株式会社の持分所有者に相当するものが存在しない」ことにある。私立大学には、株主に相当する所有者は明らかに存在していない。しかし、国立大学は国が、また、公立大学では地方公共団体が一応の所有者的な立場にあるが、株式会社のような資本の持分（株主権）を有しているというものではない。したがって、当該株主権（株式＝株券）の売却ということはありえない。

　また、私立大学には企業会計の損益計算書に相当するものとして消費収支計算書がある。国公立大学には、消費収支計算書がなく、損益計算書がある。しかし、計算構造が異なっているために、この消費収支計算書と損益計算書とを比較対照してもあまり意味はない。

　国公立大学の損益計算書の当期純利益の状況を示すと、以下に示した表（1—5）のようになっている。

表（1—5）国立大学における当期純利益比較表　　　（単位：百万円）

大学法人名	平成16年度		平成17年度		平成18年度	
大　阪　大　学	1	7,084	2	5,350	3	4,526
東　京　大　学	2	6,966	1	5,728	6	2,262
九　州　大　学	3	6,337	7	2,477	8	2,106
京　都　大　学	4	6,118	4	4,322	2	5,094
北　海　道　大　学	5	5,680	3	4,897	1	5,485
東京医科歯科大学	6	4,644	5	2,800	4	2,604
名　古　屋　大　学	7	3,783	9	2,005	11	1,275
東　北　大　学	8	3,395	8	2,007	5	2,278
長　崎　大　学	9	3,234	11	1,373	10	1,449
鳥　取　大　学	10	3,110	6	2,562	7	2,145
琉　球　大　学	11	2,143	10	1,797	9	1,676

参 考 資 料

首都大学東京			2,953		2,058
大阪府立大学			559		353
横浜国立大学		403	375		606
横浜市立大学			3,889		1,230

(注) 1　各年度の右側の数字は、当該年度の当期純利益の額である。
　　 2　出典：平成16年度の数字は日本経済新聞　平成17年8月20日　朝刊　によっている。また、平成17年度の数字は　平成18年9月5日　朝刊によっている。
　　 3　平成18年度の国立大学と参考資料の数字は、各大学がインターネットで公表している財務諸表によっている。
　　 4　各年の左側の数字は金額による順位である。

　国立大学の第1期になる平成16年度の当期純利益は、全国89の国立大学のなかで、大阪大学が70億8,400万円でトップになった。2位は東京大学の69億6,600万円である。そして、第2期になる平成17年度では、東京大学が57億2,800万円でトップになり、2位は大阪大学の53億5,000万円である。新聞報道によると、ほとんどの大学で、第1期よりも第2期の当期純利益を下げているのは、第1期は法人化に伴って国から備品などの無償贈与を受けたものを収入として処理したことによるもので、一過性のものが含まれていることによるものとされている。

　首都大学東京の当期純利益は29億5,300万円である。第1期の特殊性があるものと考え、平成16年度の数字で比較すれば、10位の鳥取大学の31億1,000万円と11位の香川大学27億4,000万円との間になる。また、平成17年度の数字（同一事業年度）と比較すれば、6位の東京医科歯科大学28億円よりも少し多い数字となっている。

　表（1―5）に見られる当期純利益について、新聞記事は「各大学が企業会計の考え方に基づく損益計算書などを作成したとし、純利益は経営努力による」としている。ただし、国立大学は、収入の半分近くを交付金に頼っているため「純利益の額はもうけというよりも収支差額を表す剰余金に近い」ものであると説明している。しかし、剰余金は、会計学上、収支差額ではなく「純利益の留保額」を意味するものとして理解さ

れている。その意味では、新聞記事の意味する内容が異なることになる。また、収入の大部分が運営費交付金であることが説明されていない。

　ここに剰余金が発生しているとしても、企業会計のいう当期純利益ではない。損益計算書に減価償却費が計上されていないからである。本件については、別稿で触れるところであるが、ともかく、国公立大学の会計では「減価償却費がないという特異な会計」である。したがって、たとえ、剰余金が発生しているとしても、安易に処分可能な剰余金ではないことを理解しておかなければならない。また、私立大学においても同じことがいえるところであるが、国公立大学においては、株式会社のような「利益配当」というような考え方はない。

　次に収入と当期純利益の関係（平成17年度）を見ると、収入が1,000億円を超えたのは4つの大学である。そこで、この4大学と一部の公立大学などの数字を以下の表（1—6）で比較してみることにする。

表（1—6）国公立大学における収入と当期純利益比較表

（単位：百万円）

大学法人名	収　入（A）	当期純利益（B）	収入当期純利益率（B／A）	順位 金額	順位 比率
東 京 大 学	177,119	6,966	3.9%	2	5
京 都 大 学	119,345	6,118	5.1%	3	4
大 阪 大 学	106,367	7,087	6.7%	1	2
東 北 大 学	103,147	3,395	3.3%	5	6
参 考 資 料					
首都大学東京	22,644	2,953	13.0%	6	1
横浜国立大学	16,814	375	2.2%	8	8
大阪府立大学	21,083	559	2.7%	7	7
横浜市立大学	58,769	3,889	6.6%	4	3

（注）　1　金額は単位未満を切り捨てて表示している。
　　　　2　出典：国立大学の数字は、平成16年度（第1期）の数字であり、日本経済新聞　平成17年8月20日　朝刊のデータを参考にして作成している。
　　　　3　参考資料の数字は、平成17年度（第1期）の数字であり、各大学がインターネットで公表している財務諸表によっている。

4　順位は、あくまでも表（1―6）のなかにおける当期純利益の大きさ（金額）と収入に対する当期純利益率の大きさ（比率）に基づいている。

　首都大学東京は、収入226億4,400万円に対して29億5,300万円の当期純利益（13.08％）を計上している。この数字上からいえば、表（1―6）のなかでは、一番よい収益性を示していることになる。いい意味での際立ちを示している。他方、大阪府立大学の場合、収入210億8,300万円に対して5億5,900万円の当期純利益（2.7％）にすぎない。ともかく、平成17年度（単年度）「表（1―6）」に限って言及すれば、横浜国立大学と大阪府立大学の収入に対する当期純利益率が低いのが際立っている。したがって、予算調製の段階から支出の管理を厳しくしていくことが求められているということになる。

4　国公立大学法人における会計基準の不適切な問題点

(1)　国立大学法人設置の趣旨と会計問題

　国立大学は、国立大学法人法第2条によって設立されているが、一部はその基礎を「独立行政法人通則法」（平成11年7月16日　法律第103号）に置いている。たとえば、幾人かの監事の監査報告書において「国立大学法人法第35条において準用する独立行政法人通則法第38条第2項に基づき財務諸表および決算報告書を監査した。」と記載しているケースが散見された。

　独立行政法人通則法第2条（定義）によれば、独立行政法人（以下「独法」という）が担う業務は「国民生活及び社会経済の安定等の公共上の見地から確実に実施されることが必要な事務及び事業であって、国が自ら主体となって直接に実施する必要のないもののうち、民間の主体にゆだねた場合には必ずしも実施されないおそれがあるもの又は一の主体に独占して行わせることが必要であるものを効率的かつ効果的に行わ

せることを目的として設立される法人をいう。」としている。

　独法が行う事業は、国に代わって行うものであり、国の施策としては実施しなければならないものであるが、採算の悪い事業もしくは収益の見込まれない事業で、あらかじめ国の交付金がないと事業の継続が不可能と思われる事業である。「効率的で効果的」に実施するものとしているが、収益がよくなると交付金が削られてしまうことを怖れて、あるいは、交付金の支給をあてにして経営努力を怠る可能性がある。とくに天下り人事による人件費の抑制や採算性の重視・無駄の削減などが重要な経営課題になってきている。実際、天下り先として利用されていることが多い。「効率的で効果的」という言葉には「経済性・採算性」という意味が含まれているはずなのであるが、不効率的・非経済的な天下り人事が抑制されていないのが実情である。

　国立大学には国立大学法人法があるが、公立大学法人に対して公立大学法人法があるわけではなく「地方独立行政法人法」（平成15年7月16日　法律第108号）があるにすぎない。同法第2条（定義）は、独立行政法人通則法第2条（定義）の定めと基本的に同一の内容になっている。

　そのため、地方独立行政法人が担う業務は「住民の生活、地域社会及び地域経済の安定などの公共上の見地からその地域において確実に実施されることが必要な事務及び事業であって、地方公共団体が自ら主体となって直接に実施する必要のないもののうち、民間の主体にゆだねた場合には必ずしも実施されないおそれがあるものと地方公共団体が認めるものを効率的かつ効果的に行わせることを目的として、設立する法人をいう。」としている。

　公立大学は、この地方独立行政法人法の趣旨に則って設立されているもので、設立するかどうかは「地方公共団体が認めるもの」すなわち知事なり、市長の意思によっている。そのため、平成17年度に東京都など8都府県において、首都大学東京、大阪府立大学、横浜市立大学など11の公立大学が設立されている。また、平成18年度には札幌市立大学、名古屋市立大学、大阪市立大学などが設立されている。そして、平成

19年度になって福井県立大学、静岡県立大学、愛知県立大学、岡山県立大学、県立広島大学などが設立されている。

(2) 国公立大学と私立大学の会計基準の比較

　国立大学には「国立大学法人会計基準」があり、私立大学には「学校法人会計基準」がある。しかし、公立大学には「公立大学法人会計基準」に相当するものがないために「地方独立行政法人会計基準」に依拠していると同時に「国立大学法人会計基準」をも参考にしている。

　設立の趣旨が違い、また、国公立大学には私立大学のような「建学の精神」がない場合があるように、置かれている環境に相違があるとしても、大学事業という同一もしくは類似の事業を行っているにもかかわらず、その基本となる会計基準が異なっているだけでなく、その内容において基本的な相違がある。そのため、財務諸表の比較可能性が失われている。これは重要なことである。

　3つの形態、つまり、公立大学と国立大学並びに私立大学の会計基準などを比較して見ると、250～251ページに示した表（1—7）のようになっている。

表（1—7）大学形態別会計基準等比較表

	公 立 大 学
会　　計　　基　　準	地方独立行政法人会計基準
会　計　の　主　目　的	財政状態・運営状況の開示
記　　帳　　形　　式	複式簿記
認　　識　　基　　準	発生主義会計
財産的基礎の取得（施設の更新等）	地方公共団体が施設費補助金として措…る。
収　入　の　会　計　処　理	運営費交付金、授業料等の主な収入は、入…に収益認識をせず、期間の進行に合わせて収…を行う。 ただし、入学金は前事業年度に収入に計上…いる。 受託研究・受託事業等の外部資金は研究期…終了するまで収益として認識しない。 工事完成基準を採用している。
費　用　の　会　計　処　理	資産価値の目減りに対応する収益が見込め…資産（校舎等の建物）の減価償却費は損益計…に記載しない。 退職金および賞与は地方公共団体から必要…措置されているため、引当金を計上してい…（法人が自己収入で雇用する職員分は除く）
資　本　金　と　基　本　金　の　制　度	資本金の制度がある。 地方公共団体からの基本的財産の譲受財産…本金としている。 私立大学の基本金制度はない。
利　益　の　考　え　方	基本的に損益の均衡を図っている。 剰余金は経営努力認定を経て、中期計画に…た使途に使用できる目的積立金と、自由に使…ることはできない積立金に分類される。
決　　算　　書　　類	・貸借対照表 ・損益計算書 ・附属明細書 ・キャッシュ・フロー計算書 ・行政サービス実施コスト計算書 ・利益処分または損失に関する書類 ・事業報告書 ・決算報告書
そ　　　の　　　他	公立大学法人だけの会計基準がないため、…は同じ基準であるべき国立大学法人の会計基…ら少しずつ乖離していく懸念がある（一部の…管理費の処理および減損会計の導入等）。

国 立 大 学	私 立 大 学
大学法人会計基準	学校法人会計基準
状態・運営状況の開示	財政状態・運営状況の開示
簿記	複式簿記
主義会計	発生主義会計
施設費補助金として措置する。	自己の責任で資金を調達し、帰属収入から必要額を控除し、基本金に組み入れる。
費交付金、授業料等の主な収入は、入金益認識をせず、期間の進行に合わせて収行う。 し、入学金は前事業年度に収入に計上し。	収入は、当該事業年度に帰属するものを収益として認識する。 入学金は当該学生が入学した事業年度に収入に計上している。
研究・受託事業等の外部資金は費用（業務）の進行に合わせて収益として認識する。 完成基準を採用している。	
価値の目減りに対応する収益が見込めな（校舎等の建物）の減価償却費は損益計記載しない。	企業会計と同様に、発生主義会計に準拠しているので減価償却費および引当金等の計上を行っている。
金および賞与は国から必要額が措置され、引当金を計上していない（法人が自己雇用する職員分は除く）。	
金の制度がある。 からの基本的財産の譲受財産を資本金とし 大学の基本金制度はない。	基本金の制度がある。 資本金に相当するものはない。 大学事業に必要な資産を基本金として管理していくものとされている。
的に損益の均衡を図っている。 金は経営努力認定を経て、中期計画に沿途に使用できる目的積立金と、自由に使ことはできない積立金に分類される。	帰属収入から基本金組入額を控除した額（消費収入）から大学の運営に必要な支出（消費支出）を差し引いて損益計算（消費収入超過額・消費支出超過額）を行っている。
対照表 計算書 明細書 ッシュ・フロー計算書 実施コスト計算書 処分または損失に関する書類 報告書 報告書	・貸借対照表 ・消費収支計算書 （損益計算書に相当） ・資金収支計算書 （キャッシュ・フロー計算書に相当） ・財産目録
管理費の計上区分の整理等、会計基準の針がタイムリーに更新されている。ま成18年度から減損会計の導入が始まり、学会計との差が出始めている。	学校法人であるため、損益よりも収支状況の把握を重視するという点では、国立大学並びに公立大学と同様の扱いとなっている。 ただし、独自の基本金制度があるため、単純に比較することは難しい。

(3) 減価償却の不適切な会計処理と表示

　国立大学法人会計基準第27－1は「有形固定資産については、その取得原価から減価償却累計額を控除した価額をもって貸借対照表価額とする。」とし、また、同基準第54－2において、資本剰余金は、総額を示すとともに「償却資産の損益外減価償却相当額の累計額を＜中略＞控除して表示しなければならない。」と定めている。
　公立大学も、基本的にこの会計基準と同一の会計基準を採用している。
　その関係は、以下に示した図表（1—3）のようになる。

図表（1—3）貸借対照表

借　　方	貸　　方
資産の部	負債の部
各有形固定資産 各減価償却累計額　　△×××	資本の部 資本剰余金 減価償却累計額　　△×,×××

（注）△は、マイナス（控除項目）を表している。

　要するに、国公立大学の会計では、減価償却費は原則として経費として処理するのではなくて、資本剰余金から控除しているので、損益計算書上、当該金額相当額だけ当期純（総）利益が大きく計算されることになっている。なお、減価償却額のうち一部（器具備品など）は、経費として処理するものがあるので、借方の各減価償却累計額の合計と貸方の減価償却累計額とは一致しない。
　国公立大学の会計において、減価償却費を経費として処理せず、資本剰余金から控除している基本的要因は、たとえば、建物が老朽化して、建て直すような場合、新たに国もしくは地方公共団体から支給される資金で行うことにしていることにある。つまり、必要になる建物など重要な資産については、その都度、国もしくは地方公共団体から出資という形で、受け入れることになっていることを意味している。このように、

国公立大学は法人化したとはいえ、その重要な経済性において「独立性が維持・確保される仕組み」にはなっていない。なお、もうひとつ問題視すれば、大学当局に「人事に対する権限」がほとんどないことにある。現実に、国や地方の意向によって、人事が行われている。山形大学の学長に元文部科学省事務次官の結城章夫（平成19年9月）が就任したことなどは例外的な事例に等しい。また、静岡大学の興直孝学長も科学技術庁出身である。

　除却資産については、関係する各有形固定資産と各減価償却累計額を清算し、同時に資本剰余金の減価償却累計額も整理する。その上で、新たに受け入れた建築資金は（借方）現金預金と（貸方）資本金として処理する。また、建物が完成してから譲り受けをする場合には（借方）建物と（貸方）資本金という仕訳を行うことになる。法人の設立時において、主要な資産を受け入れたときに、貸方に「資本金」として処理しているので、上記のように除却する場合（ここでは建物と仮定する）、資本金の減額（減資）を行うことになる。この場合、以下の仕訳が行われる。なお、私学会計の場合、学部学科の廃止など組織的縮小が伴わない限り、原則として、基本金の減額処理は行わない。

　　　（借方）　　　　　　　　　　　　（貸方）
　資　本　金　　×××　　　　　建　　物　　×××
　資本剰余金　　　　×××　　（建物）減価償却累計額　×××
　（建物）減価償却累計額　×××

　建物解体費用×××　　　　　　現金預金　　　×××

したがって、このような仕訳が行われる限り、未償却残高（帳簿価額）を建物除却損として処理することにはならないので、建物除却損部分が隠れてしまう。

　日本経済新聞は、国の機関や特殊法人などが衣替えした独法が、平

成18年3月末で繰越欠損金とは別に約6,000億円の「隠れ損失」を抱えていると発表している。収益から差し引く減価償却をせずに済む「独自の会計基準」を採用しているからであると指摘している。その結果、将来、損失穴埋めのため財政負担が発生する恐れがあるとしている。（参考・日本経済新聞　平成19年10月12日　朝刊）　正確には、減価償却をしているが、収益に対応させず、直接に、資本勘定の資本剰余金から控除して表示しているのである。

　国公立大学もまったく同じ構図になっている。資本剰余金から控除している減価償却累計額だけ「隠れ損失」となっている。なお、独法および国公立大学は、いずれも退職給付会計を採用していないので、その分についても、隠れ損失となっているが、新聞記事では、このことに触れていない。このように「損益計算書の経営成績表示機能」が失われている。

　国公立大学が、運営費交付金（補助金の性格を有するもの）によって運営されているものであったとしても、事業の実態（経営成績）を示すものでない限り、適切な運営（大学事業の遂行）ができないと考える。減価償却費を損益計算書に計上して、実際の経営成績を示すべきである。財務諸表が、事実を示さないと、適切にして有効な経営意思決定を下すことができないものと考える。

　また、独法の業務は、毎年、所管する省庁の評価委員会と総務省の評価委員会がチェックして意見を述べる二重の監視構造になっているが、新聞では「評価体制は有効には機能していない。」と指摘している。（参考・日本経済新聞　平成19年11月25日　朝刊）　国公立大学にも外部評価制度があるが、「どのように機能しているのか」が、問われていることにもなる。というのは、外部評価の結果が「独法の存続の可否」まで、突っ込んだ評価を行っていないので、国公立大学の評価に対しても、「存続の可否」もしくは「大学の統合」など、経営意思決定に関係する事案にまでは言及しないものと思われるからである。

　さらに、運営費交付金は、大学の経営努力の結果として、費用の節減

並びに外部資金の導入を果たしたとして、将来の運営費交付金の交付に、どのように反映していくのか、不明確もしくは不透明な点がある。経営努力して節約した場合、運営費交付金の交付額が削減されるようでは、経営努力に対するインセンティブが働かない。

　いずれにしても、国公立大学における当期純利益と減価償却の関係（修正当期純利益）は、次ページに示した表（1—8）のようになっている。減価償却は、損益計算書に計上されない損益外減価償却費等相当額である。

表（1—8）国公立大学における当期純利益と減価償却の比較表

(単位：百万円)

大学法人名	摘要	平成16年度		平成17年度		平成18年度
東京大学	当期純利益	6,966	1	5,728	6	2,262
	損益外減価償却費等相当額	12,078		12,882		13,047
	修正当期純利益	△5,112		△7,154		△10,785
大阪大学	当期純利益	7,084	2	5,350	3	4,526
	損益外減価償却費等相当額	8,096		7,206		6,853
	修正当期純利益	△1,012		△1,856		△2,327
北海道大学	当期純利益	5,680	3	4,897	1	5,485
	損益外減価償却費等相当額	5,329		5,157		3,797
	修正当期純利益	351		△260		1,688
京都大学	当期純利益	6,118	4	4,322	2	5,094
	損益外減価償却費等相当額	10,777		11,397		10,048
	修正当期純利益	△4,659		△7,075		△4,954
九州大学	当期純利益	6,337	5	2,477	8	2,106
	損益外減価償却費等相当額	3,988		4,909		5,354
	修正当期純利益	2,349		△2,432		△3,248
東京医科歯科大学	当期純利益	4,644	6	2,800	4	2,604
	損益外減価償却費等相当額	1,333		1,215		1,205
	修正当期純利益	3,311		1,585		1,399
鳥取大学	当期純利益	3,110	7	2,562	7	2,145
	損益外減価償却費等相当額	887		900		629
	修正当期純利益	2,223		1,662		1,516
東北大学	当期純利益	3,395	8	2,007	5	2,278
	損益外減価償却費等相当額	8,769		9,175		8,463
	修正当期純利益	△5,374		△7,168		△6,185
名古屋大学	当期純利益	3,783	9	2,005	11	1,275
	損益外減価償却費等相当額	4,496		4,190		3,953
	修正当期純利益	△713		△2,185		△2,678
参考資料						
首都大学東京	当期純利益			2,953		2,058
	損益外減価償却費等相当額			4,142		4,212
	修正当期純利益			△1,189		△2,154
大阪府立大学	当期純利益			559		353
	損益外減価償却費等相当額			3,772		2,397
	修正当期純利益			△3,213		△2,044

横浜国立大学	当期純利益		403	375	606
	損益外減価償却費等相当額		2,691	2,673	1,172
	修正当期純利益		△ 2,288	△ 2,298	△ 566
横浜市立大学	当期純利益			3,889	1,230
	損益外減価償却費等相当額			0	0
	修正当期純利益			3,889	1,230

(注) 1 各年度の右側の数字は、当該年度の当期純利益の額である。
2 出典：（当期純利益の額）平成16年度の数字は日本経済新聞 平成17年8月20日 朝刊によっている。また、平成17年度の数字は平成18年9月5日 朝刊によっている。
3 参考資料の数字は、各大学がインターネットで公表している財務諸表によっている。
4 平成18年度の数字（当期純利益の額）は、各大学がインターネットで公表している財務諸表によっている。
5 損益外減価償却費等相当額は、各大学がインターネットで公表している財務諸表によっている。
6 （差引）修正当期純利益は「実質当期純利益の額を意味するもの」で、上記の資料に基づいて計算した数字である。
7 本件資料は首都大学東京総務部会計管理課が管理資料として作成したものを利用している。

　表（1―8）に見られるように、東京大学、京都大学、東北大学などが大きな赤字になっている。東京大学の場合、平成16年度において51億1,200万円の赤字であったものが、平成18年度になると当期純利益が69億6,600万円から22億6,200万円に大幅に減益になったこともあって、修正当期純利益が107億8,500万円という巨額な赤字になっている。京都大学と東北大学の修正当期純利益も巨額な赤字になっている。このような現状から判断しても、減価償却費を計上しない現在の会計制度は、大きな問題を抱えていると言わざるをえない。

(4) 資本金会計の問題点

　国立大学法人法は、第7条に「資本に関する定め」（資本金）を置いている。

> 第7条　資本金
> 　1　各国立大学法人等の資本金は、附則第9条第2項の規定により政府から出資があったものとされた金額とする。
> 　2　政府は、必要があると認めるときは、予算で定める金額の範囲内において、国立大学法人等に追加して出資することができる。
> 　3　政府は、必要があると認めるときは、前項の規定にかかわらず、土地、建物その他の土地の定着物及びその建物に附属する工作物（第6項において「土地等」という。）を出資の目的として、国立大学法人等に追加して出資することができる。
> 　4　— 略 —
> 　5　国立大学法人等は、第2項又は第3項の規定による政府の出資があったときは、その出資額により資本金額を増加するものとする。
> 　6　府が出資の目的とする土地等の価額は、出資の日現在における時価を基準として評価委員が評価した価額とする。
> 　7　— 略 —
> 　8　— 略 —

（注）　1　国立大学法人等の「等」は大学共同利用機関法人である。
　　　 2　法文上は、第1項に相当する［1］が記載されていないが、見易さのため、あえて記載している。以降同様。

　これを受けて国立大学法人会計基準は第18で資本を定義し、以下のように規定している。

> 国立大学法人会計基準「第18　資本の定義」
> 　1　国立大学法人等の資本とは、国立大学法人等の業務を確実に実施するために与えられた財産的基礎及びその他の業務に関連し発生した剰余金から構成されるものであって、資産から負債

258　第1章　学校会計の不整合性と問題点

> を控除した額に相当するものをいう。
> 2　資本は、資本金、資本剰余金及び利益剰余金に分類される。

　また、同基準「第19　資本金等」第１項において「資本金とは、国立大学法人等（以下「国立大学」という）に対する出資を財源とする払込資本に相当する。」ものとしている。
　資本とは、国立大学に対する出資を財源とする払込資本のことで、金銭出資、金銭以外の財産による出資である現物出資の形態がある。現実に国立大学では、それまで利用してきた土地、建物をそのまま現物で受け入れている。

　現物出資は、国立大学法人法第７条第６項の規定により「公正な価値」（現在価値＝時価）であり、「ただし、評価委員会の評価した価額」で評価して、受け入れることになっている。このように、国立大学法人においては、評価委員会が評価することになっているが、会計監査人の監査も導入されているので、その評価の手法と結果が会計監査の対象となっている。評価の適正性が担保されているということになっている。
　とくに重要なのは「土地の評価」である。東京大学や京都大学のように比較的都心部に近いところにある旧帝国大学は、土地が広大であり、かつ、評価額が高いからである。評価で困難を伴うものは、住居地のように単純に路線価や公示価格などを適用することができないことにある。もし、戸建住宅を仮定した場合、小・中・高校用地や公園用地並びに道路用地などの公共減歩を十分に考慮しなければならないからである。宅地造成などにおいては、公共減歩、費用減歩があって有効面積が縮小する。その縮小後の土地面積が利用可能土地となり、評価（資産計上可能価額）の対象となる。ところで、大学の場合、一定の面積に一定の価額を積算し、かつ、一定の調整率をもって評価することになっていると考えられるので、評価額の調整の妥当性が問題となる。

　このように、私立大学と国公立大学は、基本的に同一の大学事業を行

っているにもかかわらず、その設立母体の相違によって非常に異なった会計基準を採用している。私立大学では「基本金」であるが、国公立大学では「資本金」になっている。このように、財務情報の比較可能性が、まったくないなど大きな問題が発生している。私立大学と国公立大学は、貸借対照表を作成しているが、その様式は、以下に示した図表（1―4）と（1―5）で見るとおり、会計基準の相違が明らかである。

図表（1―4）
貸借対照表（私立大学）

借　　方	貸　　方
資　　産	負　　債
	基　本　金

図表（1―5）
貸借対照表（国公立大学）

借　　方	貸　　方
資　　産	負　　債
	資　　本

　公立大学の場合、地方独立行政法人法施行規則（平成16年総務省令第51号）第1条第3項の規定に基づき、総務大臣が公示する地方独立法人会計基準および地方独立行政法人会計基準注解に従って処理するものとしている。「地方独立法人会計基準及び地方独立行政法人会計基準注解」によれば、資本、資本金などについて、国立大学とほとんど同様の規定が、以下に示すように設けられている。

第18　資本の定義
　1　地方独立行政法人の資本とは、地方独立行政法人の業務を確実に実施するために拠出された財産的基礎及びその業務に関連し発生した剰余金から構成されるものであって、資産から負債を控除した額に相当するものをいう。
　2　資本は、資本金、資本剰余金及び利益剰余金に分類される。
第19　資本金等
　1　資本金とは、地方独立行政法人に対する出資を財源とする払込資本に相当する。

(5) 国公立大学法人会計と減損会計の認識

　平成18年度から国立大学に減損会計が導入されることになった。平成19年1月1日現在の土地の公示価格は、東京、名古屋および大阪地区を中心とした都市圏で上昇したが、地方はいまだに下落が続いている。とくに東京圏では、都心から直径30km圏内は、比較的堅実に上昇しているので、評価損を計上すべき兆候は現れていない。しかし「地方はこの兆候が現れている」と判断すべきものがありえる。

　地方の一部において、とくに定員割れを起こしている大学など、社会的、経済的な環境の変化を受けて減損の兆候を認識する必要が出てくる可能性がある。施設の収益性が低下するからである。また、将来の運営費交付金の削減を考慮して、定員をはるかに超えた合格者（入学者）を出した国立大学では、逆に交付金の削減対象とされたケースがある。いずれにしても、地方の国公立大学において、定員割れが起きている。もともと、私立大学よりも相当程度、定員の員数を低く設定していることもあって「定員割れ」は、財政上、重要な問題となっている。

　企業会計においては、減損会計は強制適用となっている。金融商品とくに株式を中心とする有価証券については時価会計が必要とされていて、貸借対照日現在における時価をもって評価するものとしている。したがって、時価が上昇していれば評価益を計上し、下落していれば評価損を計上することになる。ただし、原則として、損益計算書を通さず、直接に貸借対照表の純資産の部において表示することとしている。これは、旧来の会計基準とは異なるものである。

　旧来は当期業績主義会計を採用していて、当該会計期間の企業業績、つまり、売上と費用、その差額としての利益を計算し、表示することが重要な役割（会計の目的）とされてきた。それが、損益計算を重視し企業の経営成績を開示する目的であった。その計算の過程において、未決項目としての幾つかの項目が適正な期間利益計算達成のため計上され、貸借対照表に仮の場として将来の清算を待つ形式で計上される項目があ

った。主要なものとして、未経過項目がある。

　最近は「経営成績の表示機能」を軽視するものではないが、貸借対照表項目の財産評価（積極的財産と消極的財産）を重要視するように変化してきている。いわゆる「資産・負債法」とも呼ばれる会計基準である。したがって、旧来、取得原価主義会計の下において容認されてきた含み益、含み損の存在は、原則として認められないことになった。しかし、たとえば、棚卸資産に対する「低価法」の採用が強制されることになり、その結果として一部に含み益が発生することがある。また、有価証券については、子会社などの一部について業績の向上により、含み益が発生することがありえる。

　ところで、減損会計は事業用固定資産の評価に係るものである。原則的な理解としては、時価が取得価額の50％以下になったら適用する。企業によっては、下落幅20～40％の間の一定の基準を設けて適用することにしているケースが多い。たとえば、40％基準を採用した場合、40％に近い水準までは減損会計を適用しないことになるので、含み損が内在していることになる。

　減損会計は時価会計ではない。第一の相違は、減損が生じても直ちに評価損を計上するものではないこと、第二に時価が上昇しても評価損の戻しをしないことにある。とくに、時価会計との相違としては、取得価額以上に上昇しても評価益を計上しないものとしている点にある。

　国立大学については「国立大学法人会計基準」により、平成18年度から減損会計が導入されている。他方、公立大学の場合、同会計基準に対応する「公立大学法人会計基準」となるものがなく「地方独立行政法人会計基準」に従っている。同会計基準は改正されていないので、その適用はいまのところはない。したがって、国立大学と公立大学との間に適用する会計基準に相違が現れていることになる。

　減損会計の適応については、以下の2つの問題がある。

　① 適応の可否について
　　もし減損会計を適応することになった場合、国立大学法人並びに公

立大学法人が設立された年度の期首日の評価価額（取得価額）の妥当性が問題になってくる。これは重要な問題である。とくに、土地の評価が問題になってくる。平成19年1月1日現在の公示価格については東京都心を中心として、30km圏内、60km圏内、100km圏内（遠くなるほど上昇率は低下しているが）で地価が格差のある上昇をみせているときに、減損の対象が生起したとすれば、設立年度の期首日の評価価額の妥当性が当然問題になってくる。

② 適応の基準について

学校事業は、民間企業の事業と内容がまったく異なっている。とくに学校事業では、土地が重要な資産になっているので、その評価が課題になってくる。そして減損会計では土地と建物（主として校舎）の評価額が中心になってくる。

民間企業は営利事業であるから、収益還元価値や時価（取引価額）などが基準になっているとしても、大学事業では、学生生徒等の収入だけでは財政的に不足していて、補助金や運営費交付金の交付によって、賄われている。したがって、大学事業における合理的かつ妥当な評価基準もしくはその計算式を具体的に示すことは難しく、恣意性が介在してくる余地が高いと思われる。遊休資産が対象になってくると考えられるが、一般的に、大学においては手狭になっていることが多く、遊休資産は少ない。結果として、定員割れしている大学において、減損会計が重くのしかかってくるものと考える。

(6) 国公立大学法人における「資本と利益剰余金」に対する減価償却の関係

国公立大学法人における資本金と減価償却の関係は、265ページに示した表（1-9）のようになっている。ここに選定した大学は、横浜市立大学が医学部を設けていること（附属病院を設置していること）を除くと、ほぼ同一規模の大学と考えたからである。ここでは、資本金並びに当期未処分利益もしくは利益剰余金合計に対する減価償却の関係、とく

に損益外減価償却累計額の関係（相対的大きさ）を問題にしている。

損益外減価償却の額を損益計算書に計上しなくとも、資本の部において、資本剰余金から控除して示しているので、結果として、貸借対照表における財政状況の適正表示は守られているという意見もあるが、当期未処分利益もしくは利益剰余金合計の額を膨らませていることに変わりはない。

利益が出ているという財務数値（経営成績）は、大学の経営意思決定において、決して有効な判断資料に資するとは考えられない。現実に、首都大学東京において、何度か「これほど利益が出ているのなら、運営費交付金を減らしましょう」と、財務局などの関係部局から言われてきた。その都度「この数字は本当の利益ではないのです。あくまでも、現行の会計制度上の（仮の）利益にすぎないのです」と、改めて説明しなくてはならない場合もある。明らかに不適切な会計基準である。

国立大学が減価償却費を資本剰余金から控除しているのは、国もしくは地方公共団体から出資を受けた校舎並びに施設設備を償却し終わって、つまり、更新時においては、改めて補助金、交付金として資金の提供を受けて建設することにしているがゆえに、このような会計処理をすることにしている。つまり、大学自身としては、施設設備の維持（資金の確保）が求められていないということである。この意味で、私立大学が「自律的存立を存在の基本としている」のに対して、国公立大学は「他律的存立を基本としている」ということになる。

表（1-9）「資本と利益剰余金」に対する減価償却の対比表

(単位：百万円)

科　目	首都大学東京	大阪府立大学	横浜市立大学	横浜国立大学
資本の部				
Ⅰ　資本金				
地方公共団体出資金	71,549	29,463	19,293	97,495
資本金合計	71,549	29,463	19,293	97,495
Ⅱ　資本剰余金				
資本剰余金	94	122	599	2,109
損益外減価償却累計額	△4,142	△3,773		5,339
資本剰余金合計	△4,047	△3,650	599	△3,230
Ⅲ　利益剰余金				
教育研究環境整備・充実積立金				339
積立金				65
当期未処分利益	2,953	560	3,889	376
利益剰余金合計	2,953	560	3,889	779
資本合計	70,455	26373	23,782	95,044

(注)　1　出典：各大学がインターネットで公表している財務諸表によっている。
　　　2　首都大学東京並びに大阪府立大学は、資本金の内訳に「地方公共団体出資金」としているが、横浜市立大学の場合は「横浜市出資金」としている。
　　　3　貸借対照表の注記として、大阪府立大学は「運営費交付金から充当されるべき退職給与見積額は、9,186百万円です。」と記載している。
　　　　また、横浜市立大学は「運営費交付金により財源措置が行われる退職給付引当金の対象外とした退職給付債務の見積額は、4,118百万円であります。」と記載している。
　　　4　横浜市立大学は「損益外減価償却累計額」を計上していない。

　首都大学東京と大阪府立大学を比較した場合、資本金の大きさは2対1以上の差があるが、首都大学東京の場合、土地357億6,000万円があるのに対して、大阪府立大学には土地がない（貸借対照表に計上されていない）ことにある。土地は借用している。これを除外（修正）して比

較すると、357億8,900万円対294億6,300万円と近い数字になる。

　重要な資産である土地、主として校地が貸借対照表から除かれていると、大学間における財務数値比較とくに財務分析上、適正な比較検証ができないことになる。リース会計によるリース資金のオン・バランス化（資産計上）の流れからみても、資産表示が必要なのではないかと考える。そこで、主要な国立大学と公立大学が所有する財産（資産）の大きさを、当期純利益との比較でみてみることにする。それが、以下に示した表（1－10）「平成16年度」である。

表（1－10）総資産と当期純利益等比較一覧表　（単位：億円：百万円）

番号	大学名	(A)総資産（億円）	(B)当期純利益（百万円）	総資産対当期純利益比率（B／A）
1	東京大学	12,988	6,996	0.05%
2	大阪大学	4,160	7,084	0.17%
3	京都大学	3,837	6,118	0.16%
4	九州大学	3,306	6,337	0.19%
5	東北大学	3,205	3,395	0.11%
6	筑波大学	2,852	2,082	0.07%
7	北海道大学	2,604	5,680	0.22%
8	東京工業大学	2,237	852	0.04%
9	名古屋大学	2,039	3,783	0.19%
10	広島大学	2,012	1,782	0.09%
	参考資料			
	首都大学東京	804	2,953	0.37%
	大阪府立大学	417	559	0.13%
	横浜市立大学	384	3,889	1.01%

（注）　1　出典：日本経済新聞社　平成17年8月20日・同24日　朝刊
　　　　2　首都大学東京、大阪府立大学、横浜市立大学については、各大学がインターネットで発表している財務諸表によっている。
　　　　3　首都大学東京、大阪府立大学および横浜市立大学の場合、「平成17年度」の数字によっている。

　総じて、資産効率が低いことが明白である。

第2章
経営・財務・監査と問題点

　日本の大学は、国公立大学と私立大学を中心に成り立っている。国公立大学は少数精鋭主義を旗印に、とくに行政と司法の世界で重要な役割を果たしてきた。民間企業のなかにおいても、活躍してきた人たちを輩出してきたことも確かである。しかし、日本経済の輝かしい発展・成長を支えてきたのが「私立大学出身者」であることを忘れてはならない。

　私立大学出身者は、一定のレベルと大量な員数で、日本経済に貢献してきた。ところが、国公立大学と私立大学における「学生1人当たりの教育費用」には、大きな格差がある。では、国公立大学の卒業生の社会に対する貢献度が、私立大学の卒業生の貢献度をはるかに凌駕しているといえるのかといえば、そのようなデータを眼にしたことがない。私立大学出身者も大きな役割を果たしている。しかし、政府は私立大学に対する支援をあまり行っていない。

　最近の重要な社会的現象に高所得者層の家庭の子弟が、大学上位校に進学している傾向が強くなっている。彼らは学習意欲や出世願望が強く、社会に出て活躍することが期待されている。他方、定員割れを起こしている大学などに入学してくる学生には、それが感じられない。近い将来、「大学生格差の拡大」が予想されていることもあって「日本経済の発展性に暗雲が立ち込め始めている」と理解すべきである。

1 大学事業における経営分析の基礎

(1) 経営分析の意義・目的・手法

　経営分析は「企業(経営事業体＝ここでは『大学法人』)の財政状態もしくは経営成績並びに資金収支」などについて数値をもって分析するものであって、その目的は「広義における企業の経営体質の強化」を志向する手法であるとされている。

　経営分析には、類似した用語に「財務諸表分析」というものがあり、ときには、同意義に用いられていることがある。しかし、あえて両者の相違を言えば、財務諸表分析は、あくまでも財務諸表に記載(表示)されているデータを基に分析するものであるのに対して、経営分析は財務諸表分析を含む、より広い範囲の事象を対象とした分析であると理解される。つまり、企業風土、従業員の資質、製品・商品の開発力、特許権の登録、環境に対する姿勢、その他の事項が含まれてくる。

　その意味では、財務諸表分析は「定量的分析」を中心に分析・評価するが、経営分析においては「定性的分析」を取り入れたより広い範囲の事象を含んでいる。

　分析という手法は、企業体(ここでは大学法人)を対象に、その構成要素ないし構成部分を分解し、その事業体を構成する部分の性質や内容を、数値をもって明らかにすることである。その上で、さらに相互に関連する数値を比較・検証する手法である。数値を比較・検証するのは、企業の財政状態、経営成績および資金繰りの状況並びにその余裕の程度などを判断し、改善あるいは将来の事業計画の適切な立案に資するためである。

　経営分析には、主として以下のものがある。

① 収益性分析
② 流動性分析
③ 財務安全性分析

④　生産性（効率性）分析など

　経営分析を行う基礎的資料は、貸借対照表および損益計算書並びにキャッシュ・フロー計算書とその関連資料に表示されている会計上の数値のほか、従業員数、売場面積、工場敷地面積、生産設備、操業度、売上高（量）、顧客の層や数および金利などその他の数値の組み合せをもって行うことになる。
　その他のなかには、前述した企業風土、従業員の資質、製品・商品の開発力、特許権の登録、環境に対する姿勢のほか、業界全体、もしくは、競争的立場にある他の企業体に関する数値などが含まれる。重要なことはデータの作成ではなく「その応用であり、改善への具体的な行動をとること」である。
　したがって、以上の過程で明らかにされた差異その他の数値を分析した結果を踏まえて、

①　改善方策を策定し、⇨適切な分析に基づく、正確な計画の立案
②　積極的に実行に移すこと⇨有効な判断と時機を得た行動（実行）

が重要なのである。

(2) 収益性分析と大学事業の特徴

　収益性とは「採算性のこと」（利益獲得能力）で、一定の資本の投下（元手＝経済的犠牲）をもって、いかほどの利益（果実＝経済的成果）を獲得しえたかということを問題にしている。収益は「投下資本還元価値」であり、それは投下資本1単位当りの売上高（事業収入）を意味している。そこで、売上高を基準にして、分析する方式がいろいろとある。しかし、企業経営において重要なことは、売上高ではなく利益（果実・成果）である。さらに、社会に対する責任の在り方である。
　いずれにしても、経営分析の手法においては、売上高のほか利益など

を基準にした方式がとられることになる。ここに、売上高あるいは利益を用いた主な分析数値としては、以下に掲記したものがある。

① 売上高対売上高総利益率
売上高対売上高総利益率＝（売上高総利益÷売上高）×100％

(注) 売上高対売上高総利益率の逆指数が、売上高対売上原価率である。売上高総利益と売上原価との合計が売上高になるからである。

② 売上高対売上原価率
売上高対売上原価率＝（売上原価÷売上高）×100％

経営分析上、売上高と売上原価もしくは営業費用の関係は、当該企業の収益性をみるひとつの重要な指標である。

この比率は、1単位の原価がどれだけの売上を獲得しえたかを示すもので、逆に言えば、1単位の売上がどれだけの原価を回収（費用補償）することができたかを示している。後者では、数値が小さいほど、利益獲得能力が高いことを示している。しかし、たとえば、売上高総利益（いわゆる粗利）が高くあるいは営業利益が高くとも、それは必要条件であっても十分条件ではない。商品もしくは製品などの粗利が低くとも売れ行きの早い（資本回転率が高い）ものは、積算した場合、利益は大きくなるからである。

たとえば、小売業をひとつの分析対象とすれば、売上高総利益率（粗利率）の高い衣料品の場合、比較的在庫期間が長くなることおよびシーズンの終了によって売上残品の値下げを行うことになり、資本効率は低くなることがある。他方、売上高総利益率が低い生鮮三品のほうは、在庫期間は短く、回転がよいので、資本効率はよいということになっている。

また、飲食業においては、一般的にいって、原価率は30％から40％が一応の目安とされている。原価率が低い（粗利が高い）ということは、企業に高い利益をもたらすとしても、消費者にとって割高感（金額ほどには美味しさを感じられない）を与えることになる。その結果、売

上件数を期待することはできない。また、原価率が高い（粗利が低い）場合には、消費者によいもの（美味しい料理）を提供することができたとしても、必要とされる費用をカヴァー（費用補償）できないことになってしまいかねない。

もとより、高級料亭とラーメン屋やファミリー・レストランとでは、単純に比較できない。後者のほうが原価率は高い。まず、定価が安い。そのため、店の雰囲気などにさほど気を配ることもせず、回転で応えることになる。

他方、料亭では、通常、部屋の利用度は１日１回転である。仮に和室として、部屋そのものの作り「内装全体」並びに部屋に飾る掛け軸や生花など、料理に用いられる諸種の器（うつわ）などの一式、仲居さんのサービス、それらの一体的な構成が醸し出す雰囲気、これらのすべてが料金に含まれている。したがって、料理そのものの原価率は相対的に低くなっている。しかし、料亭では「一体的な構成」が原価を構成しているものと考えるべきであるから、その算式では原価率は相対的に高くなる。

このように、売上高対売上原価率ひとつをとっても、飲食業という一括りの業界においても、原価構成は違ってくるので、利益管理も違った対応が必要になってくる。いわゆる日本旅館は一泊二食付きの料金（対顧客）になっているが、企業側は、宿泊料金と料理料金を明確に区分して、利益管理している。料理旅館のほうが料理料金の収入割合を多くしている。そして、顧客の満足度と原価を勘案した原価管理を重視している。

大学事業の場合、収益事業ではないので「収益性分析」が、どれほどの意味を有しているのか、はなはだ疑問であるが、他の大学と比較して「収益性の優劣」を評価することに、一定の意味があると考える。「収益事業ではない」という意味は、国公立大学は、基本的に国もしくは地方公共団体から交付される運営費交付金で賄われているからである。また、私立大学の財源としては、学生の授業料などの納付金が主要財源であるにしても、国もしくは地方公共団体から交付される補助金に依存している部分が比較的重要な要素を占めているからである。

これらの状況を示すと、次ページに示した表（2−1）および273ペー

ジに示した表（2−2）のようになっている。

表（2−1）主要な国立大学の経常収益・経常費用関係比較表（平成17年度） （単位：百万円）

摘　要＼大　学	東京大学	京都大学	東北大学	名古屋大学	大阪大学
経常収益	186,137	121,528	107,733	74,884	109,555
内運営費交付金収入	87,740	58,836	51,103	33,331	47,882
同上比率	47.1%	48.4%	47.4%	44.5%	43.7%
経常費用	180,285	117,133	105,709	72,775	104,217
差引経常利益	5,852	4,395	2,023	2,109	5,338
経常費用対運営費交付金率	48.7%	50.2%	48.3%	45.8%	45.9%
経常収益対経常益利率	3.2%	3.8%	1.9%	2.8%	4.9%

（注）出典：1　各大学がインターネットで公表している財務諸表によっている。
　　　　　　2　同上比率（経常収益対運営費交付金収益率）と経常収益対経常益利率は、表（2−1）の基本的数値に基づいて計算している。

　ここに掲載した主な国立大学の「経常収益対運営費交付金収入率」を見ると、43％から49％の間に収まっている。つまり、運営費交付金収益が経常収益の50％近くを占めていることになる。また、経常費用対運営費交付金率を見ると、経常費用のほぼ50％を占めていることになり、運営費交付金なしに大学事業の継続的運営が不可能なことを示している。このような関係にあったとしても、数値上、名古屋大学と大阪大学は、他の3大学に比較して、収益性において優位にあることが分かる。
　次に、主要な私立大学のケースに触れてみたい。ここでは、消費収支計算書に基づいて作成している。表（2−1）で選択した主要な国立大学は、医学部・附属病院併設の大学であった。私立大学では、医学部・附属病院併設の大学が少ないこともあって、医学部のない大学を選定している。なお、早稲田大学は比較的大規模大学であるため、おおむね、同一規模と思われる以下の大学を選定した。

表（2-2）主要な私立大学の経常収益・経常費用関係数値比較表（平成17年度）　　　　　　　　　　　　　　　　　　（単位：百万円）

	明治大学	法政大学	立教大学	立命館大学	同志社大学
帰属収入合計	44,645	44,052	22,514	69,837	50,341
基本金組入額合計	△2,256	△13,448	△4,131	△11,103	△8,363
消費収入合計	42,389	30,604	18,383	58,734	41,978
内　補　助　金	4,502	4,054	2,294	8,570	6,253
帰属収入対補助金率	10.1%	9.2%	10.2%	12.3%	12.4%
消費支出合計	42,055	35,825	20,227	56,459	44,319
消費収支差額	334	△5,220	△1,844	2,276	△2,340
同　上　比　率	0.8%	—%	—%	3.9%	—%
参考・人件費支出	25,615	21,819	12,153	27,100	25,763
同　教育研究費	10,152	11,739	6,517	24,065	15,912
同　小　計	35,767	33,558	18,670	51,165	41,675
同　上　比　率	85.0%	93.7%	92.3%	90.6%	94.0%

（注）出典：1　各大学がインターネットで公表している財務諸表「消費収支計算書」によっている。
　　　　　　2　帰属収入対補助金率および同上比率（消費収入対消費収支差額比率）は、表（2-2）の基本的数値に基づいて計算している。
　　　　　　3　参考・同上比率は、小計の消費支出合計に対する比率であり、表（2-2）の基本的数値に基づいて計算している。

　表（2-2）に見られるように、私立大学の場合、帰属収入合計に対する国などからの補助金は10％程度である。この表（2-2）で見る限り、関西系のほうが補助率が高い傾向にあると判断される。人件費と教育研究費は、大学事業における固定的経費であり、非弾力的であるがゆえに、消費支出に占める割合が高いと設備投資など、戦略的支出に支障が生まれてくることにもなる。消費収支差額がマイナスになっている大学は、いずれも「参考欄の同上比率」が92％から94％とかなり高い比率になっている。その関係からいえば、明治大学の85.0％が望ましい数値であると判断される。ただし、1期間だけの数字ではなく、趨勢比較を行って判断することが大切であるが、ここでは省略している。

(3) 流動性分析・資金収支分析とその留意点

大学法人の支払い能力を示すものが「流動性分析・資金収支分析」であり、主要なものとして次の指標が挙げられる。

① 当座比率
   当座比率 ＝ 当座資産÷流動負債× 100％
② 流動比率
   流動比率 ＝ 流動資産÷流動負債× 100％
③ 経常収支比率
   経常収支比率 ＝ 経常収入 ÷ 経常支出 × 100％
④ 財務収支比率
   財務収支比率 ＝ 財務収入 ÷ 財務支出 × 100％
   正味財務収支比率 ＝（財務収入－財務支出）÷ 財務収入 × 100％
⑤ 現金収支比率
   現金収支比率 ＝ 現金収入 ÷ 現金支出 × 100％
⑥ 資金収支比率
   資金収支比率 ＝ 資金収入 ÷ 資金支出 × 100％
   正味資金収支比率 ＝（資金収入－資金支出）÷ 資金収入 × 100％

前述のとおり学校経営においては、収入の額は入学時に当該会計年度に納める学生の学費（授業料などの収入）で決まってしまうので「資金繰り・資金管理」は重要である。学校法人の収入のほとんどが、学生・生徒が納める授業料など（入学金、施設拡充資金など）および国もしくは地方公共団体の運営費交付金もしくは補助金である。企業のように経済的犠牲（原価、費用の負担）を払って、経済的成果（収益の獲得）を得ようとするものではない。企業は、経営上、幾ら費用をかけても、それに見合う収益が見込めるならば（費用補償計算の確保）問題はない。しかし、学校経営においては、退学などによる減収があっても、途中入学などは原則としてありえないので、増収（追加的収入）は、期待できない。

その意味で、予算資金収支計算がとくに重要な財務活動になっている。

そのため、学校法人における支払い能力を示す「流動性分析・資金収支分析」が必要になってくる。

ここでは、国公立大学と私立大学のうち主要な大学について、比較してみることにした。その結果は、以下に示した表（2-3）のようになっている。なお、ここでは、大学事業の資金管理において、とくに重要と思われる、当座比率、流動比率および資金収支比率について触れていくことにした。

表（2-3）主要大学の流動性分析・資金収支分析比較表（平成17年度）

（単位：百万円）

	東京大学	京都大学	首都大学	大阪府大	明治大学	法政大学
当　座　資　産	60,111	36,004	5,376	2,398	34,358	15,245
流　動　資　産	61,831	36,625	5,522	2,532	39,215	15,054
流　動　負　債	73,852	36,014	2,977	2,807	16,441	17,559
内　前　受　金	—	—	—	—	9,603	10,498
当　座　比　率	81.4%	99.97%	180.6%	85.4%	209.0%	86.8%
流　動　比　率	83.7%	101.7%	185.5%	90.2%	238.5%	85.7%
資　金　収　入	390,240	126,304	22,874	19,746	51,796	54,619
資　金　支　出	394,619	119,102	17,607	17,430	48,640	56,808
資金収支差額	△4,379	7,202	5,267	2,316	3,156	△2,189
正味資金収支比率	△1.1%	5.7%	23.0%	11.7%	6.1%	△4.0%

（注）　出典：　1　各大学がインターネットで公表している財務諸表によっている。
　　　　　　　 2　当座資産は各大学の貸借対照表上の現金預金、未収入金および有価証券の合計額である。
　　　　　　　 3　表（2-3）の主要大学としては、主としてこれまで取り上げてきた大学のなかから選定している。
　　　　　　　 4　国公立大学の資金収入および資金支出は、各大学の「キャッシュ・フロー計算書」の収入および支出の合計額であり、資金収支差額は同計算書の「資金増加額」に合致している。
　　　　　　　 5　私立大学の資金収入は、各大学の「資金収支計算書（決算）」の収入の部合計から前年度繰越支払資金を控除したものであり、資金支出は、同計算書の支出の部合計から次年度繰越支払資金を控除したものである。
　　　　　　　　　また、資金収支差額は前年度繰越支払資金と次年度繰越支払資金の差額に合致している。

1期限定の評価では問題があるとしても、この表（2－3）で見る限り、正味資金収支比率は、首都大学東京の23.0％が突出している。法政大学のマイナスが気に掛かるところであるが、表（2－2）を見て分かるように、基本金組入額が134億4,800万円と巨額になっていることが影響している。設備投資（主に土地）の結果と思われる。

① 当座比率と流動比率

　当座比率は「流動負債の支払充当資金」を意味しているので、民間企業では100％が望ましいとされている。それ以下であると、資金ショートをきたす恐れがあるからである。また、流動比率は200％が望ましいとされている。棚卸資産が販売されて、売上債権となり、回収されて、流動負債の支払い・清算されるのに時間の経過を必要とするからである。ただし、大学の場合には、医学部・附属病院（これ自体相対的に小さな比重でしかない場合が多い）を除くと流動資産のなかで、当座資産以外の流動資産はほとんどなく、当座資産を中心に考えていればよいことになる。

　ア　東京大学

　　東京大学の場合、当座資産と流動資産がほぼ同額となっている。民間企業、とくに小売会社やメーカーと違って、棚卸資産が少ないことによる。いずれにしても、流動負債よりも当座資産のほうが少ないために、流動負債を負担するだけの当座資産がないことを示している。しかし、現金預金が485億6,800万円あり、流動負債のなかには寄付金債務が219億7,800万円ある。この寄付金債務が返済を要しない債務であれば、問題になることはない。むしろ、当座資産がそれだけ大きいことを示している。

　イ　京都大学

　　京都大学の場合、当座比率と流動比率、いずれもほぼ100％で問題がない。流動負債のなかには、寄付金債務140億5,700万円と運営費交付金債務19億2,700万円、合計159億8,400万円、率にして44.4％あるので、問題になることはない。東京大学と同様、

寄付金債務が返済義務のない債務であれば、それだけ当座比率、流動比率が大きくなる。
ウ　首都大学東京

　首都大学東京の場合、当座比率が180.6％で、流動比率が185.5％であり、問題はない。現金預金が52億6,700万円あり、流動負債のなかで、主要なものは未払金の24億8,800万円であるが、支払いに窮することはない。債務健全性としては、安全圏にある。
エ　大阪府立大学

　大阪府立大学の場合、当座比率が85.4％で、流動比率が90.2％である。首都大学東京に比較すると、ほぼ半分となっている。現金預金は23億4,200万円で、首都大学東京の44.5％に相当する。寄付金債務が5億3,900万円あり、前受受託研究費などが6,100万円ある。これらの債務が返済を要しない債務であれば、それだけ余裕があることになる。なお、首都大学東京の場合、これらの債務は2億3,000万円しかない。
オ　明治大学

　明治大学の場合、当座比率209.0％、流動比率238.5％で、国公立大学より、かなり高い比率となっている。国公立大学は設立後間もないのに対して、私立大学の場合には過去の長い歴史があり、その蓄積によるものと考えられる。

　国公立大学の場合、入学金などについて、入金時に収入処理しているが、私立大学では、前受金として処理しているので、その分だけ流動負債が大きく表示されている。したがって、この前受金を除いて計算した数値でないと比較できないことになる。そのために、前受金を参考までに掲載しておくことにした。ただし、この前受金のうちの幾らが入学前受金等に相当するのか、正確な数値を推定することができないので、修正計算はしていない。
カ　法政大学

　法政大学の場合、当座比率86.8％、流動比率85.7％である。明治大学より、かなり低い数値となっている。明治大学の場合、流

動負債に占める借入金が5,600万円しかないのに対して、法政大学には49億円もある。また、大学規模がほぼ同一規模と思われるにしては、前受金が明治大学よりも大きな104億9,800万円にのぼっていることが影響している。

② 資金収支分析

　資金収支差額を見ると、東京大学と法政大学がマイナスになっている。それ以外の大学はプラスであり、とくに首都大学東京のその割合が大きい。資金収入のうち約4分の1が、前年末日の現金預金の有り高に対して増加になっている。

　ア　東京大学

　　東京大学の場合、収入のうち大きいものが運営費交付金955億4,500万円であって、支出のなかで大きいものが、原材料・商品などの購入624億4,900万円と人件費848億9,300万円の合計1,473億4,200万円である。運営費交付金のうち人件費で88.9％が消えてしまうことが大きい。

　イ　京都大学

　　京都大学の場合、収入のうち大きいものが運営費交付金625億8,300万円であって、支出のなかで大きいものが、原材料・商品などの購入373億5,800万円と人件費627億4,100万円の合計1,000億9,900万円である。運営費交付金で人件費を賄うことができず、1億5,800万円のマイナスになっている。しかし、東京大学と比較すると、以下に示した表（2−4）のような違いがある。

表（2−4）キャッシュ・フローの項目別収支比較表　　（単位：百万円）

キャッシュ・フロー項目	東京大学	京都大学	差　異
Ⅰ　業務活動によるもの	35,248	16,190	19,058
Ⅱ　投資活動によるもの	△29,967	△ 4,098	△25,869
Ⅲ　財務活動によるもの	△ 9,660	△ 4,890	△ 4,770
Ⅳ　差引資金収支差額	△ 4,379	7,202	△11,581

(注) 出典：各大学がインターネットで公表している財務諸表「キャッシュ・フロー計算書」を基に計算している。

　東京大学と京都大学の間では「投資活動によるキャッシュ・フロー」による収支が大きな影響を与えている。京都大学の有形固定資産などの購入が69億3,900万円であったのに対して、東京大学では236億2,200万円もあった。その差額は166億8,300万円である。

ウ　首都大学東京

　首都大学東京の場合、「業務活動によるキャッシュ・フロー」が59億4,700万円あり、そのほとんどが資金増加額（資金収支差額）52億6,700万円となっている。

　さらに、平成18年度を見ると「業務活動によるキャッシュ・フロー」が57億8,300万円あるが、資金増加額は12億2,100万円しかない。その理由は、有価証券の取得に25億9,500万円を支出しているからである。実際には、計算上38億1,600万円の資金増加額となっていたことになる。有価証券の取得は、前期末の余剰資金の国債などでの運用である。

エ　大阪府立大学

　大阪府立大学の場合、「業務活動によるキャッシュ・フロー」が34億300万円あり、そのうち23億1,600万円が資金増加額（資金収支差額）となっている。

オ　明治大学と法政大学

　明治大学と法政大学の資金収支を比較すると、次ページに示した表（2－5）のような違いがある。

表 (2-5) 資金収支の項目別収支比較表　　　　　　（単位：百万円）

資金収支の主要な項目	明治大学	法政大学	差　異
収入の部			
学生生徒等納付金収入	36,267	38,021	△ 1,754
補助金収入	4,502	4,054	448
資産運用・事業収入	1,340	953	387
資産売却・雑収入	5,420	5,456	△ 36
借入金等収入		2,001	△ 2,001
前受金収入	9,603	10,498	△ 895
その他の収入	2,807	2,244	563
資金収入調整勘定	△ 8,144	△ 8,607	463
合　計	51,796	54,619	△ 2,825
支出の部			
人件費支出	25,615	22,360	3,255
教育研究経費支出	10,152	8,438	1,714
管理経費支出	1,596	1,516	80
借入金・利息等支出	64	4,622	△ 4,558
施設・設備関係支出	2,343	14,192	△ 11,849
資産運用支出	5,046	5,796	△ 750
その他支出	9,144	1,450	7,694
資金支出調整勘定	△ 5,320	△ 1,566	△ 3,754
合　計	48,640	56,808	△ 8,168
資金収支差額	3,156	△ 2,189	5,345

（注）出典：1　各大学がインターネットで公表している財務諸表「資金収支計算書」を基に計算している。
　　　　　　2　学生生徒等納付金収入には手数料収入と寄付金収入が含まれている。
　　　　　　3　計算上の端数処理の関係上、縦計・横計の金額が一致しない場合がある。

　学生生徒等納付金収入については、明治大学と法政大学との間では、17億5,400万円の差（明治大学の金額に対して法政大学は4.8％マイナス）であり、収入規模としては、ほぼ同格という見方ができる。前受金がすべて、入学金収入と授業料収入ではないとしても、主要な事業に関係するものであると考えれば、両者を比較してみる価値がある。明治大学の96億300万円に対して、法政大学は104億9,800万円、その差8億

9,500万円、明治大学の金額に対して9.3％プラスとなっている。ただし、前受金については、両校ともに対前年比大幅の増額になっているので、その内容（明細）を分析してみないと正確なところは分からないため、ここでは省略している。新学部増設などの影響があったものと思われる。

収入の部合計では、明治大学の517億9,600万円に対して、法政大学のほうが546億1,900万円と28億2,500万円だけ上回っている。学生生徒等納付金収入と借入金収入20億100万円がその大きな要因となっている。借入金収支の影響が大きいので、借入金の状況を比較してみることにした。それは、以下に示した表（2－6）のようになっている。

表（2－6）借入金（長期短期合計）残高比較表　　（単位：百万円）

	明治大学	法政大学	差　額
平成17年3月末	167	15,989	△15,822
平成18年3月末	111	13,489	△13,378
差　額	△56	△2,500	△2,444

　法政大学の場合、明治大学との比較において、資金収入では、借入金の増加と学生生徒等納付金収入が大きな影響を与えている。学生生徒等納付金収入は、1人当たりの納付金と学生数の積算に関係している。あくまでも参考数値として、比較してみることにした。ただし、学部学科による授業料の相違や在籍中に学費の値上げなどがあったりするので、単純な計算は誤差を生むことになるが、ここでは無視している。したがって、総体的かつ相対的な外観的比較である。

　明治大学の学生総数は3万1,879人（附属の高校、中学を含む）で、法政大学は3万4,002人（附属の高校、中学を含み、通信教育を除く）であるから、法政大学のほうが2,123人多いことになる。（平成20年2月29日現在）

　明治大学の平成20年度（入学時）における商学部など文化系統の納付予定額は12万円台で、理工・農学系統の納付予定額は17万円台であ

る。法政大学においても、ほぼ同様であるが、2～4万円程度高く設定されている。平年度ベースで比較した場合、両校ともに文化系統の納付予定額は年額90万円台であるが、ここでも、法政大学のほうが2～4万円程度高く設定されている。ところで、2,000人（両校の実差は2,123人）と3万円の積算は、わずか6,000万円の差を意味する程度の問題である。学生納付金額が低いとしても、このほかに法政大学の場合、通信教育部の学生8,000人がいる。学生等の員数から見れば、法政大学のほうが多いが、経営規模はおおむね同一になっているものと判断される。

また、資金支出では、設備投資が大きな割合を占めている。明治大学の場合、資金支出調整勘定が大きいが、これは未払金が主要なものであり、考え方によっては、未払金による短期の分割払いという方式を採用したとも推定することが可能であるが、いずれにしても、法政大学の場合、表（2－5）に見られるように「施設・設備関係支出」が141億9,200万円となっていて、明治大学よりも118億4,900万円多く、この年で見る限り、同支出額が6.1倍になっている。

そこで、ここで基本金の残高を見てみることにする。それは、以下に示した表（2－7）のようになっている。

表（2－7）基本金残高比較表　　　　　　　　（単位：百万円）

	明治大学	法政大学	差　額
平成17年3月末	159,459	145,629	13,830
平成18年3月末	161,715	159,077	2,638
差　額	2,256	13,448	△11,192

法政大学では、平成18年3月期に基本金を大幅に増加している。この期間に建設仮勘定からの振り替えがあるとしても、土地だけで152億900万円増加させている。基本金が学校法人の基本的に必要な財産の大きさを意味しているものと考えれば、両校はほぼ同一規模に相当することになる。

(4) 財務安全性分析とその特異性

　財務安全性は支払い能力の余裕に対する評価で、重要な経営判断の指標である。日本では、最近まで過剰債務、過剰設備、過剰雇用が問題視されてきたが、設備が十分に稼働し、収益をあげている企業は、債務の返済能力も高く、過剰債務もしくは過剰設備とはならない。バブル経済崩壊後、15年以上経過していく過程で、大規模企業・優良企業は企業体質、とくに財務体質などの改善を図り、企業価値を高めている。とくに大きな変化（改善）は、キャッシュ・フローに現れている。一方で債務を返済し、他方で現金預金・短期の運用資金を増大させている。その意味で、大きく企業体質を改善させてきたといえる。しかし、中小規模の企業の多くが取り残されていった。企業収益力の増強がままならず、後継者の育成も進まず、廃業もしくは倒産などによって淘汰されていった企業が少なくない。このような社会環境から、日本経済、とくに大企業経営が、技術の優秀さとローコストの中小企業に支えられてきた面があることを考えると、近未来に日本企業の体質弱体化という大きな問題を起こすことが想定される。

　なお、上記に関連して重要な経済的事実がある。それは国家の財政政策の結果でもある。最も重要なことは「超低金利政策」である。バブル経済崩壊後、経済復興を目的に低金利政策を実施したが、これによって家計が失った利子所得（免失利益）は、ざっと15年間の累計で280兆円にも達している。その間、企業の利子軽減効果額260兆円、金融機関の利息収入95兆円を増やしている。このように政府の低金利政策によって、企業は過剰債務、過剰設備、過剰雇用の整理を促進させたし、金融機関は不良債権の処理を進めていった。他方において、金利生活者の生活を脅かしてきた。

　このことは、国民の犠牲の下に企業（産業全般）が潤ったことになる。さらに、このように国は、国民に犠牲を強いてきただけでなく、平成20年4月には、後期高齢者に対して医療費の負担を求めることにして、年金から天引きすることにした。これが大変国民の不評を買うこと

になった。ともかく、バブル崩壊後の日本経済において日本の大企業は海外市場を中心に体質強化を図ることができたが、国民の有効需要（所得購買力）の増進にはほとんどつながらなかった。その影響が、親の学費負担能力の弱体化という意味で、大学事業にも波及している。

しかし、問題は複雑である。サブプライムローンを原因とする世界大不況によって、日本の産業界に大きな打撃が起きた。そして、平成21年1月現在、自動車、鉄鋼、家電業界を始めとして、再度、過剰設備（おおむね生産能力の20％程度）を生むことになった。

大学事業の世界において、問題が発生している。旧帝国大学が中心となって高級官僚を輩出し、国政に大きな役割を果たしてきたことは確かであるとしても、絶対的多数の私立大学の卒業生が実社会の原動力になってきたことが大切なのである。そして、現在、多数の私立大学が定員割れを起こして、事業継続に危険信号（存亡の危機）を発している。

大規模大学・優良大学が、ますます体質を向上させていく一方、他のいわゆる三流大学と呼ばれている大学は、定員割れしていて、大学事業の存続が危ぶまれている。定員割れは、学生生徒等納付金収入の減収ばかりでなく、補助金削減など全体の資金収入が先細りとなって、必要な経費（人件費や光熱水費など）の支払いにさえ事欠く事態にもなってくる。そこで「財務安全性指標」による継続的自己診断が大切になってきているといえる。

財務安全性を示す主要な指標として、企業会計の世界では、次のものが挙げられる。ただし、④ 資本的収支比率と、⑤ 収益的収支比率は、企業会計よりも公的部門、とくに地方公営企業などにおいて利用されている指標である。自己資本は私立大学の場合「基本金の合計額」となる。

① 自己資本比率（総資本対自己資本比率）
自己資本比率＝自己資本÷総資本×100％
② 自己資本対固定資産比率
自己資本対固定資産比率＝自己資本÷固定資産×100％

③　固定長期適合比率
　　固定長期適合比率＝（自己資本＋長期債務）÷固定資産×100%
④　資本的収支比率
　　資本的収支比率＝資本的収入÷資本的支出×100%
⑤　収益的収支比率
　　収益的収支比率＝収益的収入÷収益的支出×100%

① 自己資本比率（純資産比率）

　平成18年5月1日の会社法（平成17年7月26日　法律第86号）施行により、「自己資本の部」から「純資産の部」に改称した。内容は基本的にほぼ同一のものであるが、最近の連続する会計基準の適用の結果、従来の自己資本（株主に帰属するという認識のもの）のなかには、必ずしも「株主に帰属するという認識」をすることが困難になってきた項目が含まれてきたので、株主資本とそれ以外に分けて表示することにし、両者を合わせて「純資産」としたということである。

　国公立大学は「資本金」といい、私立大学は「基本金」という。これまでも詳しく説明をしてきたように、両者は異質なものであり、また、企業の「純資産」とも大きな違いがあるので、算定した数値を相互に比較してみても意味がない。ここでは、しばらくの間、総称して「自己資本（自己資金）」と呼称して使用していくことにする。

　大学事業は、巨額な固定資産を所有して運営しているので、その取得の源泉である「自己資本（自己資金）」が重要である。歴史のある大規模大学では、借入債務はほとんどない。しかし、近年、校舎が老朽化していることやＩＴ設備の未整備の改善要求から新校舎の建設や建て替えが行われている。歴史のある有名大学では、卒業生を含む関係者からの寄付金で建設資金の大部分を賄うことができるが、そうではない大学では借入金もしくは学校債で手当てすることになるので、長い将来にわたった資金（返済）計画が必要になる。

　国公立大学は法人設立時に基本的に必要な資産（借方）の寄贈を受けており、当該資産に対応する取得価額に相当する金額（貸方）を資

本金として処理しているので、自己資本比率（純資産比率）は相当に高い水準にある。また、私立大学も歴史ある大規模優良大学と言われている主要な大学も同様に高い水準にある。

② 自己資本対固定資産比率（純資産対固定資産比率）
前述したように大学事業においては、固定資産のほとんどが自己資金で充当されているので、問題はない。そこで、固定長期適合比率と合わせて記述することにした。

③ 固定長期適合比率
自己資本対固定資産比率（純資産対固定資産比率）と固定長期適合比率は、企業会計における経営分析において採用されている分析指標である。固定資産は長期にわたって使用される資産であり、その資金回収は減価償却によって行われるため、当該資産の耐用年数に依存する。したがって、取得資金を自己資金で賄うのが財務の健全化の観点から必要である。どの程度、自己資金で賄うことができているのかを示しているのが、自己資本対固定資産比率（純資産対固定資産比率）であり、100％以上であるのが望ましいとされている。しかし、他方において「100％以上である」ことは、健全であるとしても、経営姿勢としては積極性に乏しいと判断されかねない。

自己資金で賄うことができなければ、他人資本（借入債務）に委ねることになる。その場合であっても、資金の回収期間は当該資産の耐用年数に依存することになるので、長期の債務でないとリスクがある。固定長期適合比率の分母は自己資本と長期債務の合計額であるから、そのリスクの程度を示していることになる。この数値も100％以上であるのが望ましいとされている。ただし、分母は自己資本と長期債務の合計額であるから、自己資本のほうが長期債務よりも大きいことが望ましいことは当然である。

(5) 生産性・効率性分析の特徴と限界

　生産性・効率性分析は、投下資本（経済的犠牲）1単位当たりの生産高（経済的効果・成果）で表される。また、従業員1人当たりもしくは土地など一定の生産要素1単位当たりの生産高で計算される。評価は、当該企業の過去からの趨勢もしくは同業他社との比較をもって行われる。事業会社でよく用いられている指標としては、以下のような指標がある。

① 従業員1人当たり売上高
　　従業員1人当たり売上高＝売上高÷従業員数
② 従業員1人当たり営業利益
　　従業員1人当たり営業利益＝営業利益÷従業員数
③ 売り場面積当たり売上高
　　売り場面積当たり売上高＝売上高÷売り場面積
④ 売り場面積当たり営業利益
　　売り場面積当たり営業利益＝営業利益÷売り場面積

　これらの指標は、一般事業会社において、事業成績を評価するために利用されている指標であるが、とくに、デパートやチェーン・ストア（スーパー・マーケット）などの業界において、前年比較並びに同業他社との比較に使われている。従業員の員数においては、アルバイト・パート社員については一定の時間換算（たとえば7.5時間で正規社員1日相当の計算）して計算するなどの調整が必要である。

　よく比較されるケースとして、銀座では松屋のほうが売上高で三越を超えているが、売り場面積1単位（㎡）当たり売上高では三越のほうが上であるとか、また、池袋地区においては、東武百貨店のほうが売上高で西武百貨店を超えているが、売り場面積1単位（㎡）当たり売上高では西武百貨店のほうが上であると言われている。これは売り場面積当たりの生産性（収益性）もしくは効率性を尺度とした評価である。

従業員１人当たりの売上高と営業利益並びに売り場面積当たりの売上高と営業利益を問題にした場合、百貨店業界においては、２つの領域に問題を抱えている。１つはマネキンである。メーカーもしくは卸売業者から派遣されてくるこれらの員数をどれだけ正確に把握しているかということともう１つは無店舗販売（外商）による売上高の取り扱いについてである。外商の強いところは売り場面積当たりの生産性を高めることになるので、店舗それ自体の力の比較ができないことになる。

　また、鉄道事業においては、以下のような指標が使われる。

⑤　営業キロ数当たりの営業収益
　　営業キロ数当たりの営業収益＝営業収益÷営業キロ数
⑥　１日当たりの営業収益
　　１日当たりの営業収益＝営業収益÷営業日数
⑦　営業キロ数当たりの乗車人員数
　　営業キロ数当たりの乗車人員数＝乗車人員数÷営業キロ数

　このような数値から考慮して大学事業における「生産性・効率性分析」としては、以下のような指標が考えられる。

⑧　教職員１人当たり学生生徒等納付金収入
　　教職員１人当たり学生生徒等納付金収入＝
　　　　　　　　　　　　　学生生徒等納付金収入÷教職員数
⑨　教員１人当たり学生生徒等納付金収入
　　教員１人当たり学生生徒等納付金収入＝
　　　　　　　　　　　　　学生生徒等納付金収入÷教員数
⑩　職員１人当たり学生生徒等納付金収入
　　職員１人当たり学生生徒等納付金収入＝
　　　　　　　　　　　　　学生生徒等納付金収入÷職員数
⑪　教職員１人当たり学生生徒数

教職員1人当たり学生生徒数＝学生生徒数÷教職員数
⑫　教員1人当たり学生生徒数
　　　教員1人当たり学生生徒数＝　学生生徒数÷教員数
⑬　職員1人当たり学生生徒数
　　　職員1人当たり学生生徒数＝　学生生徒数÷職員数
⑭　人件費対学生生徒等納付金収入比率
　　　人件費対学生生徒等納付金収入比率＝
　　　　　　　　　　　　　　　　　学生生徒等納付金収入÷人件費
⑮　教職員1人当たり人件費
　　　教職員1人当たり人件費＝人件費÷教職員数
⑮　教員1人当たり人件費
　　　教員1人当たり人件費＝　教員人件費÷教員数
⑯　職員1人当たり人件費
　　　職員1人当たり人件費＝　職員人件費÷職員数

　大学事業においては、効率性・生産性を念頭においた事業運営も必要であるが、一般の民間企業のように、それを主要な経営目標として設定することは必ずしも適切ではない。効率性・生産性の向上と教員の質の確保並びに教育・研究の質の向上は、必ずしも適合しないからである。むしろ、逆に作用する関係にあるとさえ言える。なお、効率性・生産性の観点から言えば、最近の傾向として、少人数教育に力を入れていく方向にあり、逆回転していることになる。しかし、このような教育の在り方は、学生の質の向上に必要であるという判断からきている。

　もともと、国公立大学においては、経済的自律性が求められていない。大学事業は、国もしくは地方公共団体から交付される運営費交付金で賄うものとされている。したがって、そこでは、効率性・生産性・収益性などの指標は別の角度から利用することになる。

　大学事業においては、せっかく準備したものの学生が利用しないなど無駄な施設の設置や非効率な利用があることのほうが多い。とくに保養施設などがそれである。そのためか、最近の傾向として、これらに相当

する施設の売却などが行われている。大学の施設として、重要な図書館などにおいても、学生の利用が学校側から期待したほどには利用されていないという大学もある。

とくに、大学院を考えた場合、一定の施設・設備を設置し、教員と職員を配置して、少数の院生の教育に当たっている。経済性・収益性の観点から評価した場合、設置しないほうが得策である。しかし、大学院を持たない大学は、学生の募集にも影響しているようで、多くの大学が、身の丈を超えて大学院の設置に走っている。このようなケースとしては、とくに小規模大学やロー・スクールに、その傾向が見られる。

2 国公立大学の監事監査と監査報告

(1) 監事監査と制度上の問題点

国公立大学の監事監査制度については、その機能と効果に関連して、以下にまとめたように、幾つかの大きな問題点がある。

① 就任の時期・任期と監査責任について
　国立大学法人法第12条第8項により、監事は文部科学大臣が任命することになっている。その任期は同法第15条第3項により2年とされている。国立大学は平成16年度から始まった。就任は4月1日であり、2年後の3月31日に任期満了になる。しかし、一部の国立大学では、2人のうち1人が、1年で辞任しているケースがある。1年で辞任している場合、会計に関する監査報告書を作成しないままに終わる。ただし、業務に関する監査報告書は、年度末を待って作成するというものでもない。監査を実施したつど、必要に応じて作成することができるので、実際、多くの大学で3月31日までに作成している。なお、一部の国立大学では「業務に関する監査報告書」と「会計に関する監査報告書」をまとめて作成している事例がある。

ところで監事の任期には「監査の実施期間と報告書作成時期の不整合性」が存在する。同法第15条第4項により「再任」されることができるが、上記に関連していえば、3月31日に任期満了になって、別の人が新しい監事として4月1日に任命された場合、6月中旬過ぎに、新監事は「会計に関する監査報告書」を作成しなければならない。会計監査をする時間的余裕がないために、短期間に、相当な時間を必要とすることになる。そのほかに、まず、監事としては「国公立大学の会計基準等」を相当程度に理解していなければならないが、そうでもないケースがありえる。
　監事の任期が2年であるとしても、会社法が監査役の任期について「監査役の任期は、選任後4年以内に終了する事業年度のうち最終のものに関する定時株主総会の終結の時までとする。」（会社法第336条第1項）と定めているように、監事の任期についても、「監事の任期は最終の事業年度に係る財務諸表等が確定（経営審議会の承認の日）するときまでとする。」ことが必要であると考える。
　このように、監査を実施してきた監事が監査報告書を作成しないで、後を引き継いだ新監事が監査報告書を作成するという現行制度は適切な制度とは言えない。

② 監査制度の向上と常勤監事制度の採用について
　同法第10条第1項により監事の員数は2人とされている。一般的な事例として（もしかして少数ケースかもしれないが）、うち1人は常勤で大学事業関係者（文部科学省を含む）、もう1人は非常勤で会計関連の研究教育関係者か公認会計士・弁護士が任用されていることがある。これらのケースでは、常勤監事が業務監査と会計監査を、そして非常勤監事は会計監査に限定した監査を行っていると聞いている。しかし、基本的な責任（業務監査と会計監査の法的区別はないという意味で）は、同一であるため、監査報告書は連名で作成している。
　ところで、旧帝国大学など大規模大学並びに一定規模以上の大学においては、事業規模も予算規模も大きいので、非常勤監事だけで「十

分な監査を実施することが可能なのか」という大きな疑問がある。国立大学法人等監事協議会会長冨浦梓の『国立大学法人等協議会における監事の役割と責任』によると、平成18年度における国立大学法人など91のうち1人以上が常勤として在勤しているのは52法人などである。監事は、業務の適法性、会計の適正性などを担保しなければならず、非常勤監事のみの法人などでは「監事監査責任が十分に果たされるのか懸念される」と主張している。中規模以下の大学でも、たとえば、単科大学で医科・歯科系の大学は、病院を併営していることがあり、医療収入があり、多くの職員を雇用しているので、監査範囲は広くなっている。このようなケースでは、非常勤監事のみの監査で、十分な監査を実施していくことは難しいと考える。したがって、監事のうちの1人は常勤であることが求められる。

③ 監査室もしくは監事監査室の必要性について

監査室は、総長、学長、理事長の下にあって、業務の執行が効率的、経済的、有効的に実施されているかどうか、不正・誤謬がないかどうか、もしくは、組織の仕組みにおいて、それらが発生するリスクがないかどうか、さらには上層部の指示・命令がうまく下部に伝わり、かつ、的確に実行されているか、そして、必要な情報が正しく適時にトップに伝達されているかなどについて監査する。他方、監事監査室はトップに法令・定款などに違反する行為がないかどうかなどに視点をおいて監査する。したがって、両者の役割や機能が異なっているが、大学事業において、内部統制システムが有効に機能していくためには必要な組織である。なお、監査室と監事監査室のいずれをも設置している大学が存在するのかどうかは、確認していない。

先の『国立大学法人等協議会における監事の役割と責任』において、「監事協議会に参加している90の法人などのうち73が監査室を設置しているとし、監事としては、監査室と密接な関係を保持し、情報の交流を図るとともに監査の重複を避ける必要がある。」としている。このようなことからは、監査室を設置している大学はあるが「監事監査

室を設置している大学はない」と理解される。また、監査室を設置している場合であっても、常任の職員を配置しているのか、兼務職員でカバーしているのかが重要である。さらに、人数並びに熟練度も大切である。たとえば、中小規模の地方公共団体では、監査事務局職員を兼務職員で実施しているところがあるが、短期の人事異動が行われるなどの理由で、兼務職員では効果的、有効的な監査は期待できない。同様に監事監査室の職員においても専任で、一定の期間従事することが必要であると考える。

④　会計監査人との連携の必要性について

　会計監査については、会計監査人が担当しているとしても、監事として「国公立大学の会計基準を理解する力量を備えていなければならない」のは当然である。その上で、会計監査人の監査の実施状況にかかわる適切性を評価し、「相当である旨の意見」を出すことができなければならない。したがって、会計監査人との意見交換、すなわち「コミュニケーションの場」が必要になっている。相互に相手を理解することが必要である。しかし、意見交換において、共通の理解が得られないこともある。その場合、どのように収めるか「着地点」が問題になってくる。

　たとえば「入学金の会計処理」で、その収入を認識すべき時点についてである。私学会計では、入金があった時点では、前受金として処理しておき、当該学生が入学した会計年度の収入として会計処理が行われている。国公立学校会計では、一般に、現金主義を採用し、「入学に関する事務手続きの対価」として、事務処理をした日の属する事業年度に収入として会計処理を行っている。しかし、前述のとおり学校側からすれば、一番神経を消耗するのは入学式であることから判断すると、入学式が一番大変な事務であって、これが終わらないと「入学に関する事務手続き」が終了しないものと考えるべきである。この重要性が会計監査人にほとんど理解されていない。

　それでは、卒業式の費用は、どの収入に対応させることが適正な会

計処理になるのか。学生が支払う授業料はあくまでも、授業に対する対価であるとすれば、入学金しかないことになる。その結果、入学金を入金した時点で、前受金として処理しておくことしか方法がないことになる。もしくは、入学した時点から卒業まで引当計算していく必要がある。この点も会計監査人は十分に理解していない事項である。

(2) 監事監査と監査報告書の事例

　監事の監査報告書のひとつの事例として、首都大学東京の「監事の監査報告書」を掲載しておくことにした。監事の監査報告書を作成するための基礎的資料として、幾つかの国立大学の「監事の監査報告書」を収集して検討したが、結果として商法（会社法は平成18年5月施行）の「監査役の監査報告書の記載様式」を参考にして作成することにした。
　その文例は、以下の通りとなっている。

監　査　報　告　書

公立大学法人首都大学東京
理　事　長　○○○○　殿

　　　　　　　　　　　　　平成○○年○○月○○日
　　　　　　　　　　　　　公立大学法人首都大学東京
　　　　　　　　　　　　　　監　事　　○○○○

　わたしは、地方独立行政法人法（平成15年7月16日　法律第118号）第35条の規定に基づき、公立大学法人首都大学東京の平成○○年○月○日から平成○○年○月○○日までの第○期事業年度の財務諸表等、すなわち、貸借対照表、損益計算書、利益の処分に関する書類（案）、キャッシュ・フロー計算書、行政サービス実施コスト計算書およびこれらの附属明細書（会計に関する部分に限る。）並びに事業報告書（会計に関する部分に限る。）および決算報告書に

ついて監査を実施した。なお、附属明細書および事業報告書について、監査の対象とした会計に関する部分は、附属明細書および事業報告書に記載されている事項のうち会計帳簿の記録に基づく記載部分である。

1 監査方法の概要

　経営審議会に出席して、法人としての重要な意思決定並びに役員の職務の執行状況を聴取するとともに重要な決裁書類等を閲覧し、また、必要に応じて関係する職員から説明を受けるなど監事監査に必要と考える監査手続を実施した。

　また、会計監査人から報告および説明を受けるとともに質疑応答を行うなどして、財務諸表等並びに附属明細書につき検討を行った。

2 監査の結果

 (1) 会計監査人○○○○監査法人の監査の方法および結果は相当と認める。

 (2) 貸借対照表および損益計算書は、地方独立行政法人会計基準に従い財産および損益の状況を正しく示しているものと認める。

 (3) 利益の処分に関する書類（案）は、地方独立行政法人会計基準に適合しているものと認める。

 (4) 附属明細書（会計に関する部分に限る。）について、地方独立行政法人会計基準の規定に照らし指摘すべき事項はない。

 (5) キャッシュ・フロー計算書および行政サービス実施コスト計算書は、記載すべき事項は正しく示しているものと認める。

 (6) 事業報告書（会計に関する部分に限る。）および決算報告書について、指摘すべき事項はない。

(3) 監査報告書の記載事項「前段部分」と問題点

　監査報告書の表題については、参考にした範囲（国立大学）では、単に「監査報告書」としている事例が多いが、他方において、以下に示したような文例があった。

① 　東北大学の「平成16年度財務諸表及び決算報告書に関する監事の意見書」
② 　山形大学の「平成16年度財務諸表及び決算報告書に関する意見書」
③ 　新潟大学の「監査報告について」
④ 　宇都宮大学の「国立大学法人宇都宮大学の平成17事業年度財務諸表及び決算報告書に関する意見書」
⑤ 　埼玉大学の「平成16年度国立大学法人埼玉大学財務諸表及び決算報告書に関する意見」
⑥ 　東京外国語大学の「監事意見書」
⑦ 　一橋大学・京都大学の「監事監査報告書」
⑧ 　奈良女子大学の「平成17年度監査報告書」
⑨ 　東京大学の「平成19年度の監事意見書」

　なお、公立大学の事例では、すべて「監査報告書」であった。調査した範囲は、岩手県立大学、横浜市立大学、名古屋市立大学、大阪府立大学、北九州市立大学、長崎県公立大学および熊本県立大学である。

　監査報告書（上記諸種の意見書を含む）の作成様式すなわち「作文構成」は、参考にした範囲では、ほとんどが前段部分に続いて、①「監査の方法の概要」および、②「監査の結果」の二段構成となっていた。
　前段部分では、監査を実施した根拠として、以下の法律を挙げているかどうかを確かめた。

① （ア）国立大学法人法
　　（イ）独立行政法人通則法（準用）
② 監査の対象範囲としての財務諸表とその種類の記載の有無

　さらに「監査の方法の概要」では、監事監査の基礎とした、どのようなもの（事項、基準）を記載しているか、たとえば、以下のような事項について調査した。その結果は、次ページに示した表（2—6）のようになっている。

③ 一般に認められた監査基準（監査手続）
④ 当該大学法人の定める監事監査基準
⑤ 役員会その他重要な会議への出席
⑥ 重要な決済書類等の閲覧並びに重要な業務・財産の調査
⑦ 会計監査人からの説明並びに会計監査人に対する質問

表（2—6）監査結果（前段部分）対象事項比較表

大学名	① 国立大学法人法	② 財務諸表と範囲	③ 監査基準の準拠	④ 監事監査基準	⑤ 役員会等の出席	⑥ 重要な決済書類	⑦ 会計監査人の報告
国立大学							
小樽商科大学	○	○	○		○	○	○
旭川医科大学	○		○		○	○	○
北海道大学	○	○		○	○	○	○
室蘭工業大学	○		○		○	○	○
秋田大学	○		○		○		
宮城教育大学	○	○			○		
東北大学	○	○		○	○		
山形大学	○			○	○		
新潟大学					○	○	
茨城大学	○				○	○	○
宇都宮大学	○	○					
筑波大学	○	○			○	○	
埼玉大学	○						
千葉大学	○				○	○	
東京大学		○			○	○	○
東京外語大学		○			○	○	
一橋大学	○	○					
横浜国立大学			○		○	○	○
静岡大学	○		○		○	○	
名古屋大学	○				○	○	
京都大学	○			○	○	○	
奈良女子大学					○	○	
神戸大学	○	○			○	○	
岡山大学	○				○	○	
広島大学	○	○	○		○	○	
山口大学	○		○		○	○	
九州大学	○		○		○	○	
公立大学							
岩手県立大学	○				○	○	○
首都大学東京	○	○			○	○	○
横浜市立大学	○				○	○	○
名古屋市立大学	○		○		○	○	○
大阪府立大学	○		○		○	○	○

北九州市立大学	○	○	○		○	○	○
長崎県公立大学	○			○	○	○	○
熊本県立大学	○	○	○		○	○	○

(注)　「比較表上の該当箇所」の記載に当っては、判断に困難を伴うものが意外にあった。そのため、上記の表の作成上、あくまでも「私見」で判断している。

　決算監査の結果報告いわゆる「会計監査報告書」という位置付けにしてあるにしても、多くの大学法人の監査報告書「前段部分」において、監査の対象について、以下のような範囲限定をしている事例があった。

① 第○期事業年度の業務
  旭川医科大学、室蘭工業大学、秋田大学、新潟大学、静岡大学、名古屋大学、岡山大学、九州大学、
② 第○期事業年度の業務及び財務諸表
  小樽商科大学、広島大学、北九州市立大学、熊本県立大学
③ 第○期事業年度の決算
  山形大学
④ 第○期事業年度の（理事の）業務の執行
  岩手県立大学、茨城大学、横浜国立大学、横浜市立大学、長崎公立大学
⑤ 第○期事業年度の業務及び会計
  千葉大学、奈良女子大学
⑥ 第○期事業年度の会計及び会計以外の業務
  山口大学
⑦ 第○期事業年度の業務の執行及び財務に関する状況
  名古屋市立大学、大阪府立大学
⑧ 第○年度における○○○○業務執行についての監査
  東京大学

(4) 監査報告書の記載事項「監査の結果」と問題点

　前述したように、平成17年度における首都大学東京の「監事の監査報告書」を作成する目的で、国立大学の「監事の監査報告書」を収集した。また、平成18年度に関しても、公立大学を含めて、監査報告書を収集した。これらの資料を整理して、以下のようなまとめを行った。以下の整理した比較表においては、両年度の監査報告書が含まれている。
　監事の監査報告書における「監査の結果」において取り上げられている主として「会計関係に関する部分の記載事項」についてまとめると、以下に示した表（2-7）のように区分・整理することができる。

表（2-7）監査結果対象事項比較表

大学名	会計監査人の監査	財務諸表作成基準	財務諸表適正意見	利益処分の適合性	決算／事業報告書	理事の職務の執行	その他計算書（注）
国立大学							
小樽商科大学	○				○	○	
旭川医科大学	○				○	○	
北海道大学	○	○	○	○	○		○
室蘭工業大学	○				○	○	
秋田大学	○				○	○	
宮城教育大学	○						
東北大学	○		○		○		
山形大学			○		○		
新潟大学						○	
茨城大学	○		○		○	○	○
宇都宮大学	○	○	○		○		
筑波大学			○				
埼玉大学	○						
千葉大学			○				
東京大学	○		○	○	○	○	○
東京外語大学	○		○	○	○	○	○
一橋大学		○	○		○		
横浜国立大学	○	○	○			○	
静岡大学	○		○		○	○	

名古屋大学	○				○	○	
京都大学	○	○	○		○	○	
奈良女子大学	○	○	○		○	○	
神戸大学	○	○	○	○	○	○	○
岡山大学	○	○	○			○	
広島大学	○					○	
山口大学	○		○		○	○	○
九州大学	○	○	○				
公立大学							
岩手県立大学	○		○	○		○	
首都大学東京	○	○	○		○		○
横浜市立大学	○				○		
名古屋市立大学	○				○	○	○
大阪府立大学	○	○	○		○		
北九州市立大学	○						
長崎県公立大学	○		○	○		○	
熊本県立大学	○		○		○		

(注) 1 「理事の職務執行」については、役員と呼称している場合、並びに単純に「業務の遂行」としているケースがある。
   2 比較表の（注）には、キャッシュ・フロー計算書および行政サービス実施コスト計算書等の計算書類に関する意見表明を含んでいる。この２つの計算書については、財務諸表に含めて意見表明の対象としているケースと分離して行っているケースがある。
   3 附属明細書（会計に関する部分に限る。）について、独立して監査意見の対象（ＮＯを附した箇条書き）にしていた大学は少なかった。
   4 なお「比較表上の該当箇所」の記載に当っては、判断に困難を伴うものが意外にあった。そのため、上記の表の作成上、あくまでも「私見」で判断している。

　監事の監査報告書における監査の結果における「会計関係に関する部分の記載事項」の特徴については、以下のように区分・整理することができる。

① 「監査の結果」（３項目の記載事項）について、小樽商科大学、旭川医科大学および室蘭工業大学の３大学は、ほぼ同一であった。
② 宮城教育大学と新潟大学は、会計監査と業務監査の報告を一本の報告書でまとめている。表題については、前者は「平成16年度業務監査及び会計監査の結果について」とし、後者は「監査報告につ

いて」と簡単に表示している。
　山形大学も同様であるが「会計監査の報告」があっさりしすぎている。表題については「平成16年度財務諸表及び決算報告書に関する意見書」としている。

③　新潟大学の場合の「監査の結果」は、「比較表上の該当箇所」の記載に当って、判断に困難を伴う事例のひとつであり、理事の執行に係るものを除いて、○印の記載を避けている。

④　埼玉大学は会計監査人の「監査の方法及び結果は相当であることを認める。」という簡単な意見表明であり、財務諸表などに対する監事の監査意見は付されていない。

⑤　東京大学と九州大学は、監事の監査報告書を財務諸表と合わせた形式での開示をしていないようである。
　なお、たとえば、京都大学の例に見られるような他の形式による開示をしているのかどうか、見つけることはできなかった。
　いずれにしても、私立大学を含めて、大学は財務諸表について公表することとされている。

⑥　京都大学は、財務諸表に監事の会計監査報告書を添付した形での公表をしていないが、別な形式で、つまり、インターネットでは公表しているので、それにしたがって、本表では記載している。

⑦　財務諸表の監査意見について、広島大学は「業務運営の状況を正しく示している。」と記載し、横浜市立大学では「必要な事項を正しく示している。」と記載している。

　　（注）財務諸表の監査意見としては、財政状態と経営成績などについて「監事の（会計）監査意見」を表明すべきものであるという立場から考えると、いずれも「監事監査意見」に該当しないと思われるが、「業務運営の状況」については「経営成績」などに関係した監査意見と判断して、処理している。

⑧　横浜市立大学では「会計監査の結果」のなかに「なお書」を入れて、「法人化初年度の特有事項」について、追記的に触れている。このような事例は、他校で類を見ないものであった。

⑨　（注）記載上の判断に違和感があり、統一的・標準的に整理することができなかったものがあったこと並びにここに取り上げた大学

を選定したことについて、特段の基準を設定して行ったわけではないことを明示しておく。

(5) 監査報告書の開示の可否と記載事項の項目の問題点

　先にも触れたように東京大学と京都大学は、監事の監査報告書を財務諸表と一体しては開示していない。東京大学は改めてホームページを見て平成19年度を参考にしている。先の『国立大学法人等協議会における監事の役割と責任』では、「監事監査報告書等を公開するか否かについては議論がある＜中略＞機密に属する情報が含まれていることがあり、また、公開を前提とすると率直な監事所見を申し立て難いという意見がある。」としながらも、「国民に国立大学法人等の業務が適切に行われているかを周知するには公開を前提とする必要がある。」としている。国公立大学の運営費交付金が国民もしくは住民が納めた税金が財源になっていることを考えると、「使途の透明性」を示すためにも、監事の監査報告書は財務諸表とともに開示すべきである。

　国立大学などには国の財源が、公立大学には都道府県などの財源が運営費交付金として交付されており、国公立大学の主要な経費がこの運営費交付金で賄われている。要するに、国民・住民が納付した税金を主体とした運営が行われている。したがって、資金使途の透明性、信頼性を付与するためにも、監事並びに会計監査人の監査報告書を開示するべきである。ただし、開示の方法と形態については「現在の方法でよいのか」議論すべきところがある。一般の国民・住民にとって、見やすい、理解しやすい概要版の開示も必要である。最近、地方公共団体が財務諸表の一部（簡素化したもの）を新聞などで開示するようになったように、国公立大学も財務諸表の一部の開示を含めて、情報公開について、前向きに対応していくべきである。

　また、監事の監査報告書における「監査の結果」において取り上げられている項目を整理してみたところ、幾つかの問題点が浮かび上がった。

① 会計監査人の監査に対する意見の有無

会計監査人の監査の方法と結果に対する「相当意見」が記載されているケースが多いが、附されていないケースもあった。また、最初に記載されているケースと最後に記載しているケースがあった。相当意見は記載するべきであり、また、記載箇所としては、「監査の結果」の最初に記載するほうが望ましいものと考える。また、会計監査人の名称も記載しておくべきものと考える。

② 財務諸表の作成基準

財務諸表の作成基準（準拠した会計基準）としての国立大学法人会計基準もしくは地方独立行政法人会計基準を明らかにしておくべきものと考える。監事監査は「財務諸表が財産・損益の状況を正しく示しているかどうか」に対して行われるので、第一に会計監査人の監査に対する「相当意見」を前提に、第二に財務諸表の適正表示、すなわち「準拠の適正性」に対してなされることになっているからである。

③ 利益の処分に関する書類（案）

利益の処分に関する書類はあくまでも（案）であり、決議機関の決議をもって決定されるので、（案）として記載し、かつ、適合性に対して意見を附せば足りると考える。

④ 附属明細表の取り扱い

附属明細表は、財務諸表（貸借対照表・損益計算書）などに対する附属の明細表という位置付けにされているので、財務諸表に対するものと分けて、監査意見の対象にすることが望ましいものと思われるが、国公立大学法人会計の場合、財務諸表のうちのひとつであると解されている。

⑤ 情報公開などに関する定めについて

私立大学の場合、「私立学校法の一部を改正する法律等の施行に伴う財務情報の公開等について（通知）『文部科学省高等教育局私学部長』（平成16年7月）公開について」によって、以下のものを開示しなければならないとしている。

ア　財産目録

イ　貸借対照表
　ウ　収支計算書
　エ　事業報告書
　オ　監事による監査報告書
　ここでは、会計監査人の監査報告書の開示を求めていないが、会計監査人の監査は「監査の結果」だけではなく、どこの法人（監査法人）もしくは個人（公認会計士）が監査しているのかということも重要なことであるから、開示すべきものと考える。

(6) 業務監査の事例（その１）

　東京大学と京都大学の「監事の業務監査」の事例に触れておきたい。まず、形式的概要は、以下に示した表（2—8）のようになっている。

表（2—8）業務監査の形式的概要比較表

項　目 適　用	東　京　大　学		京　都　大　学	
	平成17年度	平成18年度	平成17年度	平成18年度
総ページ数	14	29	31	42
表紙の有無	無	無	有	有
目次の有無	無	無	有	有
提出先宛名	有	有	無	無

（注）　1　明記されている場合の提出先宛名は、国立大学法人総長である。
　　　　2　国立大学法人法の最高責任者は学長とされているが、旧帝大系は「総長」の名称を使用している。それは、国立大学が法人化する前からの慣例のようである。

　東京大学の業務監査における主要な「監査要点」（抽出）としては、以下のものが掲記されている。また、「監査結果」は、監査要点ごとに記載されている。

①　平成17年度関係
　ア　経営情報フローの整備状況（大区分）

第二部　大学の会計と経営　305

本件に関する「監査結果」(ただし部分)は、「予算執行の概況と予算・決算の関係」(小区分)について、以下のようにまとめている。
　本学においては、予算の大部分は教育研究部局に配布された上で、その判断により執行されるので、全学的な予算執行のペースを本部において把握・調整することが容易でない。
　イ　予算制度と業務計画の連動（大区分）
　　「本部・部局計画と概算要求の整合性」（小区分）
　　大部分の教育研究部局においては、大学法人の中期計画策定のために作成した部局ごとの中期計画に沿って業務が進められている。しかしながら、部局業務全般についての年度計画を作成している部局は限られていた。
　ウ　事務品質管理の状況（大区分）
　　　　―内容省略―
　エ　学内外コミュニケーション（大区分）
　　　　―内容省略―
　オ　人事制度の整備状況（大区分）
　　「ローテーション管理の実態調査」（小区分）
　　人事の長期的方針、人事異動の基準が明示されておらず、実際の異動を準備する段階において決定されるため、各回における人事異動はその時点での需要や関係者の意向に相当程度左右されることがあったものと考えられる。

② 　平成18年度関係
　ア　法定会議の開催・審議状況（大区分）
　　「役員会」（小区分）
　　議事録上においては議案名と議決の事実のみが示され、配布資料一覧においても資料名のみが記載されており、議案の提出理由や基本的内容について容易に確認できない場合がある。＜中略＞業務運営方針を反映した適切な予算執行を実現するためには、年

度当初における、より詳細にわたる予算の審議が望ましく、その方法について検討の余地がある。
　イ　自己点検・外部評価と資源配分（大区分）
　　　—内容省略—
　ウ　教育方法などの改善（大区分）
　　　—内容省略—
　エ　学生支援の充実（大区分）
　　　—内容省略—
　オ　附属病院の経営管理（大区分）
　　大学法人経営への影響の大きさに鑑みると、病院の経営状況について経営協議会に対しても定期的な報告がなされるべきであるが、平成17年3月に経営協議会の病院運営に関するワーキンググループの報告書が提出された後は、病院の経営状況に関するまとまった審議は行われていないため、定期的な報告の仕組みを設けるよう検討すべきものと思慮される。

京都大学の業務監査における監査報告書においては、以下の両年度とも、以下の4区分に大別して記載する様式を用いている。
　Ⅰ　監事監査の概要
　Ⅱ　監査計画
　Ⅲ　定期監査
　Ⅳ　臨時監査

① 平成17年度関係
　Ⅰ—3．大学の自律的、自主的運営上の課題（中区分）
　不祥事の防止策（小区分）
　　平成17年度には、新聞、テレビ等のマスコミで報道されたように本学の教職員、学生が関わる不祥事が何件か生じた。＜中略＞今回の教職員が関わった事案は、明らかに本学の教職員像、教職員倫理規程に反するものであったが、具体的な業務上の規範、利

益相反、責務相反等の管理方法、規程等を予め整備して、教職員が安心して積極的に業務に携われるような仕組みが全学的に求められる。また、学生についても人格教育の一環として社会人としての責任と共に京都大学の学生としての誇りをもつような研鑽の場が必要である。
Ⅲ—2．定期監査の結果（中区分）
財務・会計について（小区分）
　　全学的な経営判断によって重点的事業を実施する新たな動きが見られることは評価できる。一方で、限られた予算を選択・集中して配分するには、重点施策の全体像（戦略的計画）を具体的に提示することが必要であり、その上で、実施状況、その成果を公表して全学的な周知と理解を得る工夫が求められる。

② 　平成18年度関係
Ⅰ—3．大学の自律的、自主的運営上の課題（中区分）
業務の実施上の課題の具体化（小区分）
　　自己評価結果＜中略＞「評価」のための「評価」でなく「改善」のための「評価」であるためにも、こうした課題を具体的に認識・共有して次年度以降の年度計画のなかで改革・改善に取り組むことが必要である。
業務現場における自律性の強化（小区分）
　　平成18年度にも、新聞、テレビ等のマスコミで報道されたように本学の教員が関わる不祥事が何件か生じた。その原点は、関わった個人の資質、モラルであるとはいえ、組織としてその再発防止のための内部統制機能の一層の充実が求められるのではないか。＜中略＞個人的な問題とするのではなく、共に働くチーム内の問題として状況を認識し、リーダーや管理者レベルと連携して迅速に対応する風通しのよい仕組みが求められる。
Ⅲ—2．定期監査の結果（中区分）
財務・会計について（小区分）

経費削減について、人件費は前年度比約1.2億円（全人件費の約0.2％）の削減、光熱水費については、＜中略＞今後、組織の見直しや業務の改善・簡素化に伴って経費がどれだけ削減できたのかを、業務当たりの人件費や超過勤務手当支給額等の定量的指標で把握する必要がある。
　教育研究経費の絶対的な不足が指摘されているが、それを明らかにするためにも教育研究の現場における経費の予算、使用状況を教育経費、研究経費、一般管理経費等についてさらに小区分した使用目的に応じた額を明らかにする方策を検討すべきである。

(7) 業務監査の事例（その２）

　首都大学東京の平成19年度における業務監査報告書のなかの「監査の対象と結果について」（概要版）を要約すると、以下のようになる。

　平成19年度業務監査（その１）において監査の対象とした「科学研究費補助金」は、平成18年度および平成19年度採択（交付を受けた）分である。選定は無作為である。
　なお、平成18年度分については、研究期間の終了しているものがあり、成果物である「論文の作成・発表等」について、何らかの確認ができたものである。しかし、平成19年度については、ほとんどが研究途中のものであって、成果物については、確認できる状況にはなかった。監査報告書においては、「いずれの年度についても、『科学研究費補助金』の申請から受領、そして使用における適法性並びに妥当性の観点から監査を実施した。」と記載されている。

　① 平成18年度分監査結果について
　平成18年度において、監査の対象とした「科学研究費補助金」の一覧（一部）は、次ページに示した表（2—9）のとおりである。

表（2—9）平成18年度の「科学研究費補助金」の監査結果の状況一覧表

管理番号	研究種別	交付金額（千円）	収支簿の有無	証憑の有無	契約等の妥当性	成果物の有無
2	基盤 A	—	○	○	(1)(2)	○
3	基盤 B	—	○	○	(1)(2)	○
4	基盤 B	—	○	○	(3)	○
5	基盤 B	—	○	○	(4)①	○
6	基盤 C	—	○	○	(1)(2)	○
7	若手 B	—	○	○	(4)②	○
8	若手 B	—	○	○	○	○
9	特別研究員奨励費	—	○	○	○	○
10	特別研究員奨励費	—	○	○	○	○

(注)　「成果物の有無」については「平成18年度科学研究費補助金実績報告書（研究実績報告書）」の裏面の「研究発表」に記載されている事項で確認している。
　　なお、管理番号7、8については、実績報告書の報告対象外であったため、別途学会発表論文等の成果物をもって確認した。

　表（2—9）に記載している(1)〜(4)に対する説明は、以下のとおりである。
(1)　共同研究における分担金配分表と分担に関する証憑の適切な管理について

　監査の対象にしたもののなかには、他の大学などに所属している研究者（研究分担者）との共同研究がある。そのなかで、研究代表者が、当法人の研究者である場合、科学研究費補助金は、まず、当法人に振り込まれてくる。そして、当該研究者（研究代表者）が作成した分担金配分申出書に基づいて、研究分担者の所属機関に対して、当法人の会計管理課が送金する。会計管理課が行う手続きは送金業務に限られている。

　本件監査対象としたケースでは、分担金配分申出書を会計管理課が保管していた。その結果、各学部の管理課が整理保管している「課題番号・研究者番号・研究課題名別ファイル」には、関係書類の一部が欠落していることになっている。一連の取り引き（金銭の授受）を一

貫して管理するためには「課題番号・研究者番号・研究課題名別ファイル」において、すべての関係資料と証憑を整理保管しておくべきである旨の指摘が記載されている。

(2) 分担金の使途明細と証憑の適切な管理について（略）

(3) 契約事務おける不適切な取引について

　公立大学法人首都大学東京会計規則（以下、「会計規則」という。）第43条（契約事務の委任）第3項では「別に定める軽微な取引については、教員が契約事務を行うことができる。」とし、公立大学法人首都大学東京契約事務規程（以下、「契約事務規程」という。）第2条（契約事務の委任）第2項において「会計規則第43条第3項に定める軽微な取引とは、教員の研究費にかかる50万円未満の取引をいう。」とされている。この契約事務規程の趣旨に反すると判断されるもしくは疑わしい事務手続きが見受けられた。

② 表（2—9）管理番号5における契約手続きについて

　本件研究に関連した研究費の支払いについては、以下の表（2—10）に示したような取引があった。

表（2—10）取引明細一覧表　　　　　　　　（単位：円）

番号	入力日	支払日	記載されている適要の内容	支払金額	合計一括推定金額
1	8月7日	8月15日	(A)／36336他1点　　HD(株)	174,300	
2	8月7日	8月15日	(B)／36336他1点　　HD(株)	348,600	
3	8月7日	8月15日	(C)／36336他1点　　HD(株)	348,600	871,500
4	8月7日	8月15日	(D)／RTR-52の購入HD(株)	498,750	
5	8月7日	8月15日	(E)／RTR-52の購入HD(株)	498,750	
6	8月7日	8月15日	(F)／RTR-52の購入HD(株)	485,625	
7	8月7日	8月15日	(G)／RTR-52の購入HD(株)	485,625	1,968,750

(注) 1　平成18年度科学研究費補助金収支簿を基にして作成している。
　　 2　表（2—10）の「取引明細一覧表」における番号「取引」にかかわる請求書と納品書の日付とNOは、以下に示した表（2—11）「転載省略」のようになっていた。

表（2—10）における1の(A)から3の(C)は、同一品になっており、合計87万1,500円の一体の取引と推定される。また、4の(D)から7の(G)も同一品名で、合計196万8,750円の一体の取引と推定される。

表（2—11）上記表（2—10）にかかわる証憑比較一覧表

（単位：円）

	見積書日付	納品書日付	請求書日付	ＮＯ	金額
1	18・7・28	18・8・4	18・8・4	TO5—30006193	174,300
2	18・7・5	18・7・12	18・8・4	TO5—30006191	348,600
3	18・6・22	18・6・29	18・8・4	TO5—30006190	348,600
4	18・6・8	18・6・15	18・8・4	TO5—30006188	498,750
5	18・6・19	18・6・26	18・8・4	TO5—30006189	498,750
6	18・5・11	18・5・18	18・8・4	TO5—30006186	485,625
7	18・5・24	18・5・31	18・8・4	TO5—30006187	485,625

（注）平成18年度科学研究費補助金収支簿並びにHD株式会社の見積書、納品書および請求書の各写しを基にして作成している。

この取引もしくは契約に関する見積書、納品書および請求書の日付は、ゴム印で押されていて、表（2—11）の「証憑比較一覧表」に見られるように、異なっている。しかし、それらに記載されているＮＯは、1件を除いて、一連の番号になっている。

まず(A)(B)(C)では、TO5—30006190からTO5—30006193まで、(D)(E)(F)および(G)では、TO5—30006186からTO5—30006189まで、一連の番号になっている。その間、HD株式会社において、他の商談（業者側の取引）がなかったとは考えられない。なお、飛び数字のTO5—30006192についても、同一研究者の取引である。ところで、納入期間を見ると見積書の提出から納品まで1週間となっている。

通常、納品した月が1ヵ月相違しているならば、請求書の作成日も1ヵ月ずれてくるはずであるが、このケースでは同一の日付となっている。したがって、本件取引は1件の取引を、複数の取引に分割しているものと推測される。取引相手のHD株式会社に確認すれば、明らかになるものと考える。このようなケースは、ほかにも見受けられた

ために、本案件だけ確認することは公平性に欠けるものと考え、取引先に対する確認行為は実施していない。

　仮にこれらの取引が個別のものであったとした場合でも、一括した取引とすれば、有利な価格交渉ができたものと考えることができる。その上、お互いに事務手続きが簡素化できたはずである。契約手続きが異なるため、単純比較はできないが、関係する書類が半分程度となり、学部における決裁行為も4分の1で済んだはずである。なお、疑わしきものに対しては、法人の内部統制の一環として、相手方に「文書による確認」を行うなど、適切な管理体制を構築することが必要である。

（監査意見）契約の適正化に対する措置の必要性について

　東北大学において、大学病院が行った病院の改修工事において、一般競争入札を行わなければならない契約について、3分割して「随意契約」を結んでいたことが明らかになった。東北大学の工事発注関係の内規によると「予定価格1,000万円以上」の工事は、一般競争入札を実施することになっている。

　本件工事の予定価格は2,374万円となっていたが、3分割して、いずれも1,000万円以下の取引として、医療機器販売会社が紹介した建設会社と随意契約を締結していた。しかも、東北大学は、この契約について公表していなかった。本事件が発覚したことによって、大学側の担当責任者が「公共工事の入札および契約の適正化の促進に関する法律（平成12年11月27日　法律第127号）」に「違反している」ことを認めた。

　本事件は、大学という機関の不正行為である。しかし、教員という単独の個人であったとしても許されるものではない。

　首都大学東京の平成17年度に対する東京都監査委員による財政援助団体等監査においても「分割発注による不適切な契約事務」に該当する事例が指摘されている。首都大学東京は契約の適正化に対する措置を講じ、研究者および事務職員に対して、法令順守の観点から「法人規則の順守」を厳しく求めるべきである。その上で「規則に反した者に対して処分を課する」ことをためらうべきではない。そうしない限り、規則を定めた

「法人のガバナンス」が遵守されないことになってくるからである。

3 大学事業における健全化経営と品質管理の時代

(1) 私学経営の最大の課題―定員割れ現象―

　少子高齢化を迎えるなかで、定員が増加傾向にある大学事業は、いま最大の課題を抱えている。

　前述のとおり、日本私立学校振興・共済事業団が、平成20年7月30日に発表した報告書によると、平成20年度において四年制私立大学の47.1％に当たる266校が定員割れを起こしている。全国の私立大学565校の入学定員数（平成20年度）は44万8,580人で、対前年比0.8％の増加となっている。他方、入学者数は1.4％減少して、47万7,918人となっている。この結果、定員充足率は106.5％で、対前年比△2.4％となっている。

　入学定員数が800人以上の大学は、入学者数が定員の10％程度（平均値）上回っている。これに対して、定員数が800人未満の大学では定員割れを起こしている。大規模大学・都市圏大学への学生の集中化が起きている結果、地方の中小規模大学の経営環境が厳しくなっている。入学定員数が3,000人以上の大規模大学は23校で、学校数の上で4.1％にすぎないにもかかわらず、全志願者数の49.4％を占めている。早稲田大学の志願者数は約12万5,000人で、九州全域の私立大学の志願者数約13万人に相当する数字を確保している。

　このような状況のなかで、地方の中小規模大学の経営環境が悪化しているほかに、将来の課題として、大きな問題が発生している。定員割れの常態化とともに「大学間の学生獲得競争」が激化しているということにある。ここに、大きな病原菌が植え付けられていく。競争の激化は定員の確保競争になり、大学入試のハードルを下げている。そのために、大学生の質の低下を招き、さらに高校生の学習離れや学習意欲の低下をもたらしているということにある。このような事実は、発展していくべ

き日本の将来を考えたときに、大きな憂いを生んでいることを意味している。（参考・日本経済新聞　平成20年7月31日　朝刊）

　このようなことに関連した教育界環境の実情を反映する調査結果がある。社団法人私立大学情報教育協会が行ったアンケートによると、私立大学の教員の50％が「学生に基礎学力がない」とし、40％が「学生に学習意欲がない」と悩んでいる。また、この調査によると「学生のレベル低下に無頓着な大学が少なくない」と指摘している。（参考文献・日本経済新聞　平成20年7月23日　朝刊）　とくに定員割れを起こしている大学などでは、学習意欲のない学生までをも定員確保のために入学させている。その一方で、レベルが低いとか、学習意欲がないなどという不満・指摘を言うことは、大学自体に問題があると言うべきである。ある意味で当然の帰結なのである。

　しかし、これらの報告・調査結果においては、もうひとつの重要な視点・問題認識が欠落している。それは、再三述べている「教員の問題」である。大学の増加、学部学科の増設は教員の確保・増員を必要とする。多人数になればなるほど、教員の平均的な質は低下する。研究と教育に対する意欲のない教員が増加していくということである。それは学研的な質だけにとどまらず、倫理感の低い教員が増えていくことを意味している。その結果として、セクハラやパワハラ（パワー・ハラスメント「職業的地位を利用した権威乱用」）を生むことにもなっている。「わいせつ行為」で、懲戒処分を受けた教職員が平成18年度で177人に達しており、前年度よりも46人増加している。年齢別では、40代が43.1％と最も多く、学校種別では、中学校の教職員の割合が39.0％となり、前年よりも5.9％高くなっている。（参考・日本経済新聞　平成19年12月29日　朝刊）

(2)　少子化時代と経営困難校の問題点

　日本私立学校振興・共済事業団「学校法人活性化・再生研究会」が、平成19年8月1日、『私立学校の経営革新と経営困難への対応―最終報

告―』(以下、「報告書」という)を発表している。本報告書の要点を中心にして、私学の経営問題に触れていくことにする。

本報告書「はじめに」は、以下のように記述している。

　この最終報告は、平成17年5月に文部科学省が取りまとめた「経営困難な学校法人への対応方針について」を受け、同年10月に日本私立学校振興・共済事業団(以下、「私学事業団」という)に設置した「学校法人活性化・再生研究会」において更に検討を進め、最終報告として取りまとめたものである。経営環境の厳しい時代における学校法人の経営革新の課題を提起するとともに、私学事業団、国、地方自治体、私学団体などの関係機関が、経営困難な学校法人への再生支援から破綻処理までの各段階において、どのような役割を果たすべきかについて提言を行うことを目的としている。

本報告書は「報告書の趣旨」として、以下のことに触れている(要点)。これまで私立大学は、その設立財源を国に依存することなく設立され、個々の建学の精神により多様な教育と研究を展開してきた。このようななかで、私立大学が今後とも公教育を担い、個性豊かな優れた人材を育成・輩出することで、我が国の各地域の様々な分野での発展に貢献し、社会の基盤を支えていくことが一層重要となっている。
　一方、私立大学をめぐる経営環境は厳しい状況となっており、経営困難から破綻に陥る学校法人も現れてきている。経営困難となった学校法人の再生を支援し、破綻が避けられない学校法人を円滑に整理して、学生の学習機会の確保を図るなどの対応方針を作成することが必要である。少子化などの影響により、学校法人の厳しい経営状況は、大学・短期大学などの高等教育段階よりも高等学校・中学校・小学校・幼稚園などの初等・中等教育段階が先行している。

　少子化などの影響による学校法人の厳しい経営状況が、小学校・幼稚

園などの初等・中等教育段階が先行していることについては、過疎化が取り上げられている地方だけの問題ではない。都市の中心部において大分前から起きている。たとえば、そのような現象は、東京駅を中心にした千代田区・中央区地域で起きている。ただし、中学校や小学校のケースは公立である。この中心部が、若い世代の居住人口から判断すると過疎化になっているということである。

　もうひとつの事例としては、東京の多摩ニュータウンや大阪の千里ニュータウンのケースがある。一時期もて囃された大規模な中高層住宅群であるが、人口の流動性が低いために、中学校・小学校・幼稚園などに通う児童、生徒を抱える家庭はなくなった。当時の児童、生徒が大人になって巣立っていったからである。他方では、若い世代の家庭の流入が低いために、中学校・小学校・幼稚園などの必要性が失われていった。そのために、これらの地域では、学校事業としての経営条件が劣悪化している。

　私立大学などは、全高等教育機関の学生数の約80％を擁し、幅広い層の学生を教育して、有為な人材を社会に供給することで、我が国の高等教育の普及と社会基盤の形成に大きく貢献している。実際、東京大学を始めとする国立大学は、エリート官僚養成機関として果たしてきたことは確かであるが、日本経済の基盤を支えてきたのは、むしろ私立大学から輩出した多数かつ優秀な学生の双肩に追うところが大きい。国公立大学の学生は少数であるから、日本人の平均的知的水準の向上に貢献した私立大学の役割は大きい。

　現在、少子化時代を迎えて、私立大学の経営に大きな影を投げている。そのため、私立大学における教育研究の充実化には「安定的な経営基盤の確保」が不可欠になっている。国の支援も必要であるが、まずは「経営基盤の強化に向けた取り組み」として、各学校法人が自主性と自己責任において行うべきである。

(3) 私学経営と国家支援の問題点

　日本では、高等教育に対する公的財政支出は、主要先進諸国と比較した場合、国際的に見て極めて低い水準にある。たとえば、高等教育に対する公的財政支出の対ＧＤＰ比に関するＯＥＣＰの2003年（平成15年）の調査では、各国の平均が1.1％であるのに対して、日本は0.5％でしかない。半分以下の水準にある。これでは近未来の担い手を育成するという国家の一大事業としてお粗末である。また、単年度の比較だけでなく、総合的な比較も必要である。さらに、校地（敷地面積など）・校舎・施設・設備などの基盤整備においても、幾つかの問題がある。たとえば、学生１人当たりの教員・校地が低い水準にあるなどである。

　本報告書によると、平成17年度時点では、経常的経費に対する補助の割合は11.7％にすぎない。平成19年度の予算で国立大学法人に対する運営費交付金の予算総額は約１兆2,000億円にのぼる。しかし、学生数の80％近くを占める私立大学などに対する補助金予算額は約3,200億円であり、運営費交付金のわずか４分の１程度である。したがって、学生１人当たりの国の支援はわずかでしかない。

　一方で、国公立大学と私立大学を問わず、「特色ある教育研究の展開やその質の向上」を目指して、競争的資金配分の割合が増加している。むしろ「競争的資金の獲得競争」の色合いを強めている。そのような状況において、各私立大学は、知名度を高めるためにも、競争的資金の獲得をひとつの目標とするようになってきている。また、特色ある優れた教育研究を一層充実する必要性が高まっている。（参考・前掲報告書 p.5）

　学校法人が「経営困難となる原因」を類型化することは困難であるが、大きく見ると、すべての学校法人に共通の客観的要因と、個別法人ごとの主体的要因に分けることができる。客観的要因には、少子化や地域の過疎化および規制緩和による競争の激化などの私立大学全体を取り巻く環境が掲げられる。これは構造的要因とも言われるべきもので、当該法人単独の努力で解消できるものではない。

　経営と教学に共通の要因としては「人材不足と経営責任の欠如」を掲

げることができる。とくに、教員が経営的・管理志向的な視点から物事を考えようとはしない。組織のなかにいて、組織の良好な発展に寄与しようとする思いが低い。自分の研究などのなかに閉じこもっていることが多い。したがって、大学全体としてものを考え、行動することをしない。

　本報告書によると、私立大学などを取り巻く厳しい競争的環境によって、収支状況が悪化している学校法人が増加している。帰属収入で消費支出を賄えない学校法人は、大学法人が504法人中138法人で27.4％、短期大学法人が147法人中51法人で34.7％に達している。（参考・前掲報告書 p.5～6）　帰属収入から基本金組入総額を控除したものが消費収入の額になる。学校経営においては、学校の運営経費である消費支出を賄うものが消費収入であるから、消費収入と消費支出とを対比すべきである。そして、これがマイナス「当年度消費支出超過額」であることは企業会計で言えば「赤字決算」を意味する。したがって、帰属収入で消費支出を賄えない状況は、相当に厳しい経営状況に追い込まれているということになる。

　私立大学の教育研究の発展のためには「経営体制の安定と財政基盤の充実」が不可欠である。学校事業の場合、民間企業と違って、経営が行き詰まって破綻し、解散したとしても、それだけでは済まない。何十年か経ってから、卒業証明書や在学証明書を必要とする卒業生がいるようなときに、どこが対応するのか、そのようなデータをどのように管理保存していくのかという問題が残されている。ともかく、私立大学においては、経営・運営の自主性が尊重され、公共性が確保されなければならない。そのためには、ガバナンスの確立が必要である。
　本報告書は、「理事会は学校法人の業務の最終的な意思決定機関として、学内外に対する説明責任を果たし、透明性を確保する必要がある。そして、ステークホルダー（利害関係人）との協力関係を保ちつつ、責任をもって経営面及び教学面の改革を進めることが重要である。」と、指摘している。（参考・前掲報告書　p.8）　理事会が、最終的な意思決定機

関として、透明性を確保する必要があり、ガバナンスを確立する必要があるとした場合のひとつの統制機能の役割を担うのが、株式会社の取締役会に相当する経営協議会（国立大学）、経営審議会（一部の公立大学）並びに理事会（主として私立大学）と、内部監査組織である。そこで、本報告書は「監査室の設置等により、内部統制組織の充実を図ることも有効である。」としている。また、「常勤理事の担当を明確化する、学外理事を活用して積極的に外部の意見を取り入れること等により、理事会機能の向上を図ることが必要である。」とも指摘している。（参考／引用・前掲報告書 p.8）

(4) 私学経営における経営革新と経営困難校への対応策

　学生確保のためには「教育の充実」が基本であり、きめ細かく学生を支援する取り組みが求められているというが、定員割れを起こしている大学においては、学生の質の選択を行うゆとりはない。そのため、学力の低い学生や学習意欲のない学生の入学を受け入れているのが実情である。就職実績は受験生が学校を選ぶ大きな要素のひとつである。一流企業への就職実績は、当該大学の看板になっている。学習意欲のない学生たちは、もとから一流企業への就職を求めていないし、就職した場合の定着率も低いとされている。したがって、教育の一環としての進路指導が必要である。とくに、法科大学院や会計大学院などの専門職大学院では、試験の合格率と合格者数が即大学院自体の評価につながってくる。

　これからの大学、とくに専門職大学院しかも夜間開講の大学院では、社会人などを対象とした教育の提供がますます期待されている。ある調査によれば、高等教育受講者中の35歳以上の者の割合は日本では2％で、調査対象の24カ国中で最も低い数値となっている。これは向学心が低いということでなく、社会的体制が未整備であることからきている。しかし、少しずつ変化の兆しが見えている。余裕がある大企業でなければできないことであるが、たとえば、2年間の休職を認め、その期間、大学院に通って修学することを奨励している企業が出てきている。

このようなことが広がっていけば、より多くの人たちに再修学の道が拓かれていくということになる。スキル・アップして、再び社会に出て働くことができれば、経済（企業力）発展の力となりえる。

　学校法人の破綻のきっかけは、主として資金ショートである。そのため、経営安定度の指標としてキャッシュ・フローは重要である。本報告書によると、「経営困難状態（以下、「イエローゾーン」という）」とは、経営判断指標において、「教育研究活動によるキャッシュ・フロー」が２年間、連続して赤字になっているか、または、過大な外部負債を抱え込んでしまい、10年以内の返済が不可能な状態である学校法人が問題になる。このような法人は「経営上看過できない兆候が見られる」と判断される。ただし、学校法人自ら経営改革努力を行うことにより「経営改善が可能な状態」の法人とされている。

　イエローゾーンにおいては、私学事業団および文部科学省が財務状況を分析の上、問題がないと認められる場合を除いて、正常な状態に回復することを目標にした経営改善計画の策定を学校法人に要請するものとしている。そして、経営改善計画においては、たとえば３年以内に教育研究活動によるキャッシュ・フローを黒字化するなど、経営判断指標に応じた達成すべき目標と必要な期限を明確にする必要がある。つまり、この条件を充足した経営改善計画を策定できない学校法人は、強力な支援法人が現れてこない限り、経営破綻の憂き目に遭うことになる。

　経営困難の原因が学生数の長期的な減少にあり、改組転換や教学面の再構築などの抜本的な対策を見出せないのであれば、定員を大きく下回る部門の募集停止という形で勇気ある撤退を行うか、その部門を引き受けてくれる支援法人を探すかの決断が経営者に求められる。私立大学は自主自律の精神によって自ら破綻予防を行うことが本来の姿である。

　しかし、現在の私立大学を取り巻く厳しい環境を考慮すると、今後、私立大学の破綻の増加も想定しなければならない。「再生が極めて困難な状態（レッドゾーン）」とは、イエローゾーンよりも経営状態が悪化し、自力での再生が極めて困難となった状態をいう。このような状況に

おいては、過大な債務を抱えているなどの理由から、自力での再生が極めて困難であると言わざるえない。最終的な着地点としては、私立大学に対する社会の信頼を大きく損なわれないためにも、私学事業団、文部科学省、私学団体などの関係機関が協力して対応する必要がある。(参考・前掲報告書 p.18〜19)

(5) 国立大学法人化と経営責任の在り方の問題点

　国公立大学は、法人化して「自主性・自律性」を高めることにしたということになっている。

　国立大学法人法（平成15年7月16日　法律第112号）は、第11条第1項において「学長は、学校教育法に規定する職務を行うとともに、国立大学法人を代表して、その業務を総理する。」として、学長が国立大学法人の最高責任者であることを明確にしている。そして、同法第12条第1項において「学長の任命は、文部科学大臣が行う。」ことを定めている。つまり、学長は文部科学大臣から任命された最高責任者である。

　国立大学法人の最高意思決定機関は「経営協議会」であり、同法第20条第1項において「国立大学法人の経営に関する重要事項を審議する機関として、経営協議会を置く。」と規定している。そこでは、一定の審議すべき事項を定めている。しかし、あらゆる組織に重要な「金・物・人」に対する権限は、国立大学法人には、必ずしもすべて付与されているわけではない。与えられているものは、限定的である。公立大学法人においても、基本的に国立大学法人に準じているので、同様である。

　① 資金に関連して

　法人化に伴い自主性・自律性が与えられたことになっていて、法人の意思で資金調達することができるとされているが、基本的に国に依存している。公立大学においても、同様に地方に依存している。「教学の充実と財政基盤の強化」は、大学運営において基本的に重要な基盤である。必要な資金がなければ、教育も研究も安定的に継続してい

くことができない。この政策に国もしくは地方が強く関与している。
② 資産に関連して
　新しい校地、校舎の建築などは、改めて国から現物出資を受けることになっている。そのためには、申請し、認可を受ける必要がある。したがって、減価償却に関連して問題点を提起したように、国公立大学は、減価償却を通してキャッシュ・フローを源資とした「新規投資資金の確保など」を考慮する必要はない。設立母体が用意してくれることになっている。
③ 人材に関連して
　とくに職員については、自由裁量があるとはいえ、現実的には国の人事異動のローテーションによって行われている。公立大学においても、同様で、とくに職員は、総務局の人事異動のローテーションによって行われている。したがって、1年から3年で入れ替わっている。優秀な教職員を安定的に確保し、その資質向上を図ることは法人の重要な課題であるが、必ずしも法人の自由な意思決定によって行われる仕組みにはなっていない。

(6) 大学法人における評価制度と経営指標化の問題点

　現代は「評価の時代」であり、大学事業においても「品質」を問われている時代である。たとえば、医療過誤が続出する病院は、第三者機関から、その提供する「医療サービスの品質」の審査を受けたり、さらには医師の診断には他者の「セカンド・オピニオン」を求めたり、「カルテの公開」を求める傾向が広まりつつある。また、優良な病院も積極的に第三者評価を受ける体制に移行している。そのような時代であるから、学校や大学も評価の対象の例外ではありえない。

　日本では従来、和を尊ぶ土壌や人間関係への配慮から、評価を避けてきた。評価を行ったとしても、あからさまな評価結果の公表を控えたり、拒否したりする伝統が根強いというのが日本的土壌であった。今日では、そうした日本的風土は次第に通用しなくなった。その結果、大学

は評価制度そのものの根底が問い直されるような事態に直面している。大学をさまざまな側面から数量化し、その数値によって序列化するランキングが盛んに行われている。現代では、差別化（大学間格差）は避けることのできない現象である。

　大学評価を行う方策のひとつには、学生による授業評価がある。その第一の目的は授業改善のためであって、学生が授業をどう受けとめているか、学生の反応や理解度を知るためである。学生の授業評価は、大学教育というサービスを購入する学生の権利を保証するという「消費者保護の発想」から始まったとされる。その裏には、大学間競争の差別化（他の大学に対する優越性の誇示）がある。

　いずれにしても、上記のような社会環境の変化の結果、「学生による授業評価」が行われるようになり、そして、いまでは定着してきている。ただし、その結果の受け入れは、各教員の意思に委ねられているので、まったく無視している教員もいる。また、アンケート調査の方法に問題がある。学校側としては、母集団の最大化を求めているので、ろくに授業に出席しない学生もアンケート調査に参加させていることにある。その結果、歪められた評価結果が導き出されてしまいかねないのである。

　この評価制度（方法）には、前掲の諸星裕『消える大学　残る大学』（p.138～140）を参考にまとめてみると、以下に列挙したような幾つかの問題点がある。

① 学生に対する成績や授業態度（出席率など）が甘い教員のほうが学生の評価が高いということ
② 60歳を過ぎた教員のほうが明らかに学生の評価が低下しているということ
③ 平均して年齢が若い世代のほうが、学生による評価が高いということ
④ 学生が教員の授業内容や教育姿勢をどれだけ適性に評価できるのかということ

⑤　学生が教員評価をするだけの資質と経験並びに責任をもっているのかということ

　その結果として、歪められた評価結果が導き出されてしまいかねないということである。
　授業評価は「教員自身による自己評価（主観性評価）」のほか、「同僚教員による他人評価（客観性評価）」が必要であるが、現在のところ、いずれの評価も行われていないのが、一般的現況である。
　また、大学別の評価も盛んに行われるようになった。ランキングは、大学の入口にとどまらずに、出口である就職状況や大卒者の出身校別評価といった面からも行われている。大学というものは、世間の評判や信用に大きく依存している組織なので、ランキングの順位が、学生、親、就職先の企業、政府などに及ぼす心理的影響を無視することができない。大学とは、教育・研究という、数量化になじみにくい機能を営んでいる組織体である。そもそも大学全体の質的評価などというものは測定不可能で、ましてや序列化できるような組織ではないという強い批判がある。しかし、一方において、競争が激しい時代になっているので、積極的に競争的数字を管理目標として採用している大学がある。他者との差別化が少子化時代の生き残りを賭けた経営戦略のひとつなのである。学生が大学を選択するのは、明らかに差別化（大学評価）の結果である。
　日本の大学が、ここ10年来、大学自身が自己を評価するという「自己点検・評価方式」による大学主導型評価を行ってきた。その背景には、以下のような事情がある。

①　大学の自律性と専門性からの要請
　大学の質の向上や保証は、大学およびその集団としての大学全体（グループ）の自律性と専門性を通じて行うべきであるということ
　大学が存在するという「公共性」から、情報の公開を通じた社会の批判を受ける必要がある時代になってきたことを意味している。
②　大学の自由意志と自己責任からの要請

大学は、学問の自由に基づく自治組織であるから、質の評価は国の介入を排除した自由な意思の下に行うべきであること
　私立大学の評価に国が関与しないということは、自己責任が強化されていることを意味している。大学における「教育の自由」は、逆に「結果責任」が当然に求められていることを意味している。

(7) 大学の評価制度と留学生などの問題点

　アメリカという社会では、評価するものは必ず相手からも評価されるという、チェック・アンド・バランスの関係が生きている。そして、その方法は大学評価の場合にも貫かれている。一般にアメリカの大学では、教授は学生の学力を成績評価するが、学生も教授の授業を評価する。大学の基準認定の真の目的は、大学の質を維持し、更に向上・改善させることにある。教員が学生を評価することは、歴史的に見ても、古くから当たり前のことである。しかし、教員が、一方的に学生の成績を評価するだけでは、必ずしも「公正な学生の評価」にならないとして、反省されるようになった。また、一方的評価においては、情報が一方通行であり、学生側からの情報が入らないために、教員の提供する教育の品質を改善することにはならないという考え方が定着した。
　なお、授業評価さえ実施すれば、教育の質が高まるということにはならない。第一に、情報の信頼性が重要であり、第二に、教員がその情報を真摯に受け入れる姿勢がなければならない。さらに、授業評価が成功する土壌として、教員と学生の間に「学ぶ」という共通意識・目的を共有し、かつ、信頼関係が確立されていることが必要である。
　なお、附言しておけば、教員による学生の成績評価は同時に学生による教員評価にもつながっていることを十分に理解する必要がある。学生の成績（とくにペーパー・テスト）が低いということは、一面において教員の学生に対する授業が不適合であったことを意味している。また、学生が理解できる程度の内容（レベル）を、理解できるように講義していなかったことの反映と考えられるからである。

日本では少子化が進み、ひとりでも多くの学生を集めるためには、外国人学生は無視しがたい巨大な潜在力をもつ市場となりつつある。日本の大学が、諸外国の大学に比較して魅力があり、教育・研究の質的水準が国際的な競争力を有していることが必要である。そのような条件が備わない限り、世界の学生を引き付けることができない。もともと、世界の共通言語としての英語圏諸国と比較して、不利な条件にある日本としては、それを超えた魅力を世界に知ってもらう必要がある。

　日本の大学を留学先もしくは進学先として選択する決め手としては、日本の大学、特定の大学の質と条件の良い卒業後の就職先の可能性である。また、大学外での学習の機会やアルバイトのチャンスなど社会的条件も必要要件になっている。対面授業では、生きた人間同士が講義や質疑応答をし、学生と教員が相互に交流するなど、生きた授業の在り方も大切なことである。とくに外国人に対しては、日本の国情・風土を正しく理解してもらうためにも必要なことである。

　少子化を迎えて、労働人口が減少していくことが予想されている日本において、経済社会の持続的発展のためには、海外の労働力の流入はきわめて大切なことである。これまで、海外から来た留学生の多くが、卒業した後は、帰国していた。日本で学んだことを日本の社会で生かすことが少なかった。しかし、最近の傾向として、日本の大学などを卒業した後に、日本で就職する留学生が増加している。法務省入国管理局の調査によると平成19年に初めて10万人超えて、5年前の約3倍になっている。海外から日本への留学生は、現在、約12万人である。

　日本経済新聞は「政府は、平成32年を目途に約30万人に増やすことを目標に掲げている。優秀な人材の獲得競争が世界的に激化するなかで、留学生誘致も重要な戦略になりつつある。」（平成20年8月20日　夕刊）と報道している。目標の達成のためには、努力が必要である。留学生の経済的支援のほか、就職先の確保並びに就職先における待遇と昇進の公平的評価などが必要になってくる。とくに後者は、企業の問題であるから国がどこまで関与できるか難しいところがあるが、このような体制が

できていないと、外国人労働者などの定着・確保は難しいことになる。

　現在、日本においては、教育の面での競争力が著しく低下していると言われている。このように順位が下がっている最大の要因は、政府の教育支出の低さに現れている。たとえば、1995年のＧＤＰ（国内総生産）に対する教育関係費支出比率は17位で、学生１人当たりのＧＤＰに対する比率では19位だった。このような順位の継続的な低落が続いている理由のひとつが、国の教育や人材開発に対する消極性にある。日本企業が海外の大学や研究所に提供する研究費は、最近５年間で倍増しているのに対して、国内向けでは半分以下にすぎない。しかも、海外からの日本の大学や研究機関に入る研究費はそれに比して極端に小さい。期待されていないということなのであろうか。また、日本の税制の関係もある。そのような状況を考慮して、企業が大学や研究所に提供する研究費に対する優遇制度を強化する必要がある。

　日本の大学教育における問題として「学生の理工学部離れ」が重要な社会的問題となっている。中国では毎年約100万人、インドでは約110万人の若者が理工系の大学を卒業している。これらの卒業生が、近い将来、中国とインドにおいて、国の躍進に貢献していくことが予想されている。ともかく、中国とインドの数字は、日本の７〜８倍で、とくに情報通信分野の研究には優秀な人材が関係している。中国とインドは、人材を囲い込もうという、それぞれの国の狙いがある。日本では、そのような国の姿勢が見えてこないところに深い問題が潜んでいる。

4　各大学の財務関係数値の比較分析

(1) 私立大学の財政状況の概要

　私学事業団は、大学・短期大学・高等専門学校・高等学校などを設置する学校法人を対象として、毎年度「学校法人基礎調査」を実施して

いる。そのうち、貸借対照表・消費収支計算書などのデータを集計し、収録したものが本稿である。

　平成15年度決算の大学法人の集計数は482法人であり、対前年比13法人増加した。このうち、短期大学からの改組法人は12法人であった。平成15年度の貸借対照表を集計した資産総額は21兆6,323億円で、負債総額は3兆4,748億円である。その差額である正味資産は18兆1,575億円である。資産総額に対する正味資産比率は83.9％である。借入金または未払金で取得している基本金組入額は8,425億円である。

　1法人当たりの平均資産総額449億円は、平成14年度に比べて4,100万円増加している。1法人当たりの平均負債総額は72億円で、平成14年度に比べて2億円の減少になっている。主として、長期・短期の借入金および前受金が減少している。帰属収入から組み入れた基本金は、平成15年度は平成14年度に比べて平均6億円伸びている。このように、基本金の増加傾向は近年続いている。

　平成15年度の帰属収入合計額は5兆2,315億円で、基本金組入額合計額を控除した後の消費収入合計額は4兆5,669億円である。その差額である「基本金組入額合計額」は6,646億円で、帰属収入合計額の12.7％にも達している。つまり、それだけ大きな金額に相当する施設・設備などの投資が行われているということを意味している。消費支出の合計額は4兆7,975億円で、差引当年度消費収支差額は2,306億円の支出超過となっているように、基本金組入額が大きくなれば、消費収入が少なくなって、支出超過となる。

　1法人当たりの平均帰属収入は、平成14年度に比べて9,600万円減少して108億5,400万円となり、引き続き減少傾向が続いている。帰属収入については、今後も引き続き減少していくことが予想されている。1法人当たりの消費支出も若干であるが減少している。消費支出の大半を占める人件費の抑制に努めているものの、帰属収入の減少に追いついていないのが、その大きな理由である。人件費は人材登用の反映であり、優秀な教員の確保は学生募集における主要な看板のひとつであるから、大きな

削減は期待できない。そのため、財政面から見た経営の余裕は縮小している。

　平成15年度は、1法人当たりの平均基本金組入額がさらに減少している。学生生徒等の減少並びに将来の減少を見込んで、借入金などの返済を優先させていることによる。財政基盤の安定化に向けた努力をしているということである。学校法人が単年度において消費支出超過（マイナス）になったとしても、すぐに経営危機となるものではない。しかし、基本金組み入れ前で既に消費支出超過の状況を示す場合は、著しく経営が窮迫していることを意味している。近年こうした法人の数が増加している。このような法人は定員割れしているなど構造的な問題を抱えているために、具体的かつ有効な財政基盤の安定化対策を打ち出すことが極めて困難な状況にある。

　平成15年度決算の短期大学法人の集計数は164法人（集計率97.0％）で、前年度より14法人が減少している。このうち12法人が大学を開設し、大学法人へ移行したものである。短期大学法人の資産総額は1兆3,702億円で、負債総額は2,230億円であり、差引正味資産の額は1兆1,472億円である。正味資産比率は83.7％で、大学法人全体の83.9％とほぼ同一の数値となっている。

　ところで、短期大学法人の資産規模は縮小の傾向にあり、平成11年度の資産規模を100とすると平成15年度では87.0％と下がっている。短期大学法人から大学法人に移行した法人の規模が、比較的大きかったことによる影響である。平成15年度の帰属収入合計額は2,635億円で、1法人当たりの平均帰属収入は、平成11年度と比較すると2億6,000万円の減少（△13.9％）となっている。消費収入合計額は2,313億円、消費支出合計額は2,561億円で、当年度消費収支差額は248億円の支出超過となっている。

　1法人当たりの平均学生数の規模は、平成11年度1,740人に比して、平成15年度は1,429人となっているために、311人の減少（△17.9％）であり、学生生徒納付金収入の落ち込みは大きく、短期大学法人の財政に大きな影響を与えている。国などの補助金も減少していて、平成11

年度に比して7,800万円も減少（17.6％）している。

　私立大学は、教育・研究を目的とする恒久的な組織体であり、その組織を維持・発展させていくためには、個々の法人において、財政および経営状況を的確に把握した上で、経営基盤の確立を図り、教育研究などの活動に積極的に取り組んでいくことが必要である。とくに、学齢人口の減少期を迎えた現在、財政基盤の健全化、安定化に向けた経営計画の必要性が、一層、重要になっている。
　中長期経営計画に基づく計画的な財政運営を実施するためには、まず自己診断としての財務分析が不可欠であり、そこで与えられた情報の積極的な活用が求められている。現状分析により、財政および経営の状況を把握し、その結果を踏まえて、将来の課題を展望し、目標値を設定して、目標値に向けた経営努力をしていくことが肝要である。

(2) 国公立大学と私立大学の財務数値分析の比較

　主要な国立大学と公立大学および私立大学の財務諸表、貸借対照表と損益計算書もしくは消費収支計算書の数値を比較し、それに基づく数値分析をした資料が、332～335ページに示した表（2—12）と（2—13）のようになっている。

表（2—12）貸借対照表（平成18年3月31日現在）

科　　目			公立大学		国立大			
			首都大学東京	大阪府立	東北	筑波	千葉	東京
資産の部	固定資産		74,908	39,243	297,478	329,672	179,317	1,243,917
	有形固定資産		74,706	38,456	296,793	328,406	178,998	1,230,005
		土　地	35,761	0	133,685	249,677	130,463	894,390
		建物・構築物	33,466	25,956	108,126	59,904	35,957	246,364
		機器備品船舶車輌	1,712	4,596	30,513	8,929	3,640	49,001
		図　書	3,676	7,885	24,306	9,228	5,414	40,209
		建設仮勘定	92	19	163	668	3,524	41
	投資有価証券		0	726	1	798	183	13,081
	その他固定資産		202	61	684	468	136	831
	流動資産		5,522	2,532	38,411	16,260	13,399	61,831
	現金預金		5,267	2,342	32,978	13,184	9,801	48,568
	未収入金		108	0	4,548	118	93	1,104
	有価証券		—	50	120	0	0	4,007
	立替金その他		147	140	765	2,958	3,505	8,152
	資産の部合計		80,430	41,775	335,890	345,932	192,716	1,305,749
負債の部	固定負債		6,998	12,595	101,636	80,393	21,035	153,733
	債務負担金		0	0	37,318	7,454	8,393	61,414
	長期借入金		0	0	14,468	55,480	3,797	8,575
	退職給与引当金		—	—	—	—	—	—
	その他の固定負債		6,998	12,595	49,850	17,459	8,845	83,744
	流動負債		2,977	2,807	36,431	20,250	11,482	73,852
	短期借入金		0	0	0	0	0	0
	未払金		2,488	1,916	20,038	8,666	5,799	37,427
	前受金		2	5	0	1	953	50
	賞与引当金		0	0	76	0	13	131
	預り金その他		487	886	16,317	11,583	4,717	36,244
	負債の部合計		9,975	15,402	138,067	100,643	32,517	227,585
基本金等	基本金・資本金		71,549	29,463	180,269	232,964	150,907	1,003,620
	資本剰余金		△4,048	△3,650	12,810	9,423	7,005	61,850
	利益剰余金		2,954	560	4,743	2,902	2,287	12,694
消費収支	翌年度繰越消費収入・支出超過額		—	—	—	—	—	—
	資本合計		70,455	26,373	197,822	245,289	160,199	1,078,164
	合　　　計		80,430	41,775	335,890	345,932	192,716	1,305,749
自己資本比率			87.6%	63.1%	58.9%	70.9%	83.1%	82.6%
自己資本対固定資産比率			94.1%	67.2%	66.5%	74.4%	89.3%	86.7%
当座比率			176.9%	83.4%	90.5%	65.1%	85.4%	65.8%
流動比率			185.5%	90.2%	105.4%	80.3%	116.7%	83.7%

(単位：百万円)

	埼玉	お茶の水	横浜国立	早稲田	法政	立教	明治	慶應	同志社	立命館
						私立大学				
8	72,205	84,311	102,945	290,393	151,633	56,069	155,764	282,299	160,862	251,081
6	72,071	84,291	102,488	198,325	111,482	39,331	116,439	191,302	107,251	177,776
8	55,011	73,520	73,950	49,797	35,818	2,297	24,250	27,540	11,018	47,814
2	12,877	7,083	20,811	97,967	63,200	27,114	68,785	93,358	70,916	107,279
3	955	757	1,370	21,265	4,115	1,877	7,408	23,100	11,197	11,067
3	3,228	2,926	6,357	29,099	6,776	8,034	15,585	35,685	13,274	11,616
0	0	0	5	0	197	1,573	9	411	11,619	846	0
0	0	12	0	368	6,155	10,053	—	125	—	15,110	—
2	122	20	89	85,913	30,098	16,738	39,200	90,997	38,501	73,305
6	2,752	2,377	3,469	32,482	15,245	4,284	39,215	62,326	28,350	28,177
1	2,683	2,335	3,327	28,584	8,965	3,190	24,609	23,895	22,605	26,295
8	6	9	79	2,873	834	1,073	1,557	13,355	1,113	—
0	0	0	0	0	5,256	0	8,192	23,608	4,493	—
7	63	33	63	1,025	190	21	4,857	1,468	139	1,882
4	74,957	86,688	106,414	322,875	166,878	60,353	194,979	344,625	189,212	279,258
2	4,270	3,719	7,564	39,936	17,840	7,716	25,350	57,606	15,505	16,561
0	0	0	0	0	0	—	—	—	—	—
0	0	0	0	10,299	8,589	2,912	56	7,480	3,190	3,733
-	—	—	—	16,504	9,251	4,805	12,769	29,020	11,938	8,363
2	4,270	3,719	7,564	13,133	0	△1	12,525	21,106	377	4,465
8	3,134	2,507	3,806	30,909	17,559	6,055	16,441	29,506	11,301	19,252
0	0	0	0	3,395	4,900	229	56	2,180	515	349
9	1,395	1,345	1,581	11,919	1,468	—	5,069	10,848	1,042	—
3	682	194	0	13,230	10,498	5,316	9,603	12,854	8,971	—
0	0	0	6	0	0	—	0	0	—	—
5	1,057	968	2,219	2,365	693	510	1,713	3,624	773	18,903
0	7,404	6,226	11,370	70,845	35,399	13,771	41,791	87,112	26,806	35,813
5	66,780	80,785	97,495	309,464	159,077	54,463	161,715	323,035	177,905	243,384
0	477	△535	△3,230	0	0	0	0	0	0	0
8	296	212	779	0	0	0	0	0	0	0
-	—	—	—	57,434	27,599	—	△8,527	65,522	—	61
4	67,553	80,462	95,044	366,898	186,676	54,463	153,188	388,557	177,905	243,445
4	74,957	86,688	106,414	437,743	222,075	68,234	194,979	475,669	204,711	279,258
5	90.1%	92.8%	89.3%	113.6%	111.9%	90.2%	78.6%	112.7%	94.0%	87.2%
5	93.6%	95.4%	92.3%	126.3%	123.1%	97.1%	98.3%	137.6%	110.6%	97.0%
5	85.6%	93.1%	87.4%	92.5%	51.1%	52.7%	149.7%	81.0%	200.0%	136.6%
5	87.8%	94.8%	91.1%	105.1%	86.8%	70.8%	238.5%	211.2%	250.9%	146.4%

第二部　大学の会計と経営　333

表（2―13）損益計算書（平成17年4月1日～平成18年3月31日）

科目			公立大学		国立				
			首都大学東京	大阪府立	東北	筑波	千葉	東京	茨
経常費用	業務費	教育経費	1,949	2,050	2,782	5,856	1,703	9,333	
		研究経費	1,016	1,872	17,527	6,139	2,513	25,586	
		診療経費	0	0	17,162	10,198	11,273	24,140	
		教育研究支援経費	1,074	397	2,484	2,604	591	2,855	
		受託研究費	309	561	6,720	1,914	1,211	28,146	
		受託事業費	121	53	2,004	241	151	387	
		人件費	11,644	12,844	51,072	41,289	26,118	81,759	
		役員人件費	65	136	151	215	132	230	
		教員人件費	9,075	9,809	29,567	26,550	15,307	48,390	
		職員人件費	2,504	2,899	21,354	14,524	10,679	33,139	
		業務費合計	16,113	17,777	99,751	68,241	43,560	172,206	
	一般管理費		2,392	955	4,649	2,764	1,410	5,686	
	財務費用		15	208	1,300	472	368	2,328	
	経常費用合計		18,520	18,940	105,709	71,483	45,338	180,285	
経常利益	運営費交付金収益		14,705	12,684	51,103	40,388	16,554	87,740	
	授業料収益		4,281	3,805	8,660	8,181	7,577	14,208	
	入学金収益		578	747	1,432	1,313	1,131	2,054	
	検定料収益		219	214	281	286	307	486	
	受託研究等収益		322	656	7,558	2,077	1,328	26,087	
	受託事業等収益		131	53	2,322	246	206	365	
	その他		1,238	1,322	36,377	19,951	19,529	55,197	
	経常利益合計		21,474	19,481	107,733	72,442	46,632	186,137	
経常収支			2,954	541	2,023	959	1,293	5,852	
臨時	臨時損失		1,172	1,583	100	80	162	515	
	臨時利益		1,172	1,602	84	80	189	391	
臨時収支			0	19	△16	0	27	△124	
純利益	当期純利益・消費収入超過額		2,954	560	2,007	959	1,320	5,728	
	当期総利益		2,954	560	2,157	1,009	1,328	5,728	

334　第2章　経営・財務・監査と問題点

(単位：百万円)

			私立大学						
埼玉	お茶の水	横浜国立	早稲田	法政	立教	明治	慶應義塾	同志社	立命館
1,308	670	1,267	27,337	8,438	6,517	10,152	36,627	15,912	21,815
806	380	1,360	—	—	—	—	—	—	—
0	0	0	0	—	—	—	16,075	—	—
330	133	222	—	—	—	—	—	—	—
230	233	774	—	—	—	—	—	—	—
46	3	132	—	—	—	—	—	—	—
9,039	5,122	11,781	42,261	21,048	12,153	22,247	55,882	23,558	24,688
91	85	115	125	62	—	110	111	24	—
6,725	4,017	8,764	29,665	14,815	—	14,150	30,501	16,646	—
2,223	1,020	2,902	12,471	6,171	—	7,987	25,270	6,888	—
11,759	6,541	15,536	69,598	29,486	18,670	32,399	108,584	39,470	46,503
500	473	830	3,241	1,517	1,339	1,596	3,921	1,895	4,786
2	0	0	341	122	43	—	199	140	143
12,261	7,015	16,366	73,180	31,125	20,052	33,995	112,704	41,505	51,432
6,260	4,283	8,530	12,266	4,054	2,293	4,406	12,847	4,220	—
4,149	1,683	5,233	45,288	31,499	16,817	29,749	33,364	25,654	47,996
678	260	828	4,644	2,905	—	2,668	4,273	3,184	3,271
161	75	240	4,466	2,472	1,896	2,732	2,200	1,654	—
230	236	786	—	—	141	—	—	—	—
46	3	135	5,260	56	—	305	6,605	614	2,363
811	509	990	19,253	—	1,366	—	66,451	—	6,848
12,335	7,049	16,742	91,177	40,986	22,513	39,860	125,740	32,142	68,731
74	34	376	17,997	9,861	2,461	5,865	13,036	-9,363	17,299
3	5	73	774	—	133	—	—	—	—
3	3	73	—	—	—	—	—	—	—
0	△2	0	△774	0	△133	0	0	0	0
74	32	376	17,223	9,861	2,328	5,865	13,065	△9,363	17,299
74	32	376	—	—	—	—	—	—	—

第二部　大学の会計と経営　335

(3) 国公立大学の財務数値分析と比較検証

　国公立大学と私立大学では、採用している会計基準が異なっていることと自律性という経営構造が根本的に異なっているので、財務数値もしくは分析値の単純な比較は必ずしも十分な意味をもってるわけではない。したがって、ここでは国公立大学と私立大学とに分けて検討することにした。

① 自己資本比率

　ここで取り上げている国立大学のなかでは、332～333ページの表(2—12)にみられるように一番高いのはお茶の水女子大学の92.8％で、一番低いのは東北大学の58.9％である。国立大学の法人化に際して、法人の大学事業に不可欠な重要な資産（主として土地と建物）は政府出資金として受け入れているので、大きな差は発生しないと思われるが、このような差が現れているので、この関係を以下の表(2—14)に示した3大学について検討してみることにした。

表 (2—14) 土地・建物と政府出資金の関係比較表　　（単位：億円）

大学名	土地	建物	合計	出資金	差異	出資金比率
東北大学	1,337	1,213	2,550	1,803	747	70.7％
東京大学	8,944	2,536	11,480	10,036	1,444	87.4％
横浜国立大学	739	246	985	975	10	99.0％

(注)　1　数値は平成18年3月期現在である。
　　　2　データは各大学が公表している財務諸表に基づいている。
　　　3　建物は取得価額である。
　　　4　出資金比率は、出資金の土地建物合計額に対する比率である。

　横浜国立大学は99.0％と高い比率になっていることが、自己資本比率の高さ89.3％につながっているものと考えられる。同様に東京大学の場合、出資金比率の87.4％が自己資本比率82.6％に反映していること、そして東北大学の場合、政府出資金の受入比率70.7％の低さが、結果として自己資本比率の低さになっているものと考えられる。国立

大学の場合、経済的・効率的運営が求められているとしても、経営維持において「経済的自立性は存続要件とされていない」ので、民間企業や私立大学ほど重要な必要要件とはされていない。

公立大学の事例として、首都大学東京と大阪府立大学のケースを検討してみることにした。首都大学東京の場合、表（2—12）にみられるように自己資本比率が87.6％であるのに対して、大阪府立大学は63.1％と低い数値になっている。その差は24.5％である。単純に数字だけを比較すると、このような関係になっているが、大阪府立大学の場合、大阪府から土地の受け入れをしていないことが、その差に反映している。そこで、両大学の数値を比較してみると、以下の表（2—15）のようになっている。なお、公立大学の場合、政府出資金に相当するものは、地方公共団体出資金となる。

表（2—15）土地・建物と地方公共団体出資金の関係比較表

（単位：億円）

大 学 名	土　地	建　物	合　計	出資金	差　異	出資金比率
首都大学東京	358	358	716	715	1	99.9％
大阪府立大学	—	297	297	295	2	99.7％

（注）1　数値は平成18年3月期現在である。
　　　2　データは各大学が公表している財務諸表に基づいている。
　　　3　建物は取得価額である。
　　　4　出資金比率は、出資金の土地建物合計額に対する比率である。

首都大学東京が土地を受け入れていなかったとして、もしくは大阪府立大学が土地を受け入れていたとしたならば、両大学の数値は近似的な数値になっていたものと思われる。いずれにしても、大阪府立大学の場合、地方公共団体出資金のなかに土地を受け入れていなかったために、資本金が小さくなり、総資産に占める自己資本の割合が低くなったといえる。

② 流動比率

　流動比率は、ここで取り上げている国立大学のなかでは、一番高いのは千葉大学の116.7％で、一番低いのは筑波大学の80.3％となっている。その差は36.4％と大きい。千葉大学、東北大学そして茨城大学が100.0％を越えている。

　公立大学の事例として、首都大学東京と大阪府立大学のケースを取り上げてみると、首都大学東京が185.5％で、大阪府立大学の90.2％の倍の数値となっている。なお、先ほどの土地のような問題があるので、単純に数値の比較だけで、当該法人の財務の健全性や安定性を比較することはできない。ここでは、各期の財務諸表により首都大学東京の数字の変化について、時系列的に追ってみることにした。それは、以下に示した表（2—16）のようになっている。

表（2—16）首都大学東京の財務関係数値比較表　　　（単位：億円）

科　　　　目	平成18年3期	平成19年3期	平成20年3期
固　定　資　産	749	745	729
うち有形固定資産	747	731	721
うち投資その他の資産	0	12	6
流　動　資　産	55	85	105
うち現金預金	53	65	21
うち有価証券	0	14	75
資　産　合　計	804	830	834
固　体　負　債	70	92	106
流　動　負　債	30	55	59
負　債　合　計	100	147	165
資　本　金	715	715	715
資　本　剰　余　金	△ 40	△ 82	△ 108
資　本　合　計	704	683	669
負　債　資　本　合　計	804	830	834
自　己　資　本　比　率	87.6％	82.3％	80.2％
流　動　比　率	183.3％	154.5％	178.0％

(注)　1　流動比率（平成18年3月期）について、先の表（2―12）では185.5％になっている。それは55億2,200万円÷29億7,700万円＝185.5％と計算しているが、表（2―16）では、55億円÷30億円＝183.3％で計算している結果である。
　　　2　資本剰余金がマイナスになっている主たるものは、損益外減価償却累計額である。年間40億円程度の損益外減価償却額が発生している。

　固定資産とくに有形固定資産については増加があったとしても、減価償却額のほうが大きく、その結果として固定資産の総額が減少している。キャッシュ・フローがプラスであったために余裕資金を有価証券で運用している。平成19年3月では投資有価証券で12億円、短期の有価証券で14億円を運用している。平成19年3月では、流動資産も流動負債も増加したが、流動負債の増加割合が大きかったために、流動比率が低下した。
　平成20年3月期では、平成19年3月期に購入した有価証券（国債・地方債など）の満期償還期限が1年未満になったものがあり、流動資産に振り替えたためと新規の購入があって、流動資産の有価証券が増加したことなどの理由で、流動比率は、対前年比増加した。自己資本比率は、年間40億円程度の損益外減価償却額が発生しているために、資本剰余金がマイナスになり、その影響で自己資本の額が減少し、傾向的に低下している。

(4) 私立大学の財務数値分析と比較検証

　私立大学については、国公立大学と比較してみても「経営改善のための指標」の設定は意味がないので、私立大学相互間の比較に留めておくことにする。

　① 収益性分析―収益対人件費比率などの分析―
　私立大学の収入の中心が学生生徒等納付金収入であり、経費の中心が人件費であるので、各大学が公表している財務諸表などに基づいて、この2つの相対的関係を検討してみることにした。

表（2—17）主要な私立大学の収益・人件費比較表　　　（単位：億円）

	早稲田	法　政	立　教	明　治	慶　應	同志社	立命館
収　　益	544	369	187	351	399	305	513
人　件　費	423	210	152	222	559	236	247
差　　額	121	159	35	129	△160	69	266
比　率 (1)	22.2%	43.1%	18.7%	36.8%	—	22.6%	51.9%
比　率 (2)	77.8%	56.9%	81.3%	63.2%	—	77.4%	48.1%
退職給与	165	93	48	128	290	119	84
同引当率	39.0%	44.3%	31.6%	57.7%	51.9%	50.4%	34.0%

(注)　1　「収益」は「学生生徒等納付金収入」であり、授業料、入学金、検定料等からなっている。
　　　2　「比率(1)」は一種の「利益率」であり、人件費（経済的犠牲）を投じて、どの程度の差益を獲得しているのかを示しているものである。
　　　3　「比率(2)」は「収益対人件費比率」で、収益で人件費のどの程度を賄っているかを評価するもので一種の「労働分配率」を示している。
　　　4　「退職給与」は、退職給与引当金の額であり、貸借対照表に計上されている数字を利用している。
　　　5　「引当率」は、人件費に対する引当金の割合を示している。給与は低いが退職金を手厚くしている法人があるとしても、人件費に対して一定の退職金が支給されるものと仮定して、必要とされる退職給与に対する引当率を比較してみることにしたものである。

　慶應義塾大学は、収益よりも人件費のほうが大きくなっていて、赤字になっているが、同大学は医学部・同附属病院があるので、このままの数字を使うことはできない。そこで、他大学との比較から除外している。「比率(1)」（利益率）を見ると立教大学の18.7％から立命館大学の51.9％までかなり大きな開きがある。立教大学の場合、152億円の人件費をかけて187億円しか収益を上げていない。他方、立命館大学は247億円で513億円を稼いでいることになる。上記の数値が比較可能性をもっているとするならば、立教大学は立命館大学に対して、学生に過大なサービス（教育）を提供しているのかあるいは教育よりも研究要員を多く抱えていることを意味しているのか、定かではないが、そのようなことが推測される。
　これを逆に検討した場合、つまり「比率(2)」（収益対人件費比率）の数字であるが、早稲田大学と同志社大学は収益で人件費の77％か

ら78％をカバーしているが、法政大学は56.9％で、明治大学は63.2％であるから、前者の2大学に対して、後者の2大学のほうが収益力が高いことを示している。

また、退職給与金と人件費に相対的関係があるとするならば、人件費に対する退職給与引当金の引当率で比較した場合、50％以上引き当てているのは2大学であり、明治大学が57.7％で、同志社大学が51.9％となっている。この2大学は、他の大学よりもこの点における財務の健全性が相対的に高いことを示している。

② 投資効率分析―収益対固定資産比率分析―

次に投資効率を比較してみることにした。その関係は、以下に示した表（2―18）のようになっている。

表（2―18）主要な私立大学の投資効率分析比較表　　（単位：億円）

	早稲田	法政	立教	明治	慶應	同志社	立命館
収益	544	369	187	351	399	305	513
固定資産	2,842	1,416	561	1,556	2,823	1,458	2,511
比率	19.1％	26.1％	33.3％	22.6％	―	20.9％	20.4％
回収年月	5年1月	3年5月	3年	4年3月	―	4年5月	4年5月

（注）　1　「収益」は、前出のものと同一の金額である。
　　　 2　「固定資産」は固定資産総額から投資有価証券の額を除いた金額である。
　　　 3　「比率」は、収益の固定資産投資額（固定資産の額のこと）に対する比率である。
　　　 4　「回収年月」は、収益による固定資産投資額の回収期間である。

収益をもって固定資産投資額を回収するものとした場合（実際は純利益と減価償却費で回収するのであるが）、回収期間の一番早いのは、立教大学の3年間であり、一番長いのは早稲田の5年1ヵ月である。ただし、大学のうちとくに歴史のある優良大学と評価されている大学においては、創立〇〇周年記念などと称して、OBなどから多額の寄付金を募って校舎や記念館、記念講堂などを建設することが比較的多く行われているので、これらの案件が固定資産に含まれている場合、

当該案件の建物は回収期間の長短にはまったく問題にならない。
　いずれにしても、ここに掲記した大規模大学は財政的に安定していることと、大学間競争において優位な立場にあると考える。

第二部　参考文献（参考順）

(1) 監査法人太田昭和センチュリー編『よくわかる独立行政法人会計基準（完全詳解）』白桃書房　平成13年6月16日　初版発行
(2) 監査法人太田昭和センチュリー編『学校会計の会計実務詳解』中央経済社
　　平成13年11月25日　初刷発行
(3) 新日本監査法人編『学校会計入門』税務経理協会　平成15年11月25日
　　初版第2刷発行
(4) 新日本監査法人編『よくわかる国立大学法人会計基準［第3版］』白桃書房
　　平成17年8月16日　第3版2刷発行
(5) 新日本監査法人編『学校会計の会計実務詳解（2版）』中央経済社
　　平成17年11月25日　発行

おわりに

(1) 国公立大学の学校会計基準―減価償却―について

　国立大学法人会計基準第27－1は「有形固定資産については、その取得原価から減価償却累計額を控除した価額をもって貸借対照表価額とする。」とし、また、同基準第54－2において、資本剰余金は、総額を示すとともに「償却資産の損益外減価償却相当額の累計額を＜中略＞控除して表示しなければならない。」と定めている。公立大学も、基本的にこの会計基準と同一の会計基準を採用している。その関係は、以下に示した（図表－1）のようになっている。

（図表－1）貸借対照表

借　方	貸　方
資産の部	負債の部
	資本の部
各有形固定資産	資本剰余金
各減価償却累計額　△○○○	減価償却累計額　△○,○○○

　要するに、国公立大学の会計では、減価償却費は原則として経費として処理するのではなくて、資本剰余金から控除しているので、損益計算書上、当該金額相当額だけ当期純（総）利益が大きく計算されることになっている。

　また、国公立大学の会計においては、減価償却費を経費として処理せず、資本剰余金から控除している。その基本的要因は、たとえば、建物が老朽化して、建て直すような場合、新たに国もしくは地方公共団体から支給される資金で行うことにしていることにある。その場合、除却資

産については、関係する各有形固定資産と各減価償却累計額を精算し、同時に資本剰余金の減価償却累計額も整理する。その上で、新たに受け入れた建築資金は（借方）建物と（貸方）資本金として処理する。このように、国公立大学は法人化したとはいえ、その重要な経済性において「独立性が維持・確保される仕組み」になっていない。

　国公立大学の会計においては、資本剰余金から控除している減価償却累計額だけ「隠れ損失」となっている。なお、独立行政法人および国公立大学は、いずれも退職給付会計（直採者を除く）を採用していないので、その分についても、隠れ損失となっている。

　国公立大学は「自律性・自主性」を与えられて、独立の存続体を建前として法人化されたのであるが、このように、建前と現実には大きな乖離がある。大学事業を継続していくために必要な基本的財産は国もしくは地方公共団体から受け入れることになっている。現物出資の形態をとって、受け入れたときには財産（各資産勘定）と資本金が増加する。つまり、両建て処理をしている。一定年限が経過して新規に土地を購入し、また、建物を建築したような場合においても、国もしくは地方公共団体が土地を購入し、建物を建築して、完成したときに譲り受け（出資）ることになる。国公立大学が法人化して、日が浅いとしても、当初に譲り受けた資産（出資）の多くが、相当期間経過していたものが多いために、老巧化している。そのために、新規出資が必要になってくることは確実である。私立大学と違って、減価償却を通じて資金を留保しておくという発想法が存在していない。

(2)　国公立大学の学校会計基準―運営費交付金―について

　運営費交付金は、国もしくは地方公共団体から支給される資金であって、国公立大学法人の業務運営の財源になるものである。私立大学に対して交付されるものは補助金と呼ばれる。ただし、国公立大学という性格（設立の趣旨）からして、私立大学の補助金と必ずしも同質のものではない。この運営費交付金は、国公立大学がその事業をしていくために

必要な経費相当額の支払い(交付)なのである。このように、国公立大学においては、学生の納める入学金と授業料などの収入は、大学の運営費を賄う資金としての役割をほとんどもっていない。

ところで、大学の経営努力の結果として、費用の節減並びに外部資金の導入を果たしたとして、将来の運営費交付金の交付状況に、どのように反映していくのか、不明確な点がある。いずれにしても、国公立大学の運営費交付金は将来に向かって、削減されていくことになっているので「大学としての経営改革の必要性」が高まっている。このように、教育・研究の改革ばかりではなく、「財務に関する改革」も求められている。

(3) 私立大学の学校会計基準―基本金の性格―について

私立大学法人に適用される学校法人会計の「基本金」と「基本金に関する会計」は、きわめて特徴のある会計である。企業会計の資本もしくは資本金や公的部門の会計などにおける「正味財産」に相当する用語ともいえるが、必ずしもそのように理解することはできない。そこには基本的に大きな相違がある。学校法人(私立学校)は、私学の経営(大学事業の遂行)上、一定の財産、すなわち、校地、校舎などの施設設備を保有していなければならない。このように、基本的に重要な財産(一般に基本財産という)を所有している。このような財産(基準では資産)を学校法人会計は「基本金」と呼んでいる。学校法人会計基準第29条は、基本金について「学校法人が、その諸活動の計画に基づき必要な資産を継続的に保持するために維持すべきものとして、その帰属収入のうちから組み入れた金額を基本金とする。」と定めている。

国公立大学においても、大学事業の遂行上、一定の財産、すなわち、校地、校舎などの施設・設備を保有していなければならないことは、私立大学と同様である。むしろ、国公立大学のほうが規模などにおいて、絶対的もしくは相対的に保有・整備されている。このような基本的に重要な財産は、私立大学の基本金に対して「資本金」と呼ばれている。資

本金(貸方)によって、一定の拘束(金額的大きさ)を受けていることを意味している。

　土地は償却計算をしないが、償却資産は、毎年、償却していくために、追加投資がなければ、帳簿価額は減少していく。しかし、基本金は変わらない。したがって、両者は決して合致しているものではなく、また、合致を求められているものでもない。要するに、基本金は、学校法人が、その諸活動の計画(大学事業の遂行)に必要な資産であって、継続的に保持・維持していくべき資産としての一定の大きさ(金額表示)を意味しているにすぎない。

　いずれにしても「諸活動の計画に基づき必要な資産」とは、教育・研究に必要な資産であるから、法人本部の施設のほか、教員・職員の厚生施設(保養施設を含む)なども、法人として必要な施設と認識すれば、基本金の組入対象となる。また「継続的に保持・維持すべき資産」とは、ある特定の資産が提供するサービス(有用性)の永続的な利用を、法人として、必要としていることをいう。学校法人会計基準の趣旨として、原則として「基本金の減少」は、規模もしくは施設設備の縮小を意味することから認めていない。

(4)　私立大学の学校会計基準—基本金の取り扱い—について

　学校法人会計基準第30条は「基本金への組入れ」を定めているとともに、第1号基本金、第2号基本金、第3号基本金および第4号基本金の4つに基本金を区分している。以上に掲記した基本金に対応する資産は、すべて借方の資産であり、学校法人が、健全かつ円滑に私学経営を行っていくために、保有していくべき財産を意味している。これらの財産は企業会計でいえば本社、工場、研究所並びに必要とされる運転資金などの基本的に必要とする財産(基本的資産)であり、自己資本をもって所有すべきという「学校法人存続の基本的経営理念」によるものである。基本金は、第1号から第4号までの種類別の基本金によって構成されており、その内容は性質上別個のもので、相互に関連しているもので

はない。
　基本金のなかの特徴のひとつは第4号基本金「恒常的に保持すべき資金」にある。ほかの基本金は原則として、貸借対照表の固定資産に対応するものであるが、この第4号基本金は流動資産それも当座資産に対応するものであるからである。その結果「継続的に保持・維持すべき資産の額」と基本金合計額の合致性が維持されることはない。
　学校法人会計基準第29条は、基本金について「帰属収入のうちから組み入れた金額を基本金とする。」と定めている。ここに特徴と同時に問題が潜在している。帰属収入から基本金組入額合計を控除して、消費収入を計算する。土地などの非償却資産の場合は、1度限りの控除であるが、償却資産の場合は、減価償却費として消費支出に計上するので、結果として2度差し引くことになっている。ここにも、学校会計の不整合性が生まれている。

本書は、著者が長い間、私学会計においては「会計監査人監査」の担当者として、また、国公立会計においては「監事監査」の担当者として携わってきた過程における知識・経験並びに理解・解釈したものについてまとめ上げたものであります。
　幾つかの点において、独断的な理解・解釈が含まれているとも考えられますが、私学会計と国公立会計のより精緻化に向けた発展並びに大学事業と大学そのものに関係する利害関係者および国民一般を含めた関心ある人たちに何らかの理解が得られたなら幸いと思います。なお、本書の出版に当たって、東洋出版の編集長水野雅夫氏に、多大なご協力をいただいたことに対して、ここに謝意を表したいと思います。
　最後に、本書をお読み下さいました読者の皆さんに、感謝の意を表したいと思います。

　　平成弐拾壹年弥生壹日

　　急ぎ足で長寿化社会に向かっていくようにさえ思える
　　現在の日本において「前期高齢者」の域に入ったこの日に
　　新しい意気込みを高めて歩を進める決意をしっかり固め、
　　まず、一歩、前に、そして、また、一歩

索 引

【C】
Cambridge 41
college 41, 44

【G】
ＧＤＰ 19-20, 160 241, 318, 328

【I】
ＩＥＡ 96, 228

【O】
ＯＥＣＤ 19, 91, 95-96, 147, 157, 162, 241

【P】
paper 39
papyros 39
papyrus 39

【R】
ＲＣＣ 65

【U】
university 34, 36, 41-42

【あ】
青山学院大学 122
朝ごはん条例 83
葦 39
アメリカ大陸 40
アラビア人 39
アリストテレス 35
アレクサンドリア 34
アレクサンドロス 34-35

【い】
イエローゾーン 5, 321
イスラム圏 40
イソップ童話 71
一家団欒 81, 85, 89
一般勤労者世帯 166
居眠り運転 79
医療問題 33
印刷技術 40, 42
飲酒運転 72, 75-79

【う】
ウィリアム一世 33
売上高対売上原価率 270-271
売上高対売上高総利益率 270
売上高総利益率 270
運営費交付金 17, 24, 59, 136, 232-242, 246, 254-255, 261, 263-264, 271-272, 274, 276, 278, 289, 303, 318, 344-345
運送事業者 79

【え】
英語圏諸国 327
栄養失調 87
永楽大典 40
永楽帝 40
益金 212
エジプト考古庁 34
エリート官僚養成機関 317

【お】
大阪外国大学 59
大阪大学 59, 137, 245, 272
大阪大学大学院生命機能研究科 179
大阪中央環状線 79
大阪府立大学 127, 139, 147, 234-236, 238-239, 247-248, 265, 277, 279, 296, 299, 337-338
小樽昭和学園 64
お茶の水女子大学 139, 336

【か】
会計監査人 22, 259, 293-295, 297, 302-305
会計監査報告書 299, 302
会計士監査 62
会計大学院 106, 190-194, 320
会計に関する監査報告書 290-291
外国人労働者 328
介護能力 164
会社法 202, 210, 285, 291, 294
外部評価制度 254
科学技術振興調査費 178
科学研究費補助金 135-139, 180, 309-310
科学の応用力 95
学位 42
核家族世帯 164
格差社会 113, 115, 132, 151, 195, 231
学習意欲 15, 51-52, 90-91, 93-94, 96, 101, 103, 105-106, 112, 115, 118, 125-126, 131, 147, 150, 163, 227, 231, 267, 314-315, 320
学習意欲低下問題 113
学習指導要領 111-112
学習到達度調査 147, 228
学士力 102
学生獲得競争 314
学籍原簿 214
学費負担能力 153, 284
学問所 34-35
学寮 41, 44
学力格差 83, 91, 163
学力低下問題 51, 95, 106, 112-113
学力不問 100

学歴格差大図鑑 142-143, 145
隠れ損失 254, 344
貸切バス事業者 79
過剰投資 115
過剰労働 79, 115
勝ち組 116, 119, 122, 163
脚気 87
学校会計 21-24, 201-202, 211, 213, 293, 343, 345-347
学校給食 106, 108
学校給食費 107
学校施設 70
学校崩壊 92
学校法人 14, 22-23, 62, 64-65, 156, 201-203, 205-212, 214-215, 217-219, 221, 223-224, 274-275, 282, 315-319, 321, 328, 330, 345-346
学校法人会計基準 21-22, 202-203, 205-206, 215-216, 218-219, 222-223, 249, 345-347
学校法人基礎調査 328
学校問題 33, 160
活版印刷 38, 40
家庭不信 90
金型技術 176
株式 152, 161, 215, 217, 244, 261
株式会社 215, 217, 244, 246, 320
株主拠出金 214
株主資本等変動計算書 202
下流社会 131
カレッジ 41, 44-45
関西大学 117, 120, 145-146
監査手続 62, 295, 297
監事 247, 290-297, 300-305, 307
監視カメラ 73-74
監事監査室 292-293
関税政策 136
完全学校週5日制 91
還付金 151

【き】
企業会計 21-23, 201-203, 206, 209-211, 214-217, 219, 221, 234, 244-

246, 261, 284, 286, 319, 345-346
企業会計原則 211
企業価値 163, 283
企業収益力 283
企業体質 46, 283
危険運転致死傷罪 77-78
技術力 171-172, 174
基礎学力 52, 147-148, 315
帰属収入 22-23, 205, 215, 218-222, 273,
　319, 329-330, 345, 347
帰属収入合計額 329, 330
基礎的財政収支 20
基礎の知識 149, 174, 182
基地関連事業 108
規模拡大戦略 135
基本金　21-23, 205, 214-224, 245, 253, 260,
　276, 282, 284-285, 319, 329-330, 345-347
基本財産 215, 345
期末試験 133
客観性評価 325
客観的要因 318
キャッシュ・フロー 278-279, 283, 321,
　323, 339
キャッシュ・フロー計算書　21, 202, 206,
　269, 294-295
旧司法試験 186
吸収合併 59
給食施設 107
給与所得 142, 151
教育環境 66, 70, 134, 241
教育再生会議 97
教育再生懇談会 20
教育水準 46, 95
教育費用 132, 212, 267
教育力 90, 92, 126, 135
教員資格 42
教会法 36
教学改革 12, 13
教職大学院 195
競争原理配分方法 241
競争の環境 319
競争の資金 180-181, 318
共同風呂 85

京都科学技術学園 65
京都大学大学院 178
業務監査 291, 301, 305, 307, 309
業務監査報告書 309
業務に関する監査報告書 290
教養課程 43
ギリシャ文化 34
近畿大学 121
金融派生商品 18
金利生活者 283

【く】
食道楽 81
グーテンベルク 40
口伝 35
繰延経理 213
繰越欠損金 254
グループディスカッション 99
黒字倒産 206

【け】
経営改善計画 321
経営環境 64, 134, 148, 314, 316
経営危機水準 47
経営協議会 48, 307, 320, 322
経営健全化格差 115-116
経営者 45, 215, 321
経営成績 23-24, 201, 254, 261-262, 264,
　268
経営成績表示機能 254
経営戦略 64, 325
経営破綻 49, 53, 65, 109, 115, 116, 240,
　321
経営判断指標 321
経営分析 268-270, 286
慶應義塾大学 .. 36, 45, 130, 180, 189, 241,
　340
慶應義塾大学湘南藤沢キャンパス 99
経済協力開発機構 19, 91, 147, 157, 241
経済財政諮問会議 239
経済の犠牲 206-207, 210, 269, 274, 287
経済の効果 206, 287
経済の自律性 289

経済的成果................................ 207, 269, 274
計算書類................................ 201-203, 222
経常収益対運営費交付金収入率........ 272
経常収支比率................................ 274
経常費用対運営費交付金率............ 272
継続的自己診断............................ 284
携帯電話.................................. 85, 88
欠損金処理案................................ 202
欠損金処理計算書.......................... 202
減価償却........ 21-24, 46, 151, 205, 209, 220,
　　224, 246, 252-257, 263-266, 323, 339, 341,
　　343-344, 247
減価償却引当資産.......................... 224
減価償却累計相当額........................ 224
現金収支比率................................ 274
現金主義会計................................ 207
健康管理.. 87
源泉所得税............................... 152, 210
減損会計.................................. 261-263
ケンブリッジ.................................. 41

【こ】
向学心.............................. 54, 104, 195, 320
工学部志願者.............................. 173-174
高学歴.................................. 66, 131-132, 140
高学歴高収入.......................... 139-140, 142
高級官僚養成学校.......................... 135
公共減歩..................................... 259
後継者不足................................... 175
孔子....................................... 69, 114
高所得者.................................. 155, 267
公設民営方式.................................. 53
構造の要因................................... 318
拘束性預金................................... 206
交通事故................... 71, 74, 76-79, 131
交通事故死.................................... 78
公的教育支出比率.......................... 19-20
高等教育........ 19, 49, 54, 135, 157, 170, 243,
　　316-318, 320
高度経済成長時代........................... 115
公認会計士........ 100, 114, 142, 190-192, 194,
　　291, 305
洪武帝.. 40

公立大学.................................... 59,
　　127, 224, 236-237, 244, 246, 248-249, 252,
　　260, 262, 266, 296, 300, 303, 320, 322-
　　323, 331, 337-338, 343
公立大学法人会計............................ 21
公立大学法人会計基準................ 249, 262
高齢化社会............ 17, 118, 153, 155, 162
高齢者........ 48, 78, 103, 163-164, 169, 230
高齢者世帯................................... 164
高齢者率..................................... 164
国際教育到達度評価学会................ 96, 228
国債残高....................................... 20
国内総生産................... 19, 160, 241, 328
国立大学法人会計............................ 21
国立大学法人会計基準 21, 213, 233, 249,
　　252, 258, 262, 304, 343
国立大学法人等協議会.................. 292, 303
国立大学法人法........ 59, 232, 247-248, 257,
　　259, 290, 297, 322
国力低下問題................................. 113
孤食.................................. 82, 85, 89
コスター.. 40
国家公務員..................................... 41
国教会....................................... 44-45
国公立大学........................ 4, 9, 21,
　　23-24, 48, 99, 124-125, 136, 212, 233, 237,
　　239, 244, 246-247, 249, 252-256, 259-261,
　　263-264, 267, 271, 275, 277, 285, 289-291,
　　293, 303-304, 317-318, 322-323, 331, 336,
　　339, 343-345
固定長期適合比率....................... 285-286
コプト語.. 39
個別財務諸表................................ 202
駒澤大学..................................... 18-19

【さ】
債権債務確定主義.......................... 212
最高意思決定機関....................... 48, 322
最高学府.................................. 38, 135
最高経営責任者............................ 215
最高裁司法研修所............................ 52
最高裁判所................................... 186
最高責任者................................... 322

採算性	248, 269
財産目録	62, 304
財政状態	23, 201, 268
財政負担	113, 254
財務安全性	268, 283-284
財務安全性指標	284
財務収支比率	274
財務省	20, 60, 240-241
財務諸表分析	268
財務諸表論	105, 192
負債総額	62, 64-65, 329-330
酒田短期大学	63
サブプライムローン	18, 20, 46, 124, 284
差別化	116, 118, 182, 324-325
サマルカンド	39
サレルノ	33, 40-41
三国志	39
三大過剰	46
三大都市圏	108
三流大学	51, 113, 125, 134, 150, 284

【し】

寺院	38, 42
寺院主体大学	42
志願者数	12, 48, 51, 102, 116-122, 124-125, 314
司教教会	42
資金繰り	23, 63, 202, 206, 268, 274
資金支出	204, 208, 219, 274, 282
資金支出調整勘定	208, 282
資金収支計算	22-23, 203, 206
資金収支計算書	21-22, 203, 205-209, 219
資金収支比率	274-276
資金収入	204, 274, 278, 281, 284
資金収入調整勘定	208-209
資金収支分析	274-275, 278
資金循環統計	156
思考能力育成	112
自己改革	85
自己資本対固定資産比率	284, 286
自己資本比率	284-286, 336-337, 339
自己評価	308, 325
資産	18, 23, 163, 201, 205, 209, 215-217, 219, 220-221, 223, 252-253, 258, 260, 263, 266, 285-286, 323, 336, 344-347
資産拡大効果	161
資産計上可能価額	259
資産効果	151-152, 163
資産総額	329-330
支出予算	23, 206
施設設備	215-216, 218, 221, 264, 345-346
自然体験	91
躾	66, 89-90, 92, 111-112
実現基準	211
実現主義の原則	211
指導力	91
指導力不足教員	93-94, 195
ジニ係数	156-157
老舗	175
次年度繰越支払資金	208
支払資金	22, 203-204, 206, 208
支払い能力	76, 149, 154, 274-275, 283
私費留学生	225
司法研修所	188
司法試験	8, 52, 54, 142, 182, 189, 194
司法修習	52, 186
司法修習修了者	186
資本効率	46, 270
資本的収支比率	284-285
資本剰余金	21, 24, 252-254, 259-260, 264, 339, 343-344
社会対応力	69
社会力	69, 98-99
若年退職	103
衆院教育特別委員会	93
収益還元価値	263
収益性	224, 247, 261, 269, 270-272, 287, 289, 290
収益性分析	268-269, 271, 339
収益的収支比率	284, 285
就学援助	109
就業期間	103-104
自由選択性資金	224
集団の授業放棄	37
収入予算	207
収容力	102

主観性評価... 325
授業外活動... 70
授業評価................................ 324-325, 327
授業料支払い能力不足........................... 154
受験競争... 99
受験予備校................................ 114, 191
主体の要因... 318
出資................ 252, 258-260, 264, 323, 344
出資者... 215
出世意欲................................ 104, 195
出世力指数... 140
取得原価主義会計................................... 262
首都大学東京........ 14-16, 127, 138-139, 146-147, 177, 234-239, 245, 247-248, 264-265, 276-279, 294, 300, 309, 311, 313, 337-338
純資産の部................................ 210, 261, 285
生涯学習... 13
奨学金................ 110, 158, 163, 230-231
小規模大学................................ 4, 47, 290
償却資産............ 23, 215, 220, 224, 252, 343, 346-347
少子化............ 3, 5, 11, 48, 64, 90, 98, 115-116, 128, 135, 162, 174, 195, 315-318, 325, 327
少子化問題... 47
少子高齢化社会................ 115, 163, 225
消費購買力................................ 118, 151
消費支出...... 22-23, 166, 205, 209-210, 219-220, 273, 319, 329-330, 347
消費支出超過額............ 205, 210, 220, 319
消費収支計算................................ 22, 205
消費収支計算書...... 21-22, 203, 205, 209-210, 218-220, 244, 272, 329, 331
消費収支差額............ 23, 210, 215-216, 273, 329-330
消費収入........ 22-23, 205, 209-211, 217-222, 319, 329, 347
消費収入合計額................................ 329-330
消費収入超過額............ 205, 210, 220-221
正味財産................................ 214, 345
正味資産比率................................ 329-330
将来展望................................ 16, 52
除却資産................................ 253, 343
食育基本法................................ 80-81, 86

食育白書................................ 80, 86
食習慣... 89
食事療法... 88
職人技能... 175
食糧問題... 33
女性雇用機会................................ 163
所得階層別格差................................ 158
所得税法................................ 151, 212
私立大学法人会計................................ 21
仁... 69
新学習指導要領................................ 149
進学率   49, 51, 53, 101, 135, 148, 157, 163, 231, 242
人口集中化現象................................ 3-4
人口問題... 33
人事異動................................ 293, 306, 323
新司法試験............ 9, 52, 184, 186-187, 189
新卒技術者................................ 175

【す】
随意契約... 313
水準均衡方式................................ 166
推薦入試................................ 99-100, 105
数学的応用力... 95
鈴ヶ森小学校................................ 84
ステークホルダー................................ 319

【せ】
生活環境...... 74, 84, 106, 109, 158-159, 171
生活困窮者... 74
生活費 ... 155, 158, 160-161, 164, 169, 225, 230
生活保護   109-110, 113, 160, 163-166, 168-169
生活保護家庭................ 110, 163-164, 167
生活保護歳出金額................................ 167
生活保護費................................ 163, 169
生活保護制度................................ 164
製紙職人... 39
聖書... 40-42
聖職者... 44
成績評価................................ 113, 326
政府出資金................................ 336-337

整理回収機構	65
税理士試験	100, 105, 187, 192
世界同時金融危機	46
セカンド・オピニオン	323
セクシャル・ハラスメント	78
ゼロワン地区	188
全国消費実態調査	156
全国私立学校教職員組合連合	109
銭湯	85
前年度繰越支払資金	208
専門課程	43, 177
専門職大学院	194-195, 221, 320
専門的知識	105

【そ】

総授業時間数	112
創造的な思考力	102
相対貧困率	157
相当意見	304
ソルボンヌ	43
損益外減価償却費等相当額	255
損益計算書	21-22, 24, 201-202, 205, 209-210, 234, 244-246, 252, 254-255, 261, 264, 269, 294-295, 304, 331, 334, 343
損益通算	151
損害賠償	75
損金	152, 212

【た】

大学院格差	182-183
大学院拡大競争	102
大学間格差	4, 8, 115-116, 126, 131, 135, 144, 324
大学間競争	3-4, 8, 12, 60, 116, 122, 139, 324, 342
大学事業	21, 48, 57, 115, 118, 125, 136, 163, 170, 194, 215, 231-232, 237-238, 240, 249, 254, 259, 263, 268-269, 271-273, 275, 284-286, 288-289, 291-292, 314, 323, 336, 344-346
退学者	101, 109, 116, 125-126, 133, 154, 212
大学進学格差	158

大学設置・学校法人審議会	56
大学入学適齢人口	51, 57
大学入学適齢年齢	3
大学病院	313
大学評価	126, 324-326
大規模大学	4, 122-123, 137, 272, 284-285, 291, 314, 342
貸借対照表	21, 201-203, 209-210, 215, 219, 224, 234, 252, 260-262, 264-266, 269, 294-295, 304-305, 329, 331-333, 343, 347
退職給付会計	254, 344
耐性限界	66, 82, 99, 104, 114, 143
大学求人倍率	177
対面授業	327
対面接触	175
多重債務化	155
建物等減価償却資産	220-221
他人評価	325
ダブルマスター	105
ダマスカス	39
団塊世代	45-46, 51, 118, 176, 239
団塊の世代	103, 175
単科大学	41, 59, 292
短期運用資産	203, 206
単身世帯	159-161
単身赴任者	160

【ち】

治安	70-71
地域経済力	108
知識社会	12
知の人材	13
地方公共団体	49, 53, 107, 109, 117, 201, 207, 219, 244, 248, 252, 264, 271, 274, 289, 293, 303, 343-344
地方公共団体出資金	337
地方独立行政法人会計基準	21, 249, 260, 262, 295, 304
地方独立行政法人法	248, 294
地方独立行政法人法施行規則	260
中央アジア	39
中央教育審議会	11, 49, 90, 101, 111-112, 189, 242

索引 355

中産階級 115
中小規模大学 314
中庸 35
中流意識 151, 153, 155
中流階級 115, 154
長期性予金 206
長期前受金 212
長距離バス事業者 79
超低金利政策 283
帳簿価額 23, 215, 224, 253, 346
賃金格差 161

【つ】
鶴田町 83

【て】
定員確保競争 51
定員充足率 4, 64, 123, 194, 314
定員割れ 4, 8-9, 47, 49-51, 63-65, 101,
　115, 122-123, 134, 174, 193-195, 261, 263,
　267, 284, 314-315, 320, 330
低所得者層 78, 108, 155
定年退職 103, 118, 175
鄭和 40
デリバティブ 18
デリバティブ取引 18
田園都市線 83

【と】
投下資本還元価値 269
当期純損失 205
当期純利益 23, 205, 221, 244-247, 255-
　257, 266,
東京大学 16-17, 113, 129-130, 137, 141,
　144-145, 157, 169, 179-180, 228, 240, 245,
　257, 259, 276, 278-279, 296, 299, 302-303,
　305, 317, 336
東京大学工学部 123-124
東京大学法学部 135
当座資産 206, 219, 274, 276, 347
当座比率 274-277
倒産 56, 61-65, 115, 155, 161, 206, 283
投資効率分析 341

当事者意識 13
同志社大学 340-341
投資有価証券 339
当年度消費支出超過額 220, 319
当年度消費収入超過額 220-221
東北大学 4, 130, 137, 240, 257, 296, 313,
　336, 338
東北文化学園大学 62-63
東和大学 64
特別支援学校 94
独立行政法人 110, 145, 181, 224, 232,
　247, 344
独立行政法人通則法 247-248, 297
都市圏大学 314

【な】
内部監査組織 320
内部統制 292, 308, 313, 320
ナイル川 39
奈良女子大学 139, 296, 299

【に】
ニート 103, 113, 159, 162, 168-170, 230
日本学生支援機構 110, 226
日本私立学校振興・共済事業団.. 4, 314-
　316
日本青少年研究所 229
日本大学 122, 137
入学金 17, 24, 203, 207, 209, 211-214,
　218, 237-238, 274, 277, 280, 293-294, 345
入学金返還請求訴訟 214
入学志願者数 115-117, 119, 121, 124
入試センター試験 124
任期 290-291

【ね】
年間総学習時間 149
年間総必修時間 148-149
年金生活者 160

【の】
農業問題 136
ノートルダム寺院 43

ノルマン王朝 33

【は】
賠償金 74
萩国際大学 64
爆破未遂事件 74
発生主義 202, 209, 211
発生主義会計 21-22, 205-209, 211
母親語 67
パピルス 39
パピロス 39
パリ大学 43-44
パワー・ハラスメント 315
汎用的技能力 102

【ひ】
引当金 22, 205, 209, 341
非常勤監事 291, 292
非正規労働者 46, 118, 161-162, 168
非中流意識 153
秘伝 35
肥満症 84
百科事典 40
評価委員会 9, 254, 259
費用減歩 259
兵庫県立大学 236
費用便益分析 243
費用補償 237, 270-271
費用補償計算 207, 274
貧血症 88
貧困家庭 149, 168
貧困家庭層 163
貧困率 162
貧富格差 153

【ふ】
フィリッポス二世 34-35
複式簿記 21
附属明細表 304
不登校生 92
不動産所得 151
不正受給者 169
プライマリー・バランス 20

プラトン 35
フリーター 159, 161, 168, 170

【へ】
平均寿命統計 83
平均的水準 38, 105
閉鎖社会 70-71
ペーパー 39
ペーパー・テスト 51, 133, 183, 187, 191, 326
ベネッセ教育研究センター 100
弁護士過剰問題 187
返済滞留債権 110
偏差値 38, 47, 116, 135, 141-143, 144-147

【ほ】
法王権 36
法科大学院 8-9, 52, 54, 182-184, 186-189, 193-194, 320
法科大学院修了生 52, 187
法科大学院特別委員会 189
法政大学 11-14, 98, 106, 114, 117, 120, 127, 136, 145-146, 185, 276-282, 341
防犯カメラ 71-73
防犯パトロール活動 73
簿記論 105, 192
保険治療 110
母子家庭 74, 163, 167-168
補助金 47, 53, 62, 64, 71, 116, 136-138, 179, 207, 218-219, 233-234, 239, 243, 254, 263-264, 271, 273-274, 284, 318, 330, 344
没学習生徒 93
骨太方針 2006 20
ボローニャ 33, 36-37, 42-44
本寺僧会 42

【ま】
負け組 116, 119, 122
マケドニア 35
学ばない症候群 227
マンモス大学 54, 117

【み】

ミエザ 35
未収診療代 110
見守り隊 72
民間給与実態統計調査 154

【む】

無貯蓄世帯 155-156

【め】

明治大学 117, 120, 127, 141-142, 146, 185, 273, 277-282, 341
メタボリック症候群 88
免失利益 283
面接試験 99

【も】

能力低下防止策 102
持分 215, 244
問題解決能力 96
文部科学省 8-11, 16, 18, 49, 54, 56, 60, 63, 72, 84, 86, 92, 94-96, 101-102, 106, 109, 147-148, 150, 176, 178-182, 189, 195, 224, 226, 231, 233, 253, 291, 304, 316, 321-322

【ゆ】

有価証券 19, 207, 261-262, 279, 339
遊休資産 263
有形固定資産 209, 252-253, 279, 339, 343-344
優良大学 284, 286, 341
ゆとり教育 90, 97, 112-113, 147-149, 231
ユニヴァーシティ 34, 36-37, 41
ユスティニアヌス法典 36

【よ】

要員配置等過労防止策 79
羊皮紙 39-40
翌年度繰越消費支出超過額 210
翌年度繰越消費収入超過額 210
横浜国立大学 146, 234-236, 238-239, 247, 299, 336
横浜市立大学 127, 236-237, 239, 248, 263, 296, 299, 302
予算資金収支計算 207, 275
四年制私立大学 47, 62, 64, 122, 134, 314
世論調査 71, 94, 155

【ら】

ライフスタイル 80, 86

【り】

利益獲得能力 269-270
利益処分案 202
利益処分計算書 202
理工学部離れ 95-96, 174, 328
理事 48, 215, 299, 302, 320
利子軽減効果 283
理事長 16, 62, 145, 181, 215, 292
リスク性資産 18
立志館大学 62-63
立命館アジア太平洋大学 53, 145
立命館大学 117, 180, 340
留学生 63-64, 131, 225-226, 326-327
流動性分析 268, 274-275
流動比率 274-277, 338-339
臨時雇用職員 161

【れ】

レッドゾーン 321
連結財務諸表 202

【ろ】

労働従事者 103
労働力人口 169
ローテーション 306, 323
ローマ法 36
論文試験 99

【わ】

早稲田大学 36, 45, 117, 120, 178-179, 185, 194, 272, 314, 340
早稲田大学理工学術院化学科 178

守屋俊晴(もりや　としはる)

現職・兼務
(1) 法政大学・会計大学院・教授。
(2) 公立大学法人首都大学東京・監事。
(3) 東洋学園大学および同大学院講師
　　学校経営論・学校会計論担当。

著書
(1)『アレクサンドロス大王と経営戦略』(平成18年4月、東洋出版)
(2)『環境破壊　自然環境再生への展望』(平成20年9月、東洋出版)

大学経営論
大学が倒産する時代の経営と会計

二〇〇九年五月二三日　第一刷発行

定価はカバーに表示してあります

著　者　守屋俊晴
　　　　もりやとしはる
発行者　平谷茂政
発行所　東洋出版株式会社
　　　　〒112-0014　東京都文京区関口1-44-4
　　　　電話　03-5261-1004（代）
　　　　振替　00110-2-175030
　　　　http://www.toyo-shuppan.com/
印　刷　日本ハイコム株式会社
製　本　株式会社三森製本所

© T. Moriya 2009　Printed in Japan　ISBN978-4-8096-7595-9

許可なく複製転載すること、または部分的にもコピーすることを禁じます。
乱丁・落丁の場合は、御面倒ですが、小社まで御送付下さい。
送料小社負担にてお取り替えいたします。